人文之光

人文奥运理念的深入诠释与伟大实践

Glory of Humanism
An In-depth Interpretation and Great Practice of Humanistic Olympics

冯惠玲　魏　娜/主编

中国人民大学出版社
·北京·

前 言

　　2008 年，一届"无与伦比"的奥运盛会和一届"有史以来最伟大的"残奥会在北京顺利举行。蓦然回首，我们思绪纷繁：满怀兴奋，因为我们见证了华夏儿女共同的扬眉吐气；满怀自豪，因为我们都是这届盛会的参与者；满怀感动，因为我们与奥运一起走过。

　　早在北京紧张申办第 29 届奥林匹克运动会的 2000 年，应刘淇同志的要求，中国人民大学就成立了人文奥运研究中心。8 年来，我们亲历了北京奥运会申办、筹办、举办的全过程，始终"与北京同呼吸，与奥运共奋进"；我们不断吸收着奥林匹克精神的滋养，并用激情、感动和思考努力为举办一届"有特色、高水平"的奥运会提供学术和智力支持。

　　自 2005 年起，中国人民大学人文奥运研究中心作为北京人文奥运研究基地，每年编撰一部人文奥运研究报告，刊载本中心研究人员及其他专家有关"人文奥运"的研究成果，回应、分析与北京奥运会"人文奥运"理念相关的理论和现实问题，为政府和北京奥组委决策提供参考依据，为北京奥运会留下一笔学术积淀。

　　在北京成功举办奥运会之后，人文奥运研究中心继续推出此部《人文之光——人文奥运理念的深入诠释与伟大实践》。这是我们专题研究"人文奥运"的收官报告，此后我们的研究重点将转向"人文北京"。因此，这部报告不仅收录了研究中心在北京奥运举办前后的有关人文奥运的研究成果，以及 2008 年"北京 2008 奥运国际论坛"的学者言论，还盘点了研究中心 8 年来的主要研究历程，简要介绍了本中心研究人员承担的 20 余项重要研究课题的学术精华，以及奥运结束后的部分研究成果，附录部分的大事记也延伸到了 2009 年。本报告丰富的学术成果、开阔的研究视野、精湛的理论观点从学术研究的维度彰显了北京奥运的深刻内涵和丰厚价值。

2008 年 9 月 29 日，北京奥运会、残奥会总结表彰大会隆重举行，中国人民大学人文奥运研究中心作为唯一的高校研究机构荣获中共中央、国务院授予的"北京奥运会、残奥会先进集体"称号。为这一份沉甸甸的荣誉，我们有太多太多的故事需要讲述，有太多太多的回忆值得珍藏，更有太多太多的心得可供分享，而现在呈现在读者面前的这本《人文之光——人文奥运理念的深入诠释与伟大实践》正从一定程度上展示了我们获得殊荣的学术底蕴。

学术关注社会，理论引领实践，人文奥运研究中心的专家团队为弘扬奥林匹克精神、传播奥林匹克文化、普及奥林匹克教育作出了不懈努力，以实际行动践行了中国人民大学"立学为民、治学报国"的办学宗旨。

本报告由人文奥运研究中心集体策划，其中各项研究成果由各位研究人员提供，中心副主任魏娜教授承担了具体编排统稿工作。为了我们共同走过的道路、共同取得的成果，我要向人文奥运研究中心的每一位研究人员致以深深的谢意。我和大家一样希望这些学术成果能够成为北京奥运遗产的组成部分，汇入伟大的奥林匹克运动之中。

冯惠玲

2011 年 5 月

目 录

第一章　人文奥运理念阐释 ················· 1

人文奥运：从理念阐释到实践推进 ················· 2

人文奥运——奥林匹克精神的继承与发展 ················· 7

和谐是人文奥运的灵魂 ················· 10

北京奥运会与文化中国国家形象构建 ················· 15

人文奥运的内涵和灵魂 ················· 28

北京奥运的人文价值 ················· 32

伟大的跨越：奥林匹克主义在中国 ················· 38

人文奥运：奥林匹克精神的当代解读 ················· 51

中国传统文化对奥林匹克精神的回应 ················· 56

仁爱·自强·厚德·平等·和谐 ················· 59

人文奥运与和谐社会建设 ················· 67

北京人文奥运的价值期待 ················· 72

北京奥运会的精神诉求 ················· 76

第二章　人文奥运与文明建设 ················· 81

实践人文奥运　构建文明赛场 ················· 82

北京奥运与国民文明素质提升 ················· 87

文明素质需要培育 ················· 92

北京市民公共行为文明指数研究的主导观念 ················· 97

北京奥运会文献遗产的保护与传承 ················· 108

第三章　志愿精神与志愿服务 ················ 113

　　志愿服务：培育公民精神的新典范 ················ 114

　　奥运会志愿者的管理与激励 ················ 120

　　后奥运的志愿服务思考 ················ 130

　　志愿服务长效机制总体建设的探讨 ················ 133

　　首都大学生参与志愿服务现状的调查分析 ················ 141

第四章　重要课题研究成果 ················ 155

　　一、奥运会总体影响（OGI） ················ 156

　　二、残奥会总体影响（PGI） ················ 157

　　三、人文奥运理念研究 ················ 159

　　四、2008 年北京奥运会的人文理念、社会价值与国家文化形象构建 ······ 160

　　五、北京奥运会成功举办的重大意义和基本经验研究 ················ 162

　　六、北京奥运会志愿者工作成果转化研究 ················ 163

　　七、人文奥运与和谐社区建设 ················ 164

　　八、志愿精神与奥运会志愿服务研究 ················ 165

　　九、北京奥运会人文遗产研究 ················ 166

　　十、人文奥运理念与实践的深入研究 ················ 167

　　十一、人文奥运与北京市民文明礼仪素质培育 ················ 168

　　十二、奥林匹克文化普及与奥运培训规划研究 ················ 169

　　十三、北京市民公共行为文明指数研究 ················ 170

　　十四、北京市志愿服务策略研究 ················ 171

　　十五、奥运会比赛欣赏与赛场礼仪 ················ 172

　　十六、中国体育观众研究 ················ 173

　　十七、北京职工文明拉拉队研究 ················ 174

　　十八、决战之年奥运培训工作研究 ················ 175

　　十九、对北京奥运会社会期待及社会心理研究 ················ 176

　　二十、北京奥运创意内容文化产业研究 ················ 177

　　二十一、如何界定和实施"最出色的一届奥运会" ················ 178

　　二十二、北京 2008 奥运会会徽内涵阐释 ················ 179

　　二十三、人文奥运与北京市民形象塑造 ················ 180

　　二十四、人文奥运与人的全面发展 ················ 181

　　二十五、北京奥运会、残奥会培训工作效果综合评估 ················ 182

第五章　2008 奥运国际论坛 ···································· 183

　北京文化特点与 2008 奥运 ··························· 184

　奥运筹办与和谐北京 ······························· 189

　奥林匹克的伟大跨越：北京理念与北京实践 ············· 198

　北京奥运与大学教育 ······························· 205

　决战之年培养北京奥运会文明观众的策略 ··············· 211

　从奥运精神论完美与和谐 ··························· 214

　借机奥运实现中国跨文化传播沟通能力的升级 ··········· 221

　奥林匹克宗旨与儒学治世理想 ······················· 232

　The Olympic Volunteer and Olympic Education：Suggestions for
　　Administrators of the Beijing Olympic Games ··········· 242

　The "Beijing Model" of Olympic Education：East Asian Features,
　　a Model for Developing Nations ···················· 252

附：2008—2009 年中国人民大学人文奥运研究中心大事记 ··········· 262

3

目

录

Contents

Chapter One Conceptual Interpretation of Humanistic Olympics ·· 1

Humanistic Olympics: From Conceptual Interpretation to Practices ··· 2

Humanistic Olympics: The Inheritance and Development of the Olympic Spirit ································· 7

Harmony is the Soul of Humanistic Olympics ···················· 10

The Beijing Olympic Games and National Image Construction of Cultural China ································· 15

The Meaning and Soul of Humanistic Olympics ················ 28

Humanistic Value of the Beijing Olympic Games ·············· 32

The Great Leap: Olympism in China ························· 38

Humanistic Olympics: Contemporary Understanding of the Olympic Spirit ·································· 51

Chinese Traditional Culture: Echoing the Olympic Spirit ········· 56

Benevolence • Self-reliance • Inclusiveness • Equality • Harmony ································· 59

Humanistic Olympics and Construction of Harmonious Society ········· 67

Value Expectation of the Beijing Humanistic Olympics ············ 72

Spiritual Pursuit of the Beijing Olympic Games ················· 76

Chapter Two   Humanistic Olympics and Civilization Building ·············· 81

Practicing Humanistic Olympics，Constructing Civilized Arenas ·············· 82

The Beijing Olympics and Improvement of Citizens' Civil Quality ·············· 87

Civil Quality Requires Cultivation ·············· 92

Guiding Idea of Research on Beijing Citizens' Public Behavior Indices ········ 97

Protection and Inheritance of the Beijing Olympic Games Literatures ········ 108

Chapter Three   Voluntary Spirit and Volunteer Service ·············· 113

Volunteer Service：New Model of Cultivating Civic Spirit ·············· 114

Management and Motivation of the Olympic Volunteers ·············· 120

Reflection on Post-Olympics Volunteer Service ·············· 130

Exploration on Long-effect Mechanism for Volunteer Service ·············· 133

Investigation and Analysis on Status of Beijing College Students'

Participation in Volunteer Service ·············· 141

Chapter Four   Results of Key Research Projects ·············· 155

1. Olympic Games Impact（OGI） ·············· 156

2. Paralympic Games Impact（PGI） ·············· 157

3. Conceptual Research of Humanistic Olympics ·············· 159

4. Humanistic Idea，Social Value and National Cultural Image

Construction of the 2008 Beijing Olympic Games ·············· 160

5. Research on Significance of and Experience from the Beijing

Olympic Games ·············· 162

6. Report on the Transfer of Beijing Olympic Games Volunteers'

Working Achievements ·············· 163

7. Humanistic Olympics and Construction of Harmonious Community ········ 164

8. Research on Voluntary Spirit and Olympic Volunteer Service ·············· 165

9. Research on the Beijing Olympic Games' Humanistic Heritage ·············· 166

10. In-depth Research on the Concept and Practice of Humanistic

Olympics ·············· 167

11. Humanistic Olympics and Civic and Etiquette Cultivation of

Beijing Citizens ·············· 168

12. Popularization of Olympic Culture and Planning of Olympic Training ········ 169

13. Research on Beijing Citizens' Public Behavior Indices ················· 170

14. Research on Voluntary Service Strategy of Beijing Municipality ········ 171

15. Appreciation of the Olympic Games and Field Etiquette ············· 172

16. Research on Chinese Sports Spectators ························· 173

17. Research on Staff and Worker Cheer Teams of the Beijing
    Olympic Games ························· 174

18. Research on Olympic Games Training in the Decisive Year ·············· 175

19. Social Expectation of the Olympic Games and Social
    Psychological Research ························· 176

20. Research on Creative Contents and Cultural Industries of the
    Beijing Olympic Games ························· 177

21. How to Define and Implement "The Best-ever Games" ·············· 178

22. Interpretation of the Emblem of the 2008 Beijing Olympic Games ······ 179

23. Humanistic Olympics and Image Building of Beijing Citizens ············ 180

24. Humanistic Olympics and Comprehensive Development of
    Human Being ························· 181

25. Comprehensive Review on the Effects of the Beijing Olympic
    Games and Paralympic Games Training ························· 182

**Chapter Five   International Forums on the 2008 Beijing
                  Olympic Games** ························· 183

Beijing Cultural Characteristics and the 2008 Olympic Games ·············· 184

The Olympic Games Preparation and Harmonious Beijing ············· 189

The Great Leap of the Olympics: Beijing Idea and Beijing Practice ········ 198

The Beijing Olympic Games and College Education ·············· 205

The Decisive Year: The Strategy of Cultivating Civilized Spectators
    of the Beijing Olympic Games ························· 211

Idea on Perfection and Harmony in the Olympic Spirit ·············· 214

Realization of Upgrading China's Inter-cultural Communication
    Capabilities with the Opportunity of the Beijing Olympic Games ······ 221

The Aim of the Olympics and the Ideal of Confucian State

Administration ··· 232

The Olympic Volunteer and Olympic Education: Suggestions for

Administrators of the Beijing Olympic Games ················ 242

The "Beijing Model" of Olympic Education: East Asian Features,

a Model for Developing Nations ································ 252

Supplement: Chronicle of Events of Humanistic Olympic

Studies Center 2008-2009 ······························· 262

人文之光

——人文奥运理念的深入诠释与伟大实践

4

第一章

人文奥运理念阐释

人文奥运：从理念阐释到实践推进[*]

冯惠玲[**]

人文奥运是 2008 年北京奥运会的核心理念，基本内涵包括：传播现代奥林匹克思想，展示中华民族的灿烂文化，展现北京历史文化名城风貌和市民的良好精神风貌，推动中外文化的交流，加深各国人民之间的了解与友谊；促进人与自然、个人与社会、人的精神与体魄之间的和谐发展；突出"以人为本"的思想，以运动员为中心，提供优质服务，努力建设使奥运会参与者满意的自然和人文环境。

实践人文奥运理念，就要深刻认识到人文奥运是以人为本的奥运，是文化交流的奥运，是文明向善的奥运，是追求和谐的奥运。在这四个方面坚定推进人文奥运战略，是成功举办一届"有特色、高水平"奥运会的基本前提和根本保证。

一、坚持人本奥运，提升人民群众的身心健康水平

人文奥运是以人为本的奥运，它关注人，热爱人，提升人，追求人的全面和谐发展，唤起人类对自身的不断体认和无限珍视。这是同奥林匹克运动所蕴涵的基本理念——增强人的体质、意志和精神并使之全面均衡发展，以及通过没有任何歧视的，以互相理解、友谊、团结和公平对待精神的体育活动来促进建立一个维护人的尊严的和平社会——是完全一致的。

人文奥运理念的提出，是对奥林匹克精神价值、人文价值的强调和发扬。人文奥运以人为本的内涵表现在中国的现实语境中，就是要努力将北京奥运会办成一届人民的奥运会，极大地提升广大人民群众的身心健康水平和生命价值。奥林匹克运动的一个重要主张就是"体育为大众"，即发挥体育健儿良好榜样的教育带动作用，使尽可能多的人投入到体育运动中去，达到强身健体的目的。我国发展体育运动的宗旨就是增强人民体质，提升全体人民的身心健康水平。《中华人民共和国宪法》第二十一条明确规定："国家发展体育事业，开展群众性的体育活动，增强人民体质。"由此可以看出，社会体育在我国整个体育事业和社会生活中占有十分重要的地位。《全民健身计划纲要》提出，到 2010 年"基本建成具有中国特色

---

* 本文选自《前线》杂志 2007 年第 2 期。

** 冯惠玲：中国人民大学人文奥运研究中心主任，教授。

的全民健身体系，使体育成为人们生活中不可缺少的组成部分，经常参加体育活动的人数、国民体质与健康水平等主要指标接近中等发达国家水平"。发展群众体育，是实施"人文奥运"理念的基础性工作，体现了奥林匹克运动最广泛的人文关怀。人文奥运所蕴涵的全民奥运、全民健身内涵，不仅是对奥林匹克精神的扩展与弘扬，也是对现代奥林匹克运动的创新与发展。

实践人文奥运以人为本的内涵，就是要在筹备和举办奥运会的每一个环节中充分体现"参与奥运、得益奥运"的理念，使北京奥运会成为提高人的素质、促进人的全面发展的重要载体。为此，我们要开展好群众性体育健身活动，大力组织丰富多彩的文化主题教育，不断满足广大群众多方面、多层次的精神需求；加强素质教育，努力提升广大人民群众的思想道德素质、科学文化素质和健康素质，实现自身的全面发展。我们要坚持全民办奥运的方针，使社会各界共享北京奥运会带来的发展机遇，吸引和激励全中国人民与数千万海外华人华侨关心和支持北京奥运会筹办工作。根据《人文奥运行动计划实施意见》的安排，北京现正在开展有特色的群众体育健身活动。每年组织一次主题鲜明的全民健身活动周，每两年举办一次"北京奥林匹克体育节"，每年"6·23"国际奥林匹克日确定一个能吸引群众参与的主题，在标志性场所组织大型群众体育健身活动。群团组织要依靠自身优势，组织开展职工体育运动会、学生体育运动会、妇女儿童文化体育节等形式多样的群众性体育健身活动，形成若干北京国际性大众体育品牌，引导人们增强对体育健身的追求与热爱，弘扬奥林匹克精神。

办好北京残奥会是人文奥运的重要内涵和美好追求，我们要树立尊重与关爱残疾人的观念，掌握扶残助残的基本原则、要领和技巧，伸出热情温暖的双手，帮助残疾人跨越生活的障碍，为残疾人运动员提供高质量的服务。我们要积极推进全市无障碍建设和改造，在主要道路、地铁、车站、机场、大型交通枢纽和其他重要公共场所设置必要的无障碍设施，为残疾人提供方便的出行条件，在各方面体现奥林匹克精神中平等和爱的宗旨、深切的人文关怀。

二、突出文化奥运，谱写中外文化交流的新篇章

人文奥运是文化奥运，就是将奥林匹克运动的文化内涵突出地显现出来，寓奥运于多样的文化形式和浓厚的文化氛围之中，通过奥运与中外优秀文化的充分融合，使奥运的全过程及其每一个细节都体现出高雅的文化追求，并努力促进不同文化之间的平等交流。

奥林匹克运动是人类文化的盛会，渗透着深刻的文化精神，体现为丰富的文化形式。古代奥林匹克运动会是古希腊宗教文化的盛会，是和平的盛会、艺术的盛会，除了场内激烈的竞技比赛，场外还有戏剧表演、诗歌朗诵等文艺活动。现代奥林匹克运动追求把体育与文化教育融合起来，已经发展成为当今世界上规模

最为盛大的文化交流活动。

根据《人文奥运行动计划实施意见》，在奥运会筹备阶段及举办期间，北京乃至全国要以悠久厚重的中华民族文化为依托，充分利用全国各地和首都的文化资源优势，精心策划组织各种大型文化主题活动。加强文化设施建设，发挥文化设施作用，在奥林匹克公园内规划和建设一批与体育场馆相配套的文化设施。加快文化旅游产业发展，充分利用首都丰富的文化资源和人才资源，切实把首都文化旅游产业做大做强。

我们已经推出了北京奥运会的一系列标志，包括北京奥运会会徽"中国印——舞动的北京"、北京奥运会口号"同一个世界，同一个梦想"、北京奥运会吉祥物"福娃"、北京残疾人奥运会会徽"天地人"、北京残疾人奥运会吉祥物"福牛乐乐"、文化活动标志、环境标志、志愿者标志、体育图标、纪念邮票等，还将推出北京奥运会的宣传口号、北京奥运会主题歌，出台圣火传递方案等。"北京2008"奥林匹克文化节已经连续举办四届，在奥林匹克文化节期间举办了多种多样的文化活动，涵盖群众体育文化、奥林匹克文化广场、影视、论坛、展览、文艺演出等，以丰富的形式激发广大群众支持北京筹办奥运会的责任感和热情。我们要力争把2008年北京奥运会开幕式和闭幕式办成既符合《奥林匹克宪章》要求，体现奥林匹克运动最新发展，又独具东方魅力和中国特色的文化盛典。

人文奥运还是文化交流的奥运，是世界各民族文化之间对话、交流、沟通的巨大平台，是世界不同文明的融汇。多元创造、对话交往，是新世纪奥林匹克文化精神的核心理念：一方面，奥运会肩负着在中国传播和普及起源于古希腊的奥林匹克理念的重任；另一方面，奥运会又是中国人民向世界展现中华文化的绝好时机。"世界给我十六天，我还世界五千年"，生动地表达了人文奥运的这一重要内涵。让世界来到中国，让北京触摸世界，围绕人文奥运，我们充分开发中国传统文化资源，展示中华文明，尽显东方神韵，创造性地实现奥林匹克文化与中国文化的交流和融合。在奥林匹克文化造福中国社会的同时，新北京新奥运也将以中国文化精华来补充和发展奥林匹克文化，从而凸显北京2008年奥运会独一无二的文化价值。

三、倡导文明奥运，提高市民的文明礼仪素养

人文奥运又是文明奥运，是追求文明向善的奥运。通过举办奥林匹克运动会，我们要创造良好的城市文明环境，引导人们遵守基本道德规范，形成良好的礼仪习惯和文明风尚。

北京市民的文明素养是体现北京文化品位最为重要的方面，是影响城市魅力和城市文明程度的关键所在。北京市民的文明素养应该与北京悠久灿烂的古老文化交相辉映、相得益彰，以无愧于北京作为"首善之区"的地位。我们必须进一

步提高北京广大市民的文明素养，以此作为实施"人文奥运"理念的一项重要任务。

从总体上讲，北京市民的文明素养正在逐步提高，但是还存在不少亟待解决的问题，如一些市民语言不文雅、礼仪不文明、服务不规范等。要求我们通过点点滴滴、扎扎实实的努力，从根本上提高广大市民的公共道德素质和文明礼仪素养，树立首都市民的良好形象。从现在起到 2008 年北京举办奥运会，我们要以"建设新北京、办好新奥运"为主题，以"讲文明，树新风，争做文明北京人"为主线，在广大市民中积极倡导主人翁意识、学习意识、参与意识和自律意识，大力提升北京市民的素质。

第一，开展市民文明教育活动，努力克服在卫生、交通、饮食和环保等方面存在的不良习惯，以文明乘车、文明赛场、文明出租车为突破口，普及礼仪知识，塑造北京人讲文明、重礼仪、团结友善、热情好客的良好形象。第二，树立诚信风尚，把诚信建设融入人们的日常生活，在党政机关、窗口行业和社会组织中开展"迎接奥运、共铸诚信"活动。窗口行业要倡导"文明服务"、"文明市场"、"文明商户"、"文明旅游景区"，促进社会服务承诺制、生产经营信誉制、各项服务规范化的完善。第三，推进精神文明创建活动，着眼于为奥运会创造良好的人文环境，积极开展创建文明城市、文明行业、文明村镇"三大创建"活动。第四，抓好市民讲外语活动，营造良好的语言氛围，形成国际化语言文化环境，为举办奥运会创造良好的语言条件。第五，大力营造城市人文环境，整治城市秩序，美化城市景观，优化无障碍设施，完善城市公共标识，展现历史文化名城风貌，在建设中保持、维护北京历史文化名城的基本格局。

四、追求和谐奥运，营造和谐社会的良好氛围

和谐是人文奥运的灵魂，人文奥运理念包含了身与心之间的和谐、人与人之间的和谐、国与国之间的和谐等极为丰富的内涵。和谐的思想是中华文化与奥林匹克文化的最佳结合点。奥林匹克主义的核心思想是追求身心和谐发展，奥林匹克精神是相互理解、友谊、团结和公平对待的精神。博大精深的中华文明为我们提供了深厚丰富的和谐思想资源。中华传统文化所包含的天人合一的和谐自然观与政通人和的社会观、善邻怀远的国际关系观念等都是对西方文化理念的挑战与补充，而和平、和美、和爱则是对奥林匹克"更快、更高、更强"的竞技文化的矫正和补充。国际奥委会对此也给予高度关注，首次设立的"奥运会总体影响"项目旨在研究奥运会对举办国和举办城市在环境、社会文化与经济的和谐发展上所产生的巨大影响，表明了国际奥委会推动当代社会和谐发展的新动向。

实现和谐奥运，需要我们从如下方面努力：第一，遵循奥林匹克主义均衡发展的生活哲学，自觉地追求身心和谐，追求德育、智育、体育、美育等全面发展，

实现人自身内在的和谐。第二，遵照相互理解、团结、友谊的奥林匹克精神，发扬中国人善邻怀远、睦邻友好的传统，以北京奥运会的筹备和举办为舞台，增进不同国家和地区的人民、不同民族之间的友谊。第三，精心组织选拔一批有爱心、乐于奉献、责任心强、善于交流的志愿者队伍，以志愿者真挚的爱心、奉献的热情、亲切的微笑、周到的服务来感染北京奥运会上的每一个人，营造"志愿北京"、"和谐奥运"的良好氛围。

今年是筹备奥运会工作的决战之年。我们要进一步挖掘和丰富人文奥运理念，深入推进和全面落实人文奥运战略，全面实施市民素质提升工程、文化建设推进工程、城市景观营造工程和社会动员志愿培训工程，以一流的市容环境、一流的服务水平、一流的社会风尚、一流的文化氛围迎接 2008 年奥运会的到来。

人文奥运——奥林匹克精神的继承与发展[*]

冯惠玲　魏娜[**]

2008 年北京奥运会提出了"绿色奥运、科技奥运、人文奥运"三大理念，其中"人文奥运"理念居于核心和灵魂的地位。人文奥运理念的提出，既是对奥林匹克精神的继承，也是对奥林匹克精神的丰富与发展。深刻理解人文奥运理念，准确把握它与奥林匹克精神的内在联系，大力实施人文奥运战略，对于进一步弘扬奥林匹克精神，推动东西方文化交流合作，促进人与自然、人与社会、人的精神与体魄的和谐发展，具有重要的意义。

一、赋予奥运以人文的特色，现代奥运理念的创新

从词源上说，"人文"一词最早见于《周易·贲》："观乎天文，以察时变。观乎人文，以化成天下"，其意是指通过教育与教化的方式来确定和巩固人本身以及人与人之间的关系。把人文精神与奥运理念相融合，赋予奥运以人文的特色，这是现代奥运理念的创新。从中英文互译的角度，可以把人文奥运理解为人本奥运、文化奥运和大众奥运。

人本奥运，是指在奥林匹克运动中体现尊重人、关爱人、提升人的人文精神。奥林匹克运动和奥林匹克主义中包含关爱、友谊与和平的思想。关爱，是指对运动员的关心与爱护；友谊与和平，是指奥运会反对任何形式的谋杀、流血等暴力活动，当运动场上出现矛盾与误解时，提倡宽容、理解与谦让。奥林匹克运动既是一项体育运动，又是一项教育运动，后者的作用是全面提升人的素质。现代奥林匹克之父、法国教育学家顾拜旦创立现代奥林匹克运动的目的，就是通过体育运动教育青年。运动员在运动场上表现出来的拼搏精神，鼓励着人们不断奋进、不断追求，这种榜样的力量是无穷的。因此，《奥林匹克宪章》将"良好榜样"作为一种重要的教育方式。

文化奥运，是指奥运会为世界各民族文化提供了一个展现、交流与融合的舞

7

---

　[*] 本文选自《人民日报》2008 年 7 月 29 日 006 版。

　[**] 冯惠玲：中国人民大学人文奥运研究中心主任，教授。魏娜：中国人民大学人文奥运研究中心副主任，教授。

台。国际奥委会 2000 年论坛强调："奥林匹克所推崇的绝不是一种标准的现代化或文化的单一化，更非欧洲化或西方化，未来的奥林匹克运动是多元文化的又是跨文化的。"从奥运会日益增多的具有各国文化特点的比赛项目可以看出，这项世界最著名的体育赛事已经融合了世界各地的文化，并被世界各国人民所认同。中华文化是世界上唯一从未间断、绵延至今五千年的文化，北京奥运会的举办是世界各国朋友近距离接触和感受这一文化的最好机会。同时，北京奥运会是一个多元文化交流与融合的盛会。届时，将有来自 200 多个国家和地区的 1 万多名运动员、教练员，2 万名以上的注册记者和众多的非注册记者，以及几十万名海外游客来到中国、来到北京，这为世界文化集中交流提供了宝贵的机遇。

大众奥运，是指奥林匹克运动旨在提高全民健康素质、促进社会和谐进步。现代奥运会已经远远超出了单纯的体育竞赛的范畴，奥运会的申办、筹备以及举办，动员了社会各方面民众的广泛参与。同时，奥林匹克运动强调以人为中心，注重维护人的生命健康的权利，注重通过体育锻炼达到提高全民健康水平的目的。事实证明，只有建立在大众参与和普遍健康水平提高的基础上，奥林匹克运动才能具有长久的生命力和发展前景。

二、人文奥运理念的提出，继承与发展了奥林匹克精神

北京在申办奥运会时提出的人文奥运理念，适应了现代奥林匹克运动发展回归人文精神的时代要求，是对奥林匹克精神的继承和发展。

强调人文精神与体育运动结合的人文奥运理念，是对古代奥运会人文内涵的有效传承。起始于公元前 776 年的古希腊奥运会，不仅注重展现人们发达的肌肉和健美的身躯，同时通过音乐、唱诗、戏剧等文艺方面的比赛和表演，展现人们的精神状态。这种在身心和谐状态下的公平竞争，正是古代奥运会的魅力所在，也是其人文内涵的重要体现。现代奥林匹克运动继承了这种人文精神。《奥林匹克宪章》规定："奥林匹克主义是增强体质、意志和精神并使之全面均衡发展的一种生活哲学。奥林匹克主义谋求体育运动与文化和教育相融合，创造一种以奋斗为乐、发挥良好榜样的教育作用并尊重基本公德原则为基础的生活方式。"奥林匹克精神蕴涵着深厚的人文底蕴，它使奥林匹克运动不再是单纯的体育运动，而是展现人文精神的窗口，它所宣扬的和平、友爱、尊重、拼搏的思想已远远超过了体育赛事本身，这也正是现代奥林匹克运动的魅力所在。人文奥运理念的提出，突出体现了这一奥林匹克精神。

与绿色奥运、科技奥运理念相互联系的人文奥运理念，是奥林匹克精神在当代的丰富和发展。人类社会发展到今天，一系列全球性的问题日益凸显：自然资源的枯竭、自然环境的破坏，带来全球性的生态危机；过度的功利主义和商品化，造成价值观的错位和失范。在这种情况下，人们强烈呼唤关注人与自然和谐、关

注科技健康发展的人文精神回归。以弘扬人文精神为己任的奥林匹克运动，自然也在回应人们的这种呼唤。

三、实施人文奥运战略，为推进奥林匹克运动积累了经验

北京奥运会的筹备过程，从一定意义上说就是人文奥运理念的战略实施过程。这一战略的实施目前已经取得了一系列重要成果，为推进奥林匹克运动积累了重要经验。

奥运会筹备过程体现了"以人为本"的理念。北京奥运会无论硬件建设还是软件建设，都体现着人文奥运的理念。例如，为运动员、教练员提供了舒适的居住环境和比赛场馆；形成了以公共交通网络为主、以城市快速轨道交通为骨干的现代交通体系，为赛会提供了方便、快捷的交通保障；为保障残奥会的进行，建设和改造了符合残奥会要求的体育设施与人性化的公共设施；重视环境整治，在新能源利用、污水处理、大气治理方面都取得了成效，为奥运会的举办提供了一个清洁无污染的环境等。

奥林匹克教育促进了人的素质提高和全面发展。北京奥组委与教育部在全国4亿青少年中广泛开展奥林匹克教育，传播奥林匹克知识，弘扬奥林匹克精神，评出了556所奥林匹克教育示范校；在北京确定了210所中小学参加"同心结"交流活动，促进北京市中小学生与奥林匹克大家庭各成员所在地青少年的交流；广泛开展"迎奥运、讲文明、树新风"活动，促进广大市民养成热情礼貌、文明观赛、遵守秩序的良好文明风范。

系列文化活动展示了中国文化和北京特色，促进了世界文化的交流。北京奥运会会徽、吉祥物、奥运火炬、奥运奖牌以及奥运纪念品等的设计，都突出了中国传统文化要素的内涵与魅力，使它们成为奥运史上具有浓郁的民族特色和现代特点的艺术珍品。举办丰富多彩的文化活动，吸引国内外的文艺团体来京演出，有效地促进了中外文化的交流。

奥运志愿精神的传播和志愿队伍的壮大弘扬了"大众参与"的奥林匹克精神。从1993年第一次申办奥运会开始，到2008年奥运会的举办，北京奥运会在长达15年的时间里始终得到了广大民众的支持和广泛参与。北京奥运会赛会志愿者申请人数超过112万，城市志愿者报名人数达207万。经过选拔将有10万赛会志愿者服务于奥运会和残奥会；40万城市志愿者在500个城市志愿者服务站点提供信息咨询、应急服务、语言翻译等志愿服务活动。由北京奥运会申办和筹备所推动的志愿服务的发展与志愿者队伍的壮大，将成为现代奥运史的重要遗产之一。

和谐是人文奥运的灵魂*

金元浦**

2008 年 8 月 8 日，北京奥运会隆重开幕。一个生气蓬勃、文明进取的中国，一个古老而现代、亲切与微笑的北京呈现在世界面前。

辉煌中国，百年机缘。2008 北京奥运，对于处在新的战略机遇期的中国具有极为重要的历史和现实意义，它是展示和平崛起强大中国的一个千载难逢的历史性时刻，是中华文化走向伟大复兴的一个历史性起点。

一、一个开放的有着巨大生命力的创新理念

人文奥运是北京向世界提出的具有独特价值的创新理念。作为一个开放的有着巨大生命力的创新理念，其内涵非常丰富，寓意深远。它是一个多维度、多层次的理念。

人文奥运依托于有着五千年悠久历史的中国文化的深厚底蕴。中国文化的人文意蕴，源远流长。"人文"一词，已见成书于殷末周初的《周易·贲》："观乎人文，以化成天下"，"文明以止，人文也"。中国自古以来就认为"天地之性人为贵"。正由于人的创造，所以人可贵，人不可轻；正由于人"为天地立心，为生民立命"，所以人可贵，人不可轻；也正由于人在奥运会上凸显人的生命智慧，所以人可贵，人不可轻。中国人文精神的宗旨，是对于生命的关怀。宋明理学把"仁"诠释为生命之源，"仁者，生生之德"。"生生"便是中国文化中人文精神的血脉。人文是"化成天下"的学问。在现代意义上，人文精神是指对人的生命存在和人的尊严、价值、意义的理解和把握，以及对价值理想或终极理想的执著追求的总和。

人文奥运与奥林匹克主义有着不可分割的渊源关系。《奥林匹克宪章》指出："奥林匹克主义是增强体质、意志和精神并使之全面均衡发展的一种生活哲学。奥林匹克主义谋求体育运动与文化和教育相融合，创造一种以奋斗为乐、发挥良好榜样的教育作用并尊重基本公德原则为基础的生活方式。"可见，奥林匹克主义给

* 本文选自《红旗文稿》2008 年第 15 期。

** 金元浦：中国人民大学人文奥运研究中心执行主任，教授。

竞技运动设置了一个理想主义的目标和方向，对当代体育起着重要导向作用。它强调体育的人文价值和真善美，强调体育应为人的和谐发展服务，进而促进一个维护人的尊严、和平的社会的建立。

从我国文明的发展看，人文奥运有着十分深刻的现实意义：

人文奥运彪炳文化的伟力，呼唤中华文明的价值重构，推动中国文化走出去，是"中国文化走出去"国家战略的有机组成部分，为中国在21世纪的发展提供一个和谐、持久的国际文化环境；

人文奥运构建了一个落实科学发展观，以文化创新推动中国社会全面协调发展的宽阔平台，是提升北京与我国经济文化发展层次，建设创意中国、创意北京，全面开创和提升北京乃至中国文化产业水平，增强国际文化竞争力的绝好机遇；

人文奥运高倡以人为本、以民为本，给予我们推动我国民主化进程，实现人的全面发展，向世界展示中国全新人文面貌的极好时机，是贯彻中央执政为民、情系于民和提高执政能力的一次重大实践；

人文奥运是人民的奥运，全民参与奥运，全民从奥运中受益，人文奥运又是实施全民教育，建设学习型社会，全面提高国民素质的强大推动力和极好实践。

二、人文奥运理念的内涵

第一，人文奥运是以人为本的奥运。它关注人，热爱人，提升人，追求人的本质力量的实现和人的全面和谐发展，唤起人类对人自身可贵不可轻的不断体认、无限珍视。人文奥运体现了当代中国的民间关怀，它所蕴涵的全民奥运、全民健身内涵，是对奥林匹克精神的极大扩展与弘扬、创新与发展。奥运会的生命力在于大众的参与，在于奥林匹克精神更加广泛的普及。2008年奥运会在13亿人口的中国举行，标志着百年来的现代奥林匹克运动在历史的一个瞬间获得巨大飞跃，开启了奥林匹克运动的新起点，在奥运史上写下光辉一页。

第二，人文奥运的重要意义在于对奥林匹克生活哲学的展开与发展。奥林匹克主义的精神核心是积极快乐的生活哲学，强调人通过自我锻炼、自我参与而拥有健康的体魄、乐观的精神和对美好生活的热爱与积极追求。奥林匹克精神奉守和平友谊的宗旨，团结鼓舞大众参与体育实践，以更快、更高、更强的进取精神和公开、公正、公平的原则，激励世界各国人民特别是青年为建立一个和平而且更加美好的世界而奋斗。处于快速发展中的当代中国，比以往任何时候都更强烈地感受到对积极健康的生活方式，以及由此带来的人文精神的渴求，人文奥运理念包含着中国人民乐观向上、改革进取的精神风貌，开阔开朗的胸襟气度和对人类文明的崇尚发扬。

第三，世界给我十六天，我还世界五千年。文化是中国面对世界最为深厚的积淀。中国传统的"和合文化"观经过现代转换，对当代西方世界具有重要借鉴和启示意义。同时，五千年来的中国文化又孕育了丰富的传统体育文化与多样化的民族体育文化，其种类、样式和丰富性举世罕见。传统体育文化既有修身养性的五禽戏等各种气功导引术，又有防身健体的角抵、摔跤和武术；既有因时而作的清明秋千、端阳龙舟、重阳登高，又有娱乐表演的各种球戏和技巧；既有跑步、举重、嬉水、马术、射箭等夏季项目，又有冰嬉、滑雪等冬季项目。现代体育中的许多活动，不少可以在中国古代找到雏形。各民族的不同体育文化丰富灿烂，56 个不同民族各有自身独特的体育游戏、健身方式和竞赛项目。

第四，人文奥运，是世界不同文明的融合、各国文化交流的桥梁。奥运会是全世界超种族、超文化、超等级、超地域的百姓的巨型狂欢节，是世界各民族文化之间对话、交流、沟通的巨大平台，让世界了解中国，让北京触摸世界。2008年北京奥运会，是历史悠久的奥林匹克运动与源远流长的中华文明的一次伟大握手，是世界文化与中国文化的一次雄伟交汇。人文奥运是世界各民族文化交融互惠的现实平台，多元创造、对话交往，是新世纪奥林匹克文化精神的核心理念。

第五，人文奥运的内涵中包含着教育的深刻内容。《奥林匹克宪章》提出："奥林匹克主义谋求体育运动与文化和教育相融合"，教育是奥林匹克精神的核心内容，是奥林匹克主义的出发点和归宿。顾拜旦创立现代奥林匹克运动是为了传播奥林匹克理想，以一种新的角度、新的方式教育青年，促进青年身心的和谐发展。他认为：在现代人生活中最重要的是教育。他的基本目的不仅仅是用奥林匹克运动去推动竞技运动，而且是要把竞技运动纳入教育，进而把教育纳入人类的文化和生活过程之中。奥林匹克运动不能局限于体育比赛，它更是一种学习活动。人文奥运秉承奥运精神，将奥林匹克运动与人的教育、公民素质的提高、社会文明程度的提升联系起来，建设一个不断学习、不断创新的学习型社会。

三、和谐是人文奥运的灵魂

和谐是人文奥运的灵魂，和谐思想对中国、对世界、对奥林匹克运动都具有重要的现实意义和重要的资源性价值。当代世界，人类面临着巨大的困境与冲突，人文奥运的宗旨，在于推进人与自然、社会，人与人，文明与文明以及人的灵魂与体魄之间的和谐发展。

古希腊哲学早就关注对立中的和谐。赫拉克利特认为，自然界的一切事物都从对立中产生和谐，和谐是对立物的融合，相同的东西不会产生和谐。相反的东西结合在一起，不同的音调造成最美的和谐。毕达哥拉斯则认为，宇宙中一切都存在和谐，和谐无时不有，无所不在。这种和谐便是宇宙秩序，是善和美。这一源远流长的西方传统造就了古代奥林匹克文化的灵魂，滋养了现代奥林匹克精神。《奥林匹克宪章》明确指出："奥林匹克主义的宗旨是使体育运动为人的和谐发展服务，以促进建立一个维护人的尊严的和平社会。"古希腊的和谐更多强调个体和谐、人神和谐，现代奥林匹克运动则更多注重灵魂与躯体的和谐。从文化交流的角度看，人文奥运的内涵与奥林匹克文化精神是和谐一致的。

和谐思想是中华文化与奥林匹克文化的最佳结合点。博大精深的中华文明传统，为我们提供了深厚丰富的和谐思想资源。中国传统文化中的和合观念，是中华文化的核心理念，虽然历经五千年仍焕发着勃勃生机。中国古代的儒家文化和道家文化都追求人天和合。儒家文化关注社会治理，强调积极有为，追求由自我到天地自然的和谐，故而以人道为核心，推己及人，成己成物，尽心而知天。道家则鼓吹无为，以天道为核心，由天道推向人道，人道效法天道，即效法自然。儒、道两家殊途同归，相辅相成，互补互济，相得益彰，深刻地影响了中国文化的形成和发展，构成了传统文化的核心理念。中华传统文化所包含的天人合一、以天合天的和谐自然观与政通人和、和为贵、和气生财的社会观，亲仁善邻、协和万邦、善邻怀远的国际关系观念等都是对西方文化理论的挑战与补充，和平、和美、和爱则是对奥林匹克更快、更高、更强竞技文化的矫正和补充。

当代世界，人类共同面临着人与自然的严峻冲突，环境污染、生态危机、自然灾害等时刻威胁着我们，如何在人与自然之间寻找冲突中的平衡，达到天人合一的和谐状态成为人文奥运的探索目标，国际奥委会对此也给予高度关注。在《奥运会总体影响评价》报告中，就设立了举办奥运对举办国和举办城市在环境、社会文化与经济和谐发展上所产生的巨大影响的内容，表明了国际奥委会推动当代社会和谐发展的新动向。

当代中国，和谐具有更为重要的意义。和平、和睦、和而不同、和衷共济，与科学发展观、努力建设和谐社会的总目标是完全一致的。和谐社会是一个全面系统的目标，单一 GDP 的增长，无法完成重建文化中国国际形象，全面建设小康社会，实现中华民族伟大复兴的历史重任。举办奥运会，给落实科学发展观提供了一个良好契机。奥林匹克运动作为当代世界的伟大文化实践诉诸世界文化创造的多样性，诉诸人与自然和谐共存和绿色文明的全球推动，诉诸当代社会的文化与经济、政治的相辅相成、和谐发展，诉诸人的健全人格的培育和躯体与灵魂的协调，这一切对于构建社会主义和谐社会都具有重要意义。

和谐思想，也是作为北京 2008 年奥运会理念的人文奥运与作为北京城市发展战略的人文奥运的最佳结合点。人文奥运具有推动奥运会和北京城市建设的双重功能，即对外和对内的两种功能。对外来说，人文奥运要展示中国文化，促进中外文化交流，突出北京 2008 年奥运会的特色，实现为世界留下独一无二奥运遗产的庄严承诺。对内来说，则要通过人文奥运带动北京市相关方面的工作和城市建设，即"以发展办奥运，以奥运促发展"。奥运会对于北京市城市发展具有两方面意义。

第一，举办 2008 年奥运会是北京近几年工作的重点。北京成功获得 2008 年奥运会举办权后，奥运会既是北京市最重要的任务之一，也是成功带动北京城市发展的一个重要契机。奥运会的筹备工作情况和举办情况成为衡量北京市工作的一个重要指标。奥运会本身不是政治，但能否成功举办奥运会，对于北京市来说，却是一项非常重要的任务。北京市无疑一方面要"以发展办奥运"，积极为奥运会创造各种条件；另一方面又要充分利用办奥运的机会，来推进各项工作，"以奥运促发展"。第二，人文奥运虽然对内对外的功能有所区别，但二者之间又有一致性。人文奥运的灵魂是和谐，它既可以作为奥运会的主旨，又可以作为北京市各项工作的指导思想。

和谐思想作为人文奥运理念的核心意蕴，不仅受到中国学者的重视，而且在外国奥林匹克研究者中获得广泛认同。在 2006 年由中国人民大学人文奥运研究中心举办的"创造的多样性：奥林匹克与中国文化"国际论坛上，与会的许多外国著名奥林匹克研究者，不约而同地强调"和合"、"和谐"思想，认为它是中国文化通过人文奥运奉献给世界的最有价值的思想和理念。对此，我们应有充分的信心。

北京奥运会与文化中国国家形象构建[*]

冯惠玲　胡百精[**]

北京奥运会的一个重要特点是，它是在经济全球化真正到来——而非将至状态下的一场人类共享的文明仪式。这场仪式发生在双重语境之下：从中国社会内部看，北京奥运会是 13 亿人现代化雄心的一个隐喻；而从国际范围看，北京奥运会必然引爆西方对中国发展、壮大，进而改变世界权力秩序和利益关系的不确定性焦虑。这就决定了奥运话语始终存在三个叙事框架：体育盛会、文化盛典和利益竞夺平台。第一个叙事框架因其直观性、实在性而无可争议，如此便形成了一个充满悬念的话语格局：后两个叙事框架彼此竞争，竞争的结果对北京奥运会之成败及其呈现、构建的国家形象必将产生显著的、深刻的影响。

拉萨"3·14"事件和随后的奥运火炬海外传递遇骚扰事件昭显了达赖集团和西方反华势力的利益叙事框架。为支撑这一框架，他们搬用了大量冷战思想遗产和意识形态偏见，同时也采用了诸如民族主义、普世主义、信仰自由、人权等文化叙事框架。对中国而言，在参与全球利益角逐和权力较量不可避免的情况下，构建、提升和延展文化叙事便成为于奥运话语、国家形象话语博弈中制胜的关键所在。

本文围绕北京奥运话语的文化叙事框架，全面、系统地廓清了国家形象战略的目标导向与战略重心、要素排序与结构方式、表达主体与实践路径等核心问题。对这些问题的假设、解释和回应依托于如下三组实证研究：（1）海外意见领袖研究：对覆盖 51 个国家 405 位意见领袖的"滚雪球"式大范围非随机抽样访问。抽样人群包括各行业（政府、企业、非营利性组织、教育机构、学生、媒体行业、文化艺术界、宗教界等）各年龄段的意见领袖，回收问卷后按人口统计学指标进行第二次分层抽样。共发放问卷 500 份，回收有效问卷 405 份，回收率为 81%。（2）海外媒体报道监测与内容分析研究：样本媒体 30 家（包括《纽约时报》、《华尔街日报》、路透社、美联社、法新社等），抽取北京奥运会相关报道 360 篇，然后

* 本文选自《中国人民大学学报》2008 年第 4 期。
** 冯惠玲：中国人民大学人文奥运研究中心主任，教授。胡百精：中国人民大学人文奥运研究中心研究员，副教授。

进行编码分析。（3）国内媒体报道监测与内容分析研究：以北京奥组委信息发布为主体，兼顾新华社、《人民日报》、《光明日报》、《经济日报》等几家主流媒体和国家通讯社，抽取北京奥运会相关报道 2 998 篇。编码方式与海外媒体的内容分析完全一致。

一、文化中国与国家形象战略的目标导向

构建系统、可行的国家形象战略是我国政治、经济和文化发展的客观需要，是改革开放近 30 年来中国作为大国成长的历史必然，是经济全球化时代我国担当大国责任、促进世界对话、改造国际秩序的战略性抉择。北京奥运会为我国国家形象战略的研究、规划和实践提供了前所未有的历史契机：它有利于在超越具体文明形态的基础上，促进不同国家、族群成为一个对话、互生的系统。

1976 年，学者尼默和萨瓦格（Dan Nimmo and R. L. Savage）提出了后来被广为引用的"形象"定义："人对目标之物、事或他者建构的认知与态度"[1]。从这一定义出发，"国家形象"可以理解为一个国家留给他国公众的总体印象和评价，或者"他国公众对本国特征及属性的感知或投射"[2]。前一种理解属自我本位，即"本国"自主的形象建构；后一种理解属他者本位，即从他国公众视角考察一国形象之得失成败。

随着冷战的结束和全球化浪潮的出现，与"国家形象"紧密关联的"软实力"概念开始流行，它是"一个国家具有的让其他国家心甘情愿做自己希望它做的事情的权力"[3]。有学者认为，软实力已成为"全球化时代游荡在世界各个角落的一个幽灵"[4]。由是观之，"国家形象"表现为一种评价状态或变化中的结果，而"软实力"则是与经济、军事、能源等"硬实力"相对的话语、文化和信念等力量的累积状态。

作为一种状态或结果的国家形象，软实力概念已被学界、官方广为采纳，但长期以来却缺少一个追问：如何实现这种评价状态或累积结果？要回答这一问题，就必须厘清一个前提：国家形象和软实力战略的目标导向是什么？换言之，我们遇到的最大挑战是应当建设怎样的国家形象。长期以来，国内外学界一般将国家形象系统"切割"为七个主要范畴：政治（politics），包括政治体制、国家制度、政府信誉等；经济（economy），包括金融实力、财政实力、国民收入等；文化（culture），包括历史遗产、风俗习惯、价值观念等；社会（society），包括社会凝

① Nimmo, D. & R. L. Savage, *Candidates and Their Images: Concepts, Methods and Findings*, Pacific Palisade: Goodyear, 1976.

② Lee, Suman, "A Theoretical Model of National Image Processing and International Public Relations," International Communication Association Annual Meeting, New York, 2005.

③ Joseph S. Nye, *The Paradox of American Power*, New York, Oxford University Press, 2002.

④ 张晓慧：《"软实力"论》，载《国际资料信息》，2004（3）。

聚力、安全与稳定、国民素质等；科教（technology and education），包括科技实力、创新能力、教育水平等；外交（diplomacy），包括对外政策、外交能力等；军事（military），包括军事建设、国防能力、军队素质等。这七个范畴几乎囊括了国家事务的全部内容，其中国家形象战略当以何者为重？它们之间是否存在一定的优先序列？是否可以指认出某一范畴，它能够承纳、统摄其他诸范畴？这些都是需要我们深入研究的问题。

本文通过大规模实证研究发现，文化范畴应成为当前中国国家形象的优先范畴，"文化中国"应成为国家形象战略的目标导向。调研显示，海外意见领袖对中国国家形象构成维度的期待中，文化范畴获选率最高（77.0%），以显著优势位居第一，以下依次为社会（37.0%）、经济（34.3%）、政治（21.7%）、科教（21.0%）、外交（9.6%）和军事（6.9%）等（如图1所示）。

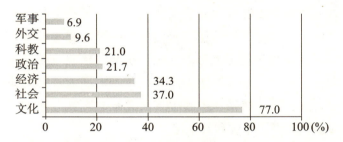

图1　海外意见领袖对中国国家形象范畴的价值预期

与之形成对照的是，在海外意见领袖的印象中，中国国家形象的现状是主打"经济牌"。调查发现，"经济迅猛发展"是目前中国留给海外意见领袖的第一印象（64.2%），而非前述的他们高度期待的文化范畴（如图2所示）。这一结论客观地反映了中国"以经济建设为中心"的国策在国际社会的现实投射。

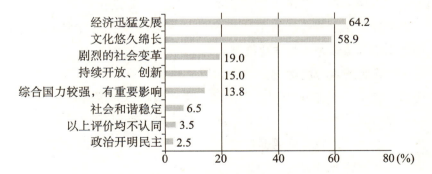

图2　海外意见领袖对中国国家形象的总体排序

综观两组数据，海外意见领袖的文化期待和我国的经济议题优先形成了显在的断裂。弥合断裂意味着国家形象系统的战略性调整：转换经济与文化在国家形象构建中的优先序列，以文化中国为国家形象战略的目标导向。导向调整意味着有"破"有"立"。破者，认清并规避既有导向——"经济中国"的缺陷和损害；

立者，界定并规划预设导向——"文化中国"的内涵与属性。

以经济建设为中心，是近30年来中国共产党和中国政府最伟大的战略宏图和国策方针，是中华民族数千年来强国富民理想一以贯之的延展，历史意义自不待言，现实成就举世瞩目。然而众所周知的是，经济发展属于硬实力建设范畴，是国内国外进行资源占有、机会拼抢的结果，归根到底服务、服从于国家主体"永恒的利益"。中国经济腾飞，以雄厚之实力崛起，必然促成全球权力和利益关系的再造，"中国威胁论"、"中国崩溃论"等正是在这一背景下被炮制出来的。尽管我们对这些论调可以展开种种辩护、回击——譬如在"崛起"之前加上"和平"字样，但始终无法跳出一个悖论：以作为硬实力的经济话语主导作为软实力的国家形象。

出路在于构建文化中国国家形象。以文化优先替代经济优先，是一个有关序列划分的问题，而非一个淘汰或放弃的问题。文化中国不是对以经济建设为中心的国策的否定、排拒和放弃，恰恰相反，它是在科学发展观的指导下，立足经济建设而又超越经济建设的新型国家形象战略。正是文化战略而非其他选择，能够同时向经济、政治、外交、军事等国家形象范畴全面开放，同时拥抱了这些"单项表达"的全部意义，并于统摄、融合中构建完整的国家形象。因此更准确的说法是，以文化中国引领经济中国和其他选择。

基于以上判断，我们可以对文化中国做如下界定。文化中国即文化意义上的中国，它至少含纳了三个层次的"中国"概念：一是从纵向上讲，指作为一种绵延至今、弦歌未辍的文化体系存在的中国，其基本内容是中国文化一以贯之的精神、观念、元素、尺度及其构建与表达方式、文化载体和遗产；二是在横向上突破地缘边界，寻找广泛、深入地浸润了中国文化的华人共同体，甚至包括杜维明指称的离散族裔和关注、理解中国文化的非华裔人；三是指在社会系统内部，一个经济上日益现代化、政治上日益民主开明的国家形象在文化层面的现实投射，即当代中国国家形象体系中的文化维度。

实际上，在世界大国的崛起过程中，以文化维度为国家形象的目标导向是一个普遍经验。例如，军事美国—经济美国—文化美国、军事德国—技术德国—文化德国、军事日本—经济日本—文化日本，英法则一直以文化国家形象跻身国际社会。那么，在国家形象的话语框架内，文化究竟意味着什么？具体到文化中国，它的核心理念和属性是什么？

从建构主义的国际关系理论来看，国家文化实质上是一种国际规范，其着眼点和落脚点皆在形塑认同。霍斯蒂德（Greet Hostede）将国家文化定义为"总体心理程序"①，认为它是一个国家成员的身份认同。对此，温特（Alexander Wendt）

---

① Greet Hostede，*Culture's Consequences*，Abridged Edition，Sage Publication，1982.

进一步认为，国际政治中的文化模式是指"由国际社会中行动者的相互行动所造就成为共有观念之后，反过来塑造行动者的身份，并通过身份政治（politics of identity，或称认同政治）影响其利益和行为"①。二人分别论及了国家文化对内、对外的两种认同作用，却未能回答"认同何以成为可能"这一现实问题。

笔者认为，国家文化的核心理念在于促进不同文明形态的对话。从现代奥运的历史进程看，奥运会提供了一种全新的可能性：在超越具体文明形态的基础上，促进不同国家、族群成为一个对话、互生的系统。离开这个系统，任何所谓普遍有效的假设，诸如理性、进步和自由，都不足以担当历史的尺度。②

与此相应，文化中国国家形象是中国与他国公众于对话中建构的话语体系。这一话语体系发生在变动中的权力、利益语境之下，围绕共同关心的公共议题展开，其核心问题是事实层面的利益互惠和价值层面的意义分享。以文化为目标导向的国家形象，"是现代社会不可或缺的一种弥合、协调机制。这种机制以促进社会对话为主旨，它相信对话是比对抗更优的人类治理方式"③。

二、对话范式与价值议程

前文论及对话为文化中国国家形象的核心理念，这潜藏着一个全新的学术可能性：能否以对话为"元概念"构建本体论、认识论和方法论整合一体的国家形象理论范式？接下来，笔者将导入三组"二分法"提出国家形象对话范式，它们是：政治学、社会学和传播学中的"结构—过程"二分法，即着眼于主体、客体、内容、手段等构成要素及其互动过程的系统论框架；契约论框架下的"沟通—利益"二分法，即在"沟通以达成共识、缔结契约"的传统共识论中，恢复利益变量的主导地位；"事实—价值"二分法，即导入近现代哲学中有关事实世界与价值世界的解释框架，以彰显对话范式的核心主张。基于这三组二分法，笔者对国家形象的若干基本问题做如下界定：

第一，从本体层面看，什么是国家形象？国家形象是一国与他国公众之间有意识的、规程化的对话，它培养和维系共识，促进互蒙其惠和价值同构。较之传统界定，这一概念强调国家形象既是事实层面权力关系、利益关系，如进口与出口、制裁与反制裁的反映，同时也是各种价值关系，如信任与被信任、尊重与被尊重的体现。传统的国家形象定义，要么过于看重单向表达或者单边印象，从而远离对话；要么纵使强调对话，也过于看重事实层面的利益协调，而相对忽视价值分享，最终沦为物化关系。

① Alexander Wendt, *Social Theory of International Politics*, Cambridge, Cambridge University Press, 1999.

② 参见胡百精：《公共关系的"元理由"与对话范式》，载《国际新闻界》，2007（12）。

③ 胡百精：《权力话语、意义输出与国家公关的基本问题》，载《国际新闻界》，2008（5）。

价值理念介入国家形象体系，实质上是把"人"、"文化"置于全部国家形象问题的中心。进一步而言，国家形象归根结底呈现的是不同族群、不同文化的建构关系。事实层面的参与、协商和交换固然是重要的，但价值层面对他者的尊重和对自身立场的忠实同样不可替代。

第二，从认识论层面看，国家形象的基本观念是什么？笔者的认识是通过对话建构国家之间的命运共同体，而不是单方面谋求良好形象，或者刻意向他者"示善"，或者作为一方的"我"如何"做得好"、"说得好"。对话意味着打破"你"、"我"之间的"主体—客体"结构，转而寻求"主体—主体"之间的多元双赢关系。这一观念应集中体现在国家形象的功能定位上：事实层面之利益共赢及其契约化、制度化，而非征掠、侵占或只重视一时、一事之利；价值层面的最高目标是信念认同及其结晶化，即创造共同体精神并将之凝结为"无须争议"的意义世界，而非短暂、虚浮的道德元素和礼仪游戏。

第三，从方法论层面看，国家形象是否存在一套整合性的策略体系？基于前述二分法，笔者提出多元的国家形象策略体系，将在本文第三部分进行充分论述。

从对话范式的基本假设和核心主张出发，北京奥运语境下的中国国家形象构建，应当是事实、利益议程和价值、文化议程的双重设置，二者相辅相成，统一于中国与世界的对话实践和共赢状态。实证分析发现，我国在北京奥运会传播和国家形象表达中，对外输出的信息主要是奥运会筹备进程、场馆建设、赛事安排、吉祥物与商业开发等事实议题，而奥运精神、信念和中国文化核心价值层面的议题则输出不足。

以北京奥运会三大理念的传播布局为例，我国官方对"绿色奥运"的传播总量最高（57%），"人文奥运"（25%）和"科技奥运"（18%）明显偏低。细化编码分析发现，人文奥运的内涵、愿景表达也比较模糊，说明我国对北京奥运会与国家形象的价值议程和文化议程设置尚显薄弱。这必然导致两种风险：对外未能形塑强大的、不可颠覆的"价值理由"以支撑北京奥运会的普世价值体系，因而随时可能遭遇各种批评和指责；对内很难感召社会公众的内在信念和精神世界，因而可能造成"很关注、不感动"的社会心理状态。

反观西方反华势力"抵制奥运、抹黑中国"的表达策略，其议程设置路径恰是"事实议题价值化"。即只把事实当作论证其既有观点、偏见的素材，为了抹黑中国的需要可以歪曲甚至完全不顾事实；同时，以宏大的价值议题——自由、民主、正义、信仰、人权等替代事实真相。在拉萨"3·14"事件和随后的奥运火炬海外传递遭骚扰事件中，达赖集团和其他反华势力发表的议题主要集中在价值层面，上讲"天理"，下讲"人性"，因此，虽然他们所描述的事实充满漏洞，却能够俘获人心。比照之下，我国的对外信息发布则更强调事实论据。经验表明，在跨文化传播过程中，事实经常被来自价值层面的意识形态偏见和民族情绪打垮。

我们在对海内外媒体文本进行分析的过程中，将北京奥运会相关议题归纳为五类，随后与意见领袖调研数据进行比较，以此判断我国政府与海外媒体、我国政府与海外意见领袖、海外媒体与海外意见领袖之间是否形成了有效对话，是否构建了彼此接纳的"双赢区"。

这五类议题是：（1）奥运文化议题，主要包括奥运理念、奥运文化符号、与奥运相关的艺术创作和文化活动、奥运历史与文化传承、奥运文化研究等内容；（2）奥运政治议题，如官方活动、民主政治、人权、腐败、民族问题、宗教信仰、港澳台与祖国统一、新闻自由等内容；（3）奥运建设和市场开发议题，如经费投入、场馆建设、住房、交通、奥运商品、物资供应和票务等内容；（4）奥运社会支持议题，如国民素质、社会治安和安保、志愿服务、医疗卫生、环境问题以及法律保障等内容；（5）奥运赛事议题，如比赛项目安排、赛事服务、赛事规则、运动员和教练等内容。

"双赢区"是对话范式双赢理念的模型化表达，象征着不同对话者之间相遇、契合，满足共同需求的均衡状态。在双赢区内，各方抱持多元、复合的动机（mixed motives）相遇，寻找合作的可能性。这些可能性既包括具体的现实利益，也包括信任、尊重和关爱等价值元素。各方抵至双赢区的议题越多，表明彼此的共识空间越大。

如图3所示，如果把甲方作为议程设置方，乙方作为被议程设置方，议题A和议题C都是甲方试图引导的议题，议题B是甲方没有特别关注的议题。那么图3表示：在议题A上，甲方和乙方的关注度趋于一致，甲方议程设置比较成功；在议题B上，甲方没有特别关注，而乙方非常关注，双方尚未实现充分对话和双赢；在议题C上，甲方设置的议题尚未受到乙方关注，议程设置不成功，离双赢区较远。

议题A　　　　　　　　　　　　　议题A
议题B　　　双赢区　　　　　　　议题B
议题C　　　　　　　　　　　　　议题C
甲方发布议题量　　　乙方发布议题量

图3　甲方、乙方关注议题之双赢区

具体到北京奥运会相关议题，可以从以下几个层面展开分析。

海外意见领袖关注的议题主要集中在北京奥运会的文化系统层面，其次是社会支持系统，我国官方发布的议题主要分布在文化议题和硬件建设、市场开发层面（如图4所示）。

可以看出，我方主推的硬件建设和市场开发议题与海外意见领袖的关切度相去甚远，未能形成双赢状态；同时，双方看似在文化议题上靠近了双赢区，但细

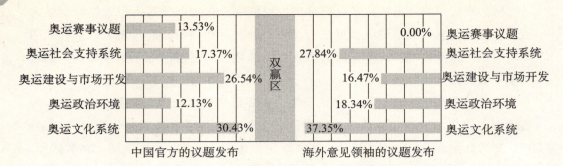

图4 我国官方奥运传播议题和海外意见领袖期待间的双赢区

化编码分析表明,我国所传播的奥运文化议题多是官方色彩浓烈的"喜迎奥运"之类的文化活动(约占全部文化议题的1/2),而让外国人容易理解、接受的普世性文化价值议题则相对较少(约占全部文化议题的1/5)。

我国官方的议题输出和海外媒体对北京奥运会的报道也形成了明显断裂:后者把焦点投在了"奥运政治环境"和"奥运社会支持系统"上面,而对前者发布的文化活动议题、硬件建设和市场开发议题不太感兴趣(如图5所示)。

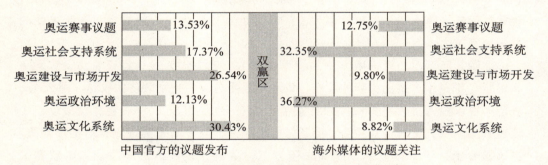

图5 我国官方奥运传播议题和海外媒体报道议题间的双赢区

海外媒体对北京奥运会的报道议题与海外意见领袖的期待明显错位,后者关心北京奥运会所承载的中国文化,而前者则强势输出北京奥运会的政治环境议题(如图6所示)。这意味着我国应当增强对海外媒体的议程设置能力,特别是文化议题的输出、投射与反馈。

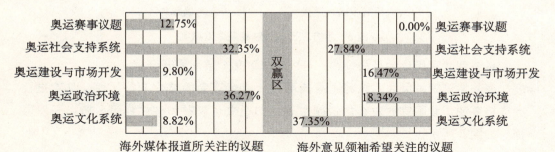

图6 海外媒体与海外意见领袖关注奥运议题的双赢区

显而易见，能够弥合上述三重断裂的理想议程设置模式是：中国政府（文化议题）—西方媒体（文化议题）—海外意见领袖（文化议题）。对话理念的提出实际上是对寻找差异世界中共同价值的呼唤，失去了共同价值，也就无所谓双赢，更无所谓形象战略。对话理论家戴维·伯姆认为：不管在任何对话群体中，你都可以发现众多既不为我们所知、又全然各不相同的基本思维假定和观念。这可以归结为文化问题。社会文化中总是存在着众多不同的看法、意见、观念和思维假定，正是它们形成并维系着这种文化。①

文化作为群体思维、情感和信仰的方式，只有被社会成员共享、合作和交流才具有意义。文化是一个多义、流动、复合的系统，没有哪一种文化能够与另一种文化精致完美地对应。要使议题管理具有可操作性，就必须进一步细分文化要素并进行排序，以此找寻具有可操作性的核心议题。那么，在源远流长、博大精深的中国文化体系中，究竟有哪些要素可能承载言必称之的和谐、和而不同、天人合一、大同世界等核心文化精神和普世价值呢？

在国内以往的研究成果中，大多单方面预设能够体现中国文化特色或普世价值的文化要素，本文则实现了由外而内的观照，即由海外意见领袖指认他们"喜闻乐见"、"心向往之"的中国文化要素。部分调查结论如下：

数据显示，相对中国现代文化（34%），海外公众更关注中国传统文化（66%）；相对中国乡村文化（44%），海外公众更关注中国城市文化（56%）。在具体的文化类型中，海外公众最感兴趣的是中国和北京的饮食文化（32%），以下依次为艺术（26%）、民俗（18%）、科技（9%）、娱乐（8%）和体育（7%）。

从旅游偏好看，在北京奥运会期间，海外意见领袖对中国旅游的首选体验是名胜古迹（39.5%），以下依次为文化艺术（29.6%）、地理山川（22.5%）、宗教文化（21.7%）、民族风情（15.6%）、游艺娱乐（11.4%）和其他（1.7%）。

从文化艺术的表现形式看，最能够吸引海外意见领袖的是书法艺术（35.9%）、绘画雕塑（34.4%）和武术太极（31.4%），以下依次为园林建筑（28.6%）、杂技（21.9%）、服装服饰（21.9%）、瓷器玉器（16.1%）、民族舞蹈（15.1%）、诗词歌赋（14.6%）、戏曲（12.6%）和其他（0.5%）。

在宗教哲学方面，海外意见领袖最感兴趣的是佛教的禅宗思想（47.4%）、儒家的和谐观念（40.5%），以下依次为道家的自然观念（28.4%）、传统五行八卦思想（16.8%）、墨家的兼爱思想（7.9%）和其他（2%），另有将近1/4的人表示对中国传统宗教哲学完全不了解（22%）。

透过以上五组数据，笔者提出文化中国国家形象构建的"三个相遇"目标：

一是在文化的核心价值层面相遇，展示那些能够代表中国文化特质的要素、

① 参见［英］戴维·伯姆：《论对话》，北京，教育科学出版社，2004。

载体和路线，展示那些反映人与人、人与社会、人与天（自然）内在规定性的文化观念、尺度和形态。特色与普世并不矛盾，前者的价值在其珍贵，后者的意义在其融通，二者兼备才能反映中国文化的气质和气象。

二是在"生命的初级地带"相遇，即强调体验，重视细节，让海外公众在参与和分享中增进对中国的理解。体验、参与意味着国家形象战略由单向的宣传、告知全面走向对话。作为一场巨型狂欢节，奥运会是由无数具体而微的情境、要素整合而成的。人们只有在"生命的初级地带"相遇，才能找到庇护彼此的价值共识。

三是在传统与现代的均衡中相遇。文化中国国家形象是一个动态的、开放的软实力系统，必须科学布局传统与现代之间轻与重、多与少、连续与断裂、承继与创新之间的结构关系。尽管海外公众更关心中国传统文化，但我们应借助奥运契机，将其注意力转移到现代中国文化上来，避免"越关注传统、越不满现代"的窘况发生。

三、文化中国国家形象战略的实践路径

对话既是国家形象之"体"，也是国家形象之"用"，它对结构与过程、沟通与利益、事实和价值对等齐观，在确立国家形象于本体论、认识论层面的假设、观念和域限的同时，也指明了国家形象战略的实践准则和路径。

按照西方的学科划分方式，国家形象构建实际上是一种策略性传播管理（strategic communication management），它包括五个实践"要件"：长远愿景（long-range vision）、有效承诺（effective commitment）、以人为本（importance of people）、以合作方式解决问题（cooperative approach to problem solving）、与公众建立持久关系（building relationships with all publics）。这五个要件可以视为国家形象构建的五项实践准则。

中国国家形象战略应当具备与大国成长的整体战略、大国成长的内外环境相符的长远愿景，特别是价值愿景；担当责任、履行承诺；谋求人与人之间的对话，即使是对怀有敌意的人群，也首先以对话而非对抗的方式化解冲突——人不是问题，而是问题的解决者；以真正开放的心态合作，而非陷入"被批评—信息封锁—激烈辩驳—动员民族情绪—缓和民族情绪—国家形象受损"的简单循环；着眼于与目标国家持久关系的建立，"一个国家对目标国投入的公关成本越高，所获得目标国媒体版面越多，正面倾向也就越高，持久关系建立的可能性也就越大"[①]。

在这五项原则的指导下，笔者从国家形象构建的主体、内容、媒介、受众维度入手，发展出文化中国国家形象的策略体系。这些策略并非国家形象建设这一

① Lee，Suman，"A Theoretical Model of National Image Processing and International Public Relations，" International Communication Association Annual Meeting，New York，2005.

系统工程的全部内容，但在当前则应成为优先选择的手段，因而笔者称之为国家形象战略的"局部突破模式"。

第一，从国家形象的表达主体看，成熟的国家形象战略是多元主体支撑的话语体系。对我国而言，"多元"可以解释为有效的"主体下移"。所谓主体下移，即把国家的表达权力、资源、机会和关系网络移交给民间。而民间既包括组织化的各类NGO、大众媒体，也包括学术精英、社会活动家和宗教领袖，还包括因特定公共议题而临时聚合起来的社会公众。同时，国家形象的表达主体并不限于一国之内，海外精英、公众作为第三方话语同盟也不可或缺。

"移交不是送礼物，而是关乎社会结构的改造。"① 前述之表达资源、机会和关系网络的让渡，意味着政府要赋予民间更多的权力，造就一个公开、民主、多元的公民社会；与权力一并移交的是国家义务和公共理性，民间应当拥有妥善治理群体情绪、理性解决公共问题的责任意识。这种意识来自民心，需要政府培养、召唤和引导。国家形象不单纯是对外话语力量的聚合，还筑基于良性的"内部公关"。所谓民气可用而不可滥用，说到底，是依托于健康的社会结构的话语策略。

实证研究也证实了"主体下移"的必要性。调查发现，海外意见领袖于北京奥运会期间最想接触的中国社会人群为普通市民，而我国所传播的奥运主角却是政府官员（如图7所示），二者同样存在明显错位。这意味着北京奥组委和相关政府部门应多策划、组织一些市民活动，以使之成为真正的"全民的奥运"。需要指出的是，海外公众对官方及官员组织的活动并不强烈期待，从汉城、悉尼和雅典奥运会的经验看，政府筹划、让市民唱主角的奥运活动最受海外公众欢迎。同时，这也是对内提高国民素质、增强民族凝聚力的需要。

第二，从国家形象的传播内容看，在承认利益竞夺的永恒性和文化形态的多样性的前提下，国家形象战略的重心应当置于意义输出之上。所谓意义输出，即对前述在一时一事中的价值议程设置进行战略化的提升和持久化的延展，使国家形象服务于一国价值信念的凝结、表达和扩散。譬如中国之天地人一体观，它超越了西方自由主义的个体至上观念，也优胜于社群主义的人与社会重新相遇的价值诉求，它是强调人与人、人与社会、人与自然的三参一体。

输出意义与文化入侵并不相同，尽管前者在实践中不可避免地带来与后者相似的后果。二者最大的差异在于功能导向：意义建构着眼于超越不可避免的权力较量，在人类共同约定的价值尺度上谋求和谐秩序；文化入侵的核心目的在于软性征服，制造一个亨廷顿式的文化霸权世界。"在诸多可以让人类生活变得更美好的手段中，国家公关和国家形象的理想是建立人类的对话整体——对话以达成更多共识，创造更多利益，增进人类的整体精神。"②

---

① 胡百精：《权力话语、意义输出与国家公关的基本问题》，载《国际新闻界》，2008（5）。
② 胡百精：《权力话语、意义输出与国家公关的基本问题》，载《国际新闻界》，2008（5）。

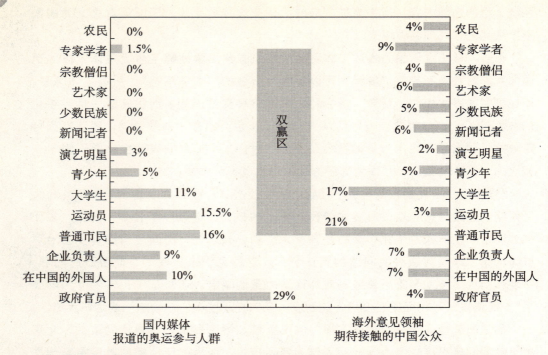

国内媒体报道的奥运参与人群		海外意见领袖期待接触的中国公众
农民 0%		4% 农民
专家学者 1.5%		9% 专家学者
宗教僧侣 0%		4% 宗教僧侣
艺术家 0%		6% 艺术家
少数民族 0%		5% 少数民族
新闻记者 0%		6% 新闻记者
演艺明星 3%	双赢区	2% 演艺明星
青少年 5%		5% 青少年
大学生 11%		17% 大学生
运动员 15.5%		3% 运动员
普通市民 16%		21% 普通市民
企业负责人 9%		7% 企业负责人
在中国的外国人 10%		7% 在中国的外国人
政府官员 29%		4% 政府官员

图7 国内媒体报道的奥运参与人群与海外意见领袖期待接触的中国公众的双赢区

第三，从国家形象构建的媒体策略看，要熟悉海外媒体的游戏规则，增强对海外媒体事实议程和价值议程设置能力，做到知己知彼。这些规则及应对技巧主要包括：一是先声夺人，掌握话语主动权。快就是政治。我们的声音得不到理睬，往往是因为说话太晚。二是坚持正面报道与负面报道相统合的原则，积极追求正面效果，而非单纯的正面报道，以展示开明、民主的国家形象，增强国内媒体在海外的公信力。三是放弃"非友即敌"的固有思维，不再片面地把他国媒体定义为"敌人"或者充满敌意的挑战者，与之建立日常化、持久性关系，并视之为国家对外关系的重要组成部分。四是要投其所好，学会讲国家的故事，讲别人爱听的故事。

第四，从国家形象的对话对象看，要构筑第三方话语同盟，开展国家游说，争取国外第三方意见领袖的支持。"影响有影响力的人"，是发达国家最常用也最有效的国家形象传播手段之一。国家形象传播范畴的意见领袖人群主要包括：政府官员、议员、宗教领袖、跨国企业负责人、知名媒体从业人员、专家学者、NGO发言人、具有国际影响力的明星运动员等。在拉萨"3·14"事件中，国内媒体以吃惊的语调报道了达赖集团多年来大规模游说西方国家的议员，"甚至把他们召集起来开大会"。实际上，这并不值得惊诧，亦非达赖集团的原创，而是西方国家公关策略中的常见形态。游说所倚重的是经过设计的人际交往，从传播学视角看，它弥补了大众传播难以改变态度、建立信任的效果"短板"。国家公关游说对象包括议员、官员、学者、宗教领袖、跨国公司首脑等。美国在"9·11"事件后为发动阿富汗战争而进行的全球游说，韩国在亚洲金融危机期间对美国的游说，皆属此类典范。

具体而言，海外媒体和公众最相信谁，我们就做谁的工作。在每个国家，都会有一些名嘴、名笔，他们是媒体和公众关注的焦点。如果能争取到他们的支持，国家形象传播就能收到事半功倍的效果。同时，要充分发动"知华派"海外精英和海外华人，他们既熟悉中国国情，又熟悉海外文化环境，可以成为中国国家形象传播的得力助手。此外，我们还要充分利用跨国企业特别是奥运会赞助商的政治资源和游说能力，使之成为北京奥运会的文化大使、形象大使。

第五，从国家形象构建中的议题管理看，要着力构建国家传播议题库。我们近两年的监测研究发现，海外媒体对北京奥运会、中国社会发展形成了"三大框架"和"七大议题"的报道规则。

所谓三大报道框架，是指意识形态偏见框架、利益竞夺框架和人道主义框架。凡中国社会发生的重大公共事件，皆会被纳入这三大框架之中。拉萨"3·14"事件、奥运火炬传递中的海外遇骚扰事件报道采取的是前两个框架，"5·12"大地震报道采取的是最后一个框架。因此，西方媒体在"5·12"大地震中"有利于中国"报道的发布，并不意味着西方舆论的良性转向，也不意味着"地震救了奥运"，因此在国际舆论战中不可掉以轻心。

所谓七大议题，即台湾、西藏、1989政治风波、"法轮功"、人权、食品安全、环境保护。从近年的报道趋向看，西方媒体一直有计划、有组织地在北京奥运会期间抓取中国社会发展中的这七大议题，完全是"有备而来"。与之形成对照的是，我国在北京奥运会和国家形象传播中则缺少科学的、系统的议题建构，在大多数情况下陷入"被批评—沉默—更猛烈的批评—辩解—掀起民族情绪—安抚民族情绪"的非良性循环。这种循环非但无助于问题的解决，而且会导致西方更严重的刻板成见。

因此，要整合协调多部门、多学科的力量，着力建构北京奥运会与国家形象传播议题库，包括回应性议题和主动输出议题的详细规划。回应性议题是指对西方长期关注议题焦点的回应方案，比如人权问题、西藏问题、食品安全问题、环境保护问题等；主动输出议题是指对我国欲传达议题的"包装"和建构，如中国文化的核心价值要素、中国当代的文化图景和社会生活状态等。而无论是回应性议题还是主动输出议题，都应强调事实与价值的均衡，而非重蹈价值、文化传播不足甚至缺席的覆辙。并未赶上全球化浪潮的海德格尔说："对所有距离的疯狂废除并没有带来任何亲近，因为亲近不在于缩短距离。"① 那么，亲近在何处？正在结构与过程、沟通与利益、事实与价值缠结的对话之中。文化中国国家形象，亦当如是观。

---

① ［德］海德格尔：《人，诗意地安居》，118～119页，上海，上海远东出版社，1995。

人文奥运的内涵和灵魂[*]

彭永捷[**]

"人文奥运"在英文中对译的一种理解可称为"Culture Olympics",意思即为"文化的奥运会"。奥运会是一个空前的文化交流场所,它提供了一个任何其他组织和活动在规模和目标上都无法比拟的世界人民情感与文化公开表达和交流的机会。当奥林匹克精神照亮中国这个焕发着青春的东方古国时,博大精深的中国文化也将为奥林匹克运动撰写新的历史篇章,为世界人民对奥林匹克运动和奥林匹克文化作出新的理解,为促进人类的和平、友爱、和谐、发展、文明和进步作出新的贡献。

北京奥运会将是文化交流的奥运会,是起源于西方的奥林匹克文化与具有悠久历史的中华文明之间交流的盛会,也是中国与世界以及世界各国之间文化交流的盛会。对于这场人们充满期待和寄予厚望的盛会,在基础理论层次上,我们将不可避免地遇到下面四个文化问题:东西方文化交流的基础是什么?我们在这次交流中可以期待什么?指导交流的理论是什么?我们可以做些什么?

从文化交流史和文化学理论来说,文化交流得以实现,需要两个必不可少的前提:两种文化体系的异质性和共同性。从异质性的角度出发,我们至少可以从如下三个方面到奥林匹克文化中去寻找补充中华文明的养料。其一是"以人为本"的人本精神。无论是古代希腊的奥林匹克竞赛,还是现代奥林匹克运动,都强调展示人的本质和人的力量,高扬人的主体精神,尊重和维护人的尊严。与西方不同,中国人由重视家族血缘而重视集体,重视个体属于群体的一部分,重视个体对于群体的义务,而并不重视个人的独立性和权利。我们一方面应该继续发扬重视个人义务的传统,另一方面也要借鉴西方文明,尊重个人的权利。其二是"更快、更高、更强"的超越精神。这样一种文化精神,与中国传统文化强调中庸之道,强调和谐的精神是存在着差异的。其三是吸收奥林匹克主义中积极乐观的生活哲学。奥林匹克不仅是一种体育运动,而且是一种积极向上的生活哲学。奥林匹克主义强调人通过自我锻炼、自我参与,而拥有健康的体魄、乐观的精神和对

* 本文选自《中国艺术报》2008 年 8 月 8 日 021 版。
** 彭永捷:中国人民大学人文奥运研究中心研究员,教授。

美好生活的热爱与积极追求。在我们当今这样一个正处于快速发展的发展中国家中，我们比以往任何时候，都更强烈地感受到对积极健康的生活方式，以及由积极健康的生活方式带来的人的素质的提高的渴求，我们渴求人的变化能够适应高速发展的社会生活的变革。

文化之间的对话、交流和融合得以实现，需要相互之间具有对话、交流和融合的基础。事实上，两种不同的文化体系之间，无论其异质性如何明显，文化差异有多大，由于人类社会生活具有共同性，因而两种文化之间总能找到共同点。西方文化具有浓厚的人本精神，特别是自文艺复兴运动以后，人本主义思想大盛，成为现代社会的根本精神。中国文化也强调"天地之性人为贵"，对人自身的重视是中西文化借鉴和融合的基础。奥林匹克"更快、更高、更强"的精神，与中国人"自强不息"的民族精神也可以找到共同点。中国文化在强调自强的同时，还强调厚德载物，强调中庸和谐，在体育运动方面，对竞技体育的对抗性强调不足，而比较重视竞赛的娱乐性和参与性。我们可以把这两个方面尽量地结合起来。中国传统文化的基本架构是儒、道互补，进取有为和逍遥无为相辅相成，造就了中国人一种既积极进取又豁达乐观的生活哲学。但另一方面，中国人的参与精神、超越精神又有所不足，相对而言比较保守、自足。奥林匹克精神对于我们的生活方式又是一个必要的补充。

持续 30 年的改革开放，使中国社会处于一个高速发展时期。中国的发展是通过自身的改革开放，充分调动本国人民的聪明才智和创造活力，吸引世界的资本流入中国，走的是一条和平的发展之路。这是一条崭新的发展之路，是一条具有创造性的发展之路，因而在中国人发掘自身的聪明才智的时候，也就更迫切地需要了解世界，认识世界，从世界各国的文化中汲取一切有益的文化资源，学习世界各种文明的长处，融合百家，创造性地解决问题。因此，我们期待着以人文奥运为契机，让世界文化走入中国。

任何一种重大的文化战略或文化交流活动，都是以成熟的文化交流理论作为指导的。我们中国学者始终自觉站在世界文化多元化的视角，发掘中国传统文化中和谐思想的现代价值，提出以和合思想为主旨的新的文化理论和文化哲学。因此，作为中国传统思想精华的和谐、和合思想，以及由此而生长起来的现代文化哲学，将是指导人文奥运实践的最佳理论成果。在解决了理论层面的问题之后，接下来的问题便是，在操作层面上我们可以做哪些与人文奥运相关的东西文化交流工作。我们的东西文化交流工作，可以从如下三个方面下手：一是在中国介绍和宣传奥林匹克文化与作为奥林匹克文化底蕴的西方哲学精神以及西方现代文明。二是开展世界多元文化的交流活动。在奥运会筹备期间和举办期间，举办多种层次、多种规模的世界文化交流活动，使北京成为世界文化交流的中心、世界人民精彩演出的舞台。三是积极展示中国文化，努力使中国文化走向世界。

和平、和谐、和爱——人文奥运的灵魂

奥林匹克虽已成为全世界的共同财富，但毋庸讳言的是，它起源于欧洲，带有强烈的欧洲文化色彩。奥林匹克走向全球的过程，伴随着西方文化全球化的过程。国际奥委会已经认识到奥林匹克运动国际化的重要性，在国际奥委会的相关报告中，一再强调奥林匹克运动应当是多文化的和跨文化的。奥林匹克运动是世界性的，它也应当与世界文化相融合。因此，当奥林匹克的光辉照耀东方时，奥林匹克也应当与中华文明相融合。我们应以中国文化为本位，来思索中国文化能向奥林匹克、向世界奉献什么，我们的美好奉献能否找到与奥林匹克文化的结合点。

中国至少有着五千年悠久的文明史，我们不可能通过一次奥运会，将整个中国文化展现给世界人民。作为文化交流和文化展示的奥运会，是一个主题文化盛会。我们至少应当从以下几方面来考虑这次文化盛会的主题：第一，我们要考虑文化主题的现代价值，它能够回应人类在当代所面临的严峻问题，对人类的未来具有先进性、启示性和指导性；第二，我们要考虑文化主题与奥林匹克运动的契合性，因为奥运会是文化交流和文化展示活动所依赖的最重要的媒介；第三，我们要考虑文化主题的普世性和可受性，我们奉献给世界的文化财富，不仅是中国文化的精品，而且是可以为世界人民所接受、所分享的文化精品。

在讨论"人文奥运成果"问题时，我与同事安启念教授提出以"和平、和谐、和爱"作为新的奥林匹克格言，来补充"更快、更高、更强"的格言所体现的奥林匹克精神，来丰富和深化《奥林匹克宪章》中的和平与和谐思想。和谐思想，或者说和合思想，是中国文化的主旨和基调，是中国文化精神的精华。以中国和谐思想和和谐文化作为北京 2008 年奥运会的主题，能够同时满足以上三个约束性条件。

中华民族是爱好和平的民族。方块字"武"的写法，就代表了中国人对于和平的理解。"止戈"为武，即使是战争和武力，其最终目标也还是追求和平。中国人在进取向上的同时，又把和谐作为最高的追求，因此这个具有创造活力的民族，同时又是一个最爱好和平的民族。奥林匹克运动和奥林匹克主义也都含有浓厚的和平思想，古代希腊人创造性地提出了"神圣休战协议"，他们诚实地遵守和履行这一协议。国际体育界人士曾指出："奥林匹克主义不仅是使人和谐发展的工具，也是加强和平、友谊和相互了解的工具。"进入 21 世纪，战争与武力冲突仍然威胁着人类和平，呼唤和平、保卫和平是我们这个时代具有重要意义的文化主题。中国传统的和谐思想与奥林匹克主义也有着很好的结合点。中国哲学崇尚和谐，中国人不认为对立是事物存在的最终归宿和人类行为的价值取向，而是认为"仇必和而解"，矛盾双方的融合、和解才是最后的结果和最高的目标。孔子所倡导的

"己所不欲，勿施于人"被作为"全球伦理"的基本原则和人人都应恪守的"道德金律"。而"己所不欲，勿施于人"的恕道，恰是指导人类达成和谐理想的行动指南。这样一种理想和精神，又恰是奥林匹克精神的一个重要方面。

孔子提倡"仁"的思想，"仁者爱人"，仁是基于血缘亲情而生发于内心的对他人的自然而然的爱。宋代儒家代表人物张载从"性者，万物之一源"出发，提出了儒家"民胞物与"的兼爱说，将百姓看做自己的同胞，将万物看做自己的伙伴。从世界文化视野出发，我们会发现，"兼爱"、"博爱"是人类各种文明体系的共同价值取向，它在不同的文明体系中以不同的方式被表述。

在这里，"和爱"的思想——爱人如爱己，并且允许别人以自己的方式来表达自己的爱，为世界多元文化的平等交流、平等对话、和谐共存、和平共处提供了哲学基础和思想资源。奥林匹克运动最重要的一项文化使命，即是以奥运会为中介，促进来自五大洲的人们，无论他们来自何种文明，使用何种语言，信奉何种宗教信仰，属于何种肤色，都能在这个全球盛会中平等、深入、面对面地交流，以此来增加人与人、民族与民族、文明与文明之间的相互交流、相互理解、相互尊重、相互融合。

"更快、更高、更强"反映了人类把进步作为首要追求目标和最高理想，随着社会和文化的发展，人类对和平、和谐的追求和渴望已成为新的首要目标和最高理想，我们应当立足于我们这个时代最为迫切的文化课题，立足于人类哲学和文化的制高点，提出新的奥林匹克格言，积极倡导"和平、和谐、和爱"的精神，丰富和发展奥林匹克主义。

北京奥运的人文价值[*]

冯惠玲　郑水泉　胡百精　樊华[**]

　　时光如梭。一年前，北京奥运会以"无与伦比"的气韵展现在世人眼前，以"五环相依"的奥林匹克精神铸成全世界的集体记忆。我们收获了51枚金牌，而奥运的精神遗产或曰人文价值更千金难买。这些人文价值由奥运所激发，恰与中国数千年的传统文化、民族精神相承接，与30年改革开放、60年新中国建设、100多年来民族图存复兴的梦想相契合，与当代中国社会主义核心价值体系相适应。从传统文化、国民心态和大众参与三个维度切入，梳理北京奥运价值图景，唱响爱国主义精神旋律，建设社会主义核心价值体系，是为北京奥运周年纪念。

一、中国元素与传统文化的创造性转化

　　中国文化认为"一气分阴阳，阴变阳和，化生五行"，五行以"水、木、火、土、金"五种质料及其运动变化与五方四时相配，解释宇宙万物遵行的时空秩序，并由此涵化人的身心修养。北京奥运所彰显的中国元素，恰以五行为经纬，内蕴了中华文明一以贯之的品格和魂魄。

　　一是"木"之"仁"德。《尚书·洪范》云"木曰曲直"，即"枝曲干直"，引申为生长、兴发、舒展、欣荣。同时，五行配五德，木从仁德。在中国人的观念里，独木不成林，至少两个"人"才成其为"仁"。如此，"木"者兼具创生、仁爱之意。

　　中国人取竹为简、浆木为纸，书写了文明创造和传承的辉煌篇章。北京奥运会开幕式以笔墨纸砚意象为序曲，"三千弟子"手持竹简书牍齐吟"四海之内，皆兄弟也"；897块印刷字盘变化舞动，在铿锵节奏中呈现"和"字；在各类赛事中，中国人将切己的"亲亲"推及至天下宾朋，向所有拼搏的运动员致敬。这种多样共生、以和为贵的"木德"，既体现了更快、更高、更强的奥林匹克精神，同时也为其提供了东方式的终极指皈。

---

　　[*] 本文选自《光明日报》2009年8月8日001版。

　　[**] 冯惠玲：中国人民大学人文奥运研究中心主任，教授。郑水泉：中国人民大学党委宣传部部长，教授。胡百精：中国人民大学人文奥运研究中心研究员，副教授。樊华：中国人民大学人文奥运研究中心研究员。

二是"火"之"礼"德。"火曰炎上",取其光明、热烈、活力、升腾之意。火德为"礼",即以"仁"为根基的社会秩序和人伦规范。因此,"火德"实际上就是于诚挚的相遇中发现人性的光明,并彼此善待之。从申办、筹办到举办,中国人始终以赤诚之心礼赞奥运,把最温暖的微笑、最热烈的掌声、最关切的眼神都交付给她。

2008年的北京,造就了拥有火热青春的中国"鸟巢一代"。他们中既包括年轻的运动员、建设者、志愿者,也包括所有在赛场外为奥运加油、见证祖国和平发展的青年人。这一代人的舞台不仅仅是北京奥运会,他们将以奥运所召唤的爱国主义精神和世界情怀,主导中国未来的发展并在超越差异、偏见、误解的基础上促进世界和谐。北京奥运对于他们来说,或许可以算作"成年礼"之前的一场大考,他们展示了火热向上的自信和活力,也体现了五千年文明传统的孵化和熏陶。

三是"土"之"信"德。"土爱稼穑",土地化生风物,滋养子孙,同时因其安稳不动、深厚不拔而与五德之中的"信"德相应。在中国传统文化中,地理与人文总是浑然一体,黄土地、黄河水、黄皮肤的说法即从此中而来。北京奥运会让世界亲切、具体地看到了中国的山河大地,也体验了华夏文明的人文气韵。

经过八年努力,及至奥运会开幕,北京以巨大投入美化城市建筑和城市公共艺术,创造了很多"新经典"。仅以"鸟巢"为例,它将传统的镂空手法、陶瓷纹路与现代钢结构设计完美地融合,吸翠霞而夭矫,比千阁而不群,有如"一曲凝固的音乐",见证了无数人殚精竭虑、夙兴夜寐的付出和奉献。他们无怨无悔,因为心里刻着那方"舞动的北京"——中国印。

四是"金"之"义"德。"金曰从革",取其销铸变化、革旧鼎新之意。又因"金"之珍贵,所以与"义"德相配。"义"是一种含义极广的道德范畴,其中包含"两肋插刀"的兄弟之谊、"君子喻于义"的个人心志,也包括"忠贞爱国"的国家大义。

从"革新"这一层含义看,北京奥运集中展示了中国改革开放的辉煌成就,反映了13亿人致力民族复兴和国家现代化的雄心。同时,奥运会本身也成为展示中国社会改革巨大成就的舞台。就"守义"而言,"金镶玉"奖牌所表征的不只是赛事成绩,而且承载着运动员获得成绩的信念、品格和德行,诠释了奥运会的竞技规则和运动精神。

五是"水"之"智"德。"水曰润下",流动趋下,随物赋形,柔如上善。王夫之说:"五行之体,水为最微。善居道者,为其微,不为其著;处众之后,而常德众之先。"与"水"相应的美德是"智",即在平和、柔谦、执著中获得对人、事、物的整体理解力和洞察力。几千年来,中国人在"以水比德"、"水为大智"文化的熏染下,感叹着"逝者如斯"的光阴流转,吟咏着"在水一方"的理想偶像，渴望着"高山流水"的知音相遇，世代生生不息，勤劳谦和。而当"齐力东流"、"百川入海"之时，也会爆发出惊人的勇气和力量。

"天行健，君子以自强不息"。奥运之年的前七个月，中国人经受了从南方雨雪冰冻灾害到奥运火炬海外传递遭遇袭扰再到汶川大地震的严峻考验。数万同胞生命消逝，民族尊严受辱，整个世界都在关注中国将以怎样的姿态迎接奥运。中国没有让世界失望，这个拥有悠久历史文明的民族，以水德大智包容了所有怀疑和指责，洗刷了昨日的泪痕和伤痛。这种文化心理，被北京奥运会开幕式表现得淋漓尽致。那个巨大的画轴之上，或淡淡水墨澄明，天地容于其间；或惊涛骇浪同济，一轮明月高悬。

北京奥运启示我们，不能把民族文化的灵魂弃若敝屣，而后内心空洞地投入他人的怀抱。北京奥运和近年来的大量文化事件都表明，中华民族在长期的历史发展中形成的以爱国主义为核心的团结统一、爱好和平、勤劳勇敢、自强不息的伟大民族精神，正是我们所拥有的最丰饶、最宝贵的精神财富，正是世代先辈历经无数忧喜悲欢而凝结的经验、智慧、道德和信念，正是社会主义核心价值体系建设的重要源泉。

二、国民心态与社会性格

一个社会的核心价值能不能牢固确立，最根本的是看它能否内化为国民心态与社会性格。对 13 亿中国人而言，奥运会是一场反思、辨识和寻找国民身份的心理探求：在历经革命与改革、现代化与全球化、市场化与城市化等沧桑巨变后，中国人不但发现了创造财富的道路，而且找到了提升精神家园的方向，国民心态又一次"大觉醒"。芝加哥大学政治系主任杨大力说，北京奥运会帮助中国摆脱了"以往的自卑感"，"取而代之的是一种中国能做到，而且能做好的自信"。具体而言，北京奥运所导引的美好国民心态主要表现在如下五个方面。

一是担当。中国人历来"识大体，顾大局"、"家事国事天下事事事关心"、"以天下为己任"。越是在关乎国体尊严、民族大业的关键时刻，这种集体主义价值和担当意识越是发挥强大的力量：小我融入大我，挽救危亡或者铸就辉煌。2008 年 8、9 月间，纵使在赛场千里之外，一个个平凡的中国人也至少送给奥运一串笑容、一句祝福。

交通限行如此彻底，掌声笑声如此热烈，志愿服务如此体贴，这是政府有效动员、合理规治和国民齐心担当、全力投入的共同结果。陈丹青说，那一刻，人人都是李宁。这句话充满真感情，也体现了大智慧：一位只有初中文化的出租车司机，用浓重的北京延庆县口音大声朗读英语，那一刻，人人都是这个出租车司机；一位几乎没做过家务的"80 后"大学生，一边在奥运村里擦地板、洗厕所，一边给妈妈发短信说"我很好"，那一刻，人人都是这个"80 后"；一位在深山里守护奥运供电设施的工人，拿着收音机，站在岩石上，转着圈搜索奥运赛事节目的信号，那一刻，人人都是这个工人。

二是自信。自信的人才能有尊严地活着，才能自强自立，才能创造历史。一个民族亦如此。自信取决于实力和修养。中国自近代以来的积贫积弱，造成了国民心态上的自卑。新中国成立，中国人才开始站起来。何振梁在接受媒体采访时说，北京奥运最大的精神遗产是中国人自信心的增强。

汶川地震和北京奥运让我们放下虚浮，去除卑微，我们有能力克服天大的灾难，我们有信心办好一届高水平的奥运。事实也证明了这一点，我们实现了世界对北京奥运的种种宏大想象，不卑不亢地应对了奥运年的所有挑战，精致地料理了赛事过程中万千琐碎的细节。

三是平等。顾拜旦说："一项运动纪录是一个人的力量和性格相互影响所达到的极限……不管他是王子还是平民，都不会使他的跳跃增加一英尺，也不会使他在规定时间内的跑步、游泳、划船距离增加半码。"北京奥运会再次印证了顾拜旦的思想：在奥运面前，人人平等。在起跑线上，无论白人黑人，富人穷人，声名显赫还是无名之辈，发令枪是最高的指挥，终点线就是权威的裁决；在观众席上，无论元首、大亨还是平民百姓，同样拥有的"权力"是为获胜者纵情欢呼，为拼搏者鼓劲加油，为失利者扼腕落泪。

平等意识带来了平常心。奥运赛场是英雄的舞台，但这些英雄承载、表征了所有人的共同心智：心存梦想，尽力而为。所有成功的喜悦皆可分享，所有失败的苦痛皆可担当，一颗平常心立在中间。杜丽错失首金，刘翔因伤退赛，我们一度心痛不已，然而很快就能以平常心去面对。

四是开放。30 年改革开放，中国逐步融入世界，而今以北京奥运为标志，我们更把心灵和文化打开。心灵和文化的开放，不是投入洪流、淹没自己，也不是骄横恣意、征服他人，而是以大国的底蕴和气魄，拥抱这个世界并因自己的努力而让它变得更美好。英国《泰晤士报》北京分社社长马珍说，"可能没有哪一历史事件能比 2008 年北京奥运会更具有人类文化走向多元共荣的象征意义。"

多元文化在北京奥运会上相遇，各自精彩，彼此融汇，在"同一个世界，同一个梦想"的共同理念中，谱写了华彩乐章。法国队，南非队，韩国队，美国队……即使数万人口的精致小国，无论是谁，只要来了，便为你鼓掌、喝彩。奥运唤醒了整个世界平等、包容的心态。中西合璧的奥运主题曲，响亮唱出我和你心连心！

五是快乐。我们可以找到无数指标和证据赞叹蔚为壮观的北京奥运会，而其中最简单、最直接者，即是 13 亿人心态上的快乐，以及这种快乐在全世界范围的撒播和分享。无论大众怎样定义、评判这届奥运会，无论少数挑剔者和那些别有用心者怎样指责或不屑，只要"平头百姓"挂在嘴边一句"我很快乐"，就表明它是一届成功的奥运会。更进一步，倘若这种快乐延展开来，成为国民心态持久、稳定的一部分，那么它就是一届名副其实的伟大的奥运会。

国民心态相对易变，而社会性格则较为稳定。北京奥运会激发和强化的担当、自信、平等、开放和快乐等国民心态，体现了我们所倡导的社会核心价值。在此基础上，坚持不懈，因势利导，一定会培育出一个走向伟大复兴的大国民族成熟的社会性格。这样一个民族，必将创造更大的奇迹，拥有更加美好的未来。

三、大众参与和北京奥运

奥运开幕式的美轮美奂、中国运动健儿的卓越表现和同胞们在自家门口将日常生活的吃穿住行赋予中国独有的文明特色，使整个西方世界，确切地说，使从工业革命以来一直傲视东方的西方民众看到了中国古老文明的厚度和东方文化的绚烂色彩。但这仅仅是事物的表象，需要指出的是，2008 年北京奥运会更是一次大众参与的盛会。大众的参与不仅使奥运会成为影响深远、涉及全球的重要国际性活动，也使奥运理念和奥运精神由体育赛场走入千家万户。

回顾奥运的发展史，我们会发现，大众参与度的逐渐扩大正是奥运由一个小型体育竞技比赛发展到席卷全球的综合性体育运动的核心推动力。第一届奥运会参与人数很少，规模也很小。但是，随后的奥运发展简直出乎想象，得力于现代奥运先驱顾拜旦与国际奥林匹克委员会全力推动和广大民众的参与，奥林匹克的影响和波及范围逐渐扩大，成为寻常老百姓关注的体育赛事和推进大众体育的重要盛会。大众参与使奥运会成为席卷全球的体育盛会。大众参与也使奥运会由单纯的体育竞赛发展成一项综合体育、经济、政治、文化的国际盛会。大众参与丰富了奥林匹克精神的内涵，推动了世界的和平，推动不同民族和种族之间的对话与合作，推动世界各国的有识之士共同建设一个和谐世界。

北京奥运会延续了历届奥运会促进大众参与的一贯风格，北京奥运会还在 13 亿人口的国家开辟了公众参与的更多通道。北京奥运会是火炬传递国家最多、参与人数最多的一届奥运会，创造了参与志愿者最多、志愿服务次数最多的纪录。此外，以"礼仪北京、人文奥运"为主题的"首都文明礼仪宣传教育实践活动"，媒体和文艺载体用群众喜闻乐见的小品、戏剧等形式，形象、生动、艺术地进行文明礼仪知识的宣传和教育，让大众用行动体会了"我参与、我奉献、我快乐"的行动誓言。

北京奥运会的成功举办让中国赢得了发展的自信和良好的形象。大众参与不仅是促进奥运会兴盛的重要动力，也是现代中国国家政治和谐发展的重要助推器。改革开放 30 年来，随着经济建设、政治建设、文化建设、社会建设和生态文明建设的不断推进，中国大众参与意识不断增强，参与活动日趋活跃。大众的参与为推动中国经济社会发展增添了合力。

建设社会主义核心价值体系，是我们当前一项重要而紧迫的任务。借鉴奥运的成功经验，我们应当确立人人都是社会主义核心价值体系践行者的观念，发挥大众参与的积极性、主动性和创造性，人人关心、协力参与、携手并进，共同谱写社会主义核心价值体系建设的新篇章，共同开创中国特色社会主义伟大事业的新局面。

伟大的跨越：　奥林匹克主义在中国*

金元浦**

神奇与梦幻的北京第 29 届奥运会已经落下了帷幕，而它宏大的规模、瑰丽的色彩、辉煌的竞技、万众的欢乐，则永久地留在世界奥林匹克史上，成为人类集体记忆中的一座高耸入云的山峰，它向世界昭示：这是中国，这是北京，2008 年8 月。

北京奥运会是奥运史上一届无与伦比的奥运会，它所提出和展开的人文奥运的理念和实践，意义深远，它所弘扬的和谐世界、和谐奥运的人文精神，是北京对于奥林匹克主义的独特贡献；它所弘扬和彰显的东方文化、东方气派、东方风骨和东方意境，给以西方文化为主的奥林匹克文化以生动的对比与补充，展示了辉煌悠久的中华文明，也体现了多元文化交融互补的奥林匹克精神。它所实现的独具特色的天人合一的绿色奥运实践，为北京留下了生态平衡的宜居环境，泽被后世；它所推重的奥运文化与奥运经济协调发展，建立奥运文化创意产业的尝试，也是奥运史上最具挑战性的理论与实践的探索。北京奥运所积累的经验教训，将成为奥运史上弥足珍贵的文化遗产。

从开幕式《美丽的奥林匹克》巨大的画卷缓缓展开，北京奥运会便成为有着五千年深厚底蕴的中国文化走向世界的隆重的揭幕礼；当中国观众为一场"失败"的男篮比赛鼓掌欢呼的时候，我们就看到了一个发展中的大国国民风范走向成熟的"成人礼"，看到了和平崛起中的中国国民心态的一次全面升华。当本届奥运会上中国运动健儿获得 51 块金牌、100 块奖牌，创造了 1988 年之后第一次一个国家获得 50 块以上金牌的佳绩的时候，我们就坦然接纳了世界为中国体育与全民奥运举行的辉煌的加冕礼。当美丽的"蓝军"在奥运赛场内外以他们真诚的微笑和完善的服务赢得世界的赞叹的时候，中国志愿者的宏伟阵营和伟大事业便迎来了它隆重的奠基礼。这是 30 年改革开放成果的全面总结和展现，是中国走向另一个 30 年，走向未来的新的"开幕式"。国际奥委会主席罗格先生说得好："我相信，历史学家将把 2008 年奥运会看成是中国发生重大变革的一座重要的里程碑。"

＊ 本文选自《中国教育报》2008 年 9 月 2 日 009 版。

＊＊ 金元浦：中国人民大学人文奥运研究中心执行主任，教授。

一、一诺千钧，重于泰山

北京奥组委主席刘淇回忆北京第二次申奥的历程和成功时的喜悦，依然历历在目。他说："七年来，在中共中央和国务院的坚强领导下，在全国人民和海外中华儿女的全力支持下，在国际奥委会和国际社会的积极帮助下，我们深入贯彻落实科学发展观，按照有特色、高水平的要求，全面实践'绿色奥运、科技奥运、人文奥运'三大理念，在人民群众中广泛传播奥林匹克精神，扎实推进奥运筹办工作，已经能够兑现对国际社会的庄严承诺。"

中国政府和北京奥组委相继出台《北京奥运会及其筹备期间外国记者在华采访规定》和《北京奥运会及其筹备期间外国记者采访服务指南》，保证了外国记者可以在中国境内自由采访，已实现申奥时的承诺。

按照国际惯例，在奥运会期间，北京奥组委会划定几个公园作为示威游行区域。

到 2007 年底，北京 2001 年申奥报告中承诺的七项绿化指标全部兑现并超额完成。这七项绿化指标分别是：全市林木覆盖率接近 50%，山区林木覆盖率达到70%，"五河十路"两侧形成 2.3 万公顷的绿化带，市区建成 1.2 万公顷的绿化隔离带，三道绿色生态屏障基本形成，城市绿化覆盖率达到 40% 以上，全市自然保护区面积不低于全市国土面积的 8%。

七年前，北京奥申委庄严地向国际奥委会作出安全保障的"第一承诺"，在距离北京奥运会开幕式还有 16 天的时候，北京奥组委安保部部长刘绍武在奥运安保新闻发布会上表示，北京是世界上最安全的城市之一，中国是世界上最安全的国家之一，北京有信心应对各类威胁和挑战。

七年前在莫斯科中国北京代表团申办奥运时向国际社会作出的庄严承诺，已经全部实现，全部践约。

这是奥运史上最郑重的承诺，中国人言必信，行必果；这也是奥运史上最诚信的践约，一诺千钧，重于泰山。

这是一个发展中的泱泱大国对世界的回答：中国的能力，中国的速度；这也是一个和平崛起的大国对自己承担的国际责任的郑重承当：中国的责任，中国的使命。

奥运会，是一个巨大的系统工程，是当代世界的顶级国际盛会。它的举办，对我国、对北京在城市管理、社会安定、经济发展、文化繁荣、国际传播、公民素养、安全保卫、危机处理等方面都提出了极高的要求。无疑，它是巨大的机遇，也是巨大的挑战。

无疑，是奥运，进一步推动了我国改革开放走向深入，推动了我国社会文化体制改革；是奥运，进一步推动了我国民主化的伟大进程，大大提升了我国国际文化交往的水平；是奥运，推动了我国绿色奥运的实践，全面改善了北京的生存环境；是奥运，提高了我国公民的文明素质和身体素质，使我们的国民更加自信开朗，豁达宽容，使我们的社会更加和谐和美。

今天，当我们全部实现了我们最初的承诺的时候，一种激情、崇高和自豪感，油然而生。

在这全部实现的背后是多少人七年的奋斗，多少人夙夜的艰辛，多少人的困惑和寻找，多少人的汗水和智慧。

当然，在全部实现的背后，是依然存在的困难和问题，是走向未来的坎坷和荆棘。

我们依然需要直面更严峻的现实的勇气，我们依然需要更加开放的头脑，我们依然需要坚忍不拔的精神，我们仍然需要聚精会神地搞改革。

中国可以自豪地向世界宣告：我们没有辜负国际社会、国际奥委会的信任与重托；世界人民可以欣慰地微笑：选择中国、选择北京是一个无与伦比的正确决定。

二、文化中国走向世界的揭幕礼

对于北京奥运会，65％的中国人表示最关注的是"中国人的风采，世界对中国的评价"。奥运会是世界不同文明的融汇，是各国文化进行交流的盛节。它是全世界超种族、超文化、超等级、超地域，也超越不同政治制度的人类的巨型狂欢节，它是世界各民族文化之间对话、交流、沟通的巨大的现实平台，2008北京奥运会，真正成为历史悠久的奥林匹克运动与源远流长的中华文明的一次伟大握手，成了世界各国文化与中国文化的一次雄伟交汇，成了东方文明与西方文明的激情对话。在这个世界各民族文化交融互惠的现实平台上，多元创造、对话交往、和谐共存成为北京人文奥运的灵魂，也成为新世纪世界奥林匹克精神的核心理念。

2008年，奥运会第一次在13亿人的中国举行。北京奥运会给中国带来了向世界展示自己的重大机遇。世界来到了中国，北京触摸着世界，正是奥林匹克运动提供了让全世界各国朋友更多了解中国的机会，北京奥运会成为一次中国与世界多元文化进行交流的盛会，它尽情展示了历史悠久、灿烂辉煌、内涵丰富的中国文化，展现了当今中国走向繁荣和崛起的勃勃生机。在闭幕式上，国际奥委会主席罗格赞美了中国在本届奥运会上所作出的努力："世界更加了解中国，中国也更加了解世界，这就是真正了不起的奥运会。"

2008北京奥运是建设和展示和平崛起的强大中国的历史性转折点。北京奥运会人文奥运的主题的提出恰逢文化在当代世界各国社会结构中地位的重大提升之际。它彪炳文化的伟力，呼唤中华文明的价值重构，为"中国文化走出去"和"中国融入世界"提供了一个独一无二的全球平台，给予我们重建中国国际形象的极好机缘。2008 北京奥运，对于处在新的战略机遇期的中国具有极为重要的历史和现实意义：它所具有的全民参与、全民奥运的话题具有极为广泛的认同性，显示了强大的民族凝聚力。它成为展示中国国际姿态，重建文化中国的当代形象，展示和平崛起的盛大中国的舞台。

2008 北京奥运会期间，80 多个国家的首脑及其代表团，204 个国家和地区的运动员、教练员和领队，数万注册与非注册记者，上百万的中外游客，创造了奥运史上前所未有的人类文明交融的宏伟图卷。通过电视观看奥运会的观众人数超过 44 亿，通过网络和手机等观看奥运会的人数也已创历史新高。在这样一段短暂的时间内，我们成功地向如此庞大而密集的人群展示了中国形象：向世界展示了民主进步、文明开放的国家形象，展示了文化中国的多姿多彩的辉煌文明和充满活力的当代成就，展示了文化中国热爱和平、开放进取的大国风范，展示了文化中国自然与文化、环境与人类协调共处的人文生态景观，展示了文化中国和谐进步的社会面貌。英国广播公司总裁说出了他的感受："中国比以往任何时候都更加开放，而开放的中国将会让世界更加亲近她。"

"世界给我十六天，我还世界五千年。"文化是中国面对世界最为深厚的积淀。中国传统的"和合文化"观经过现代转换，对当代西方世界具有重要借鉴和启示意义。中国古老文化历经五千余年，是世界上唯一从未间断、绵延至今的人类文化的瑰宝，是人类童年时代便已产生的、不可企及也无法再造的世界文明的辉煌顶峰之一。它弘浩博大，流丽万有；它克明峻德，修道以仁；它刚健有为，自强不息；它阴阳相济，追求神人以和。北京提出的人文奥运体现了东方文化特别是中华文明对奥林匹克精神的开拓与发展。和谐、和睦、和美的和谐观是对奥林匹克更快、更高、更强的竞技文化的生动补充。北京奥运会充分开发了中国传统文化资源，展示了中华文明，尽显东方神韵，创造性地实现了奥林匹克文化与中国文化的交流和融合。

改革开放 30 年来，我国经济、政治、文化和社会获得了全面高速的发展，迎来了空前的大发展、大繁荣。我国国内生产总值从 3 645 亿元迅速增长为 24.66 万亿元，年均增长速度接近 10%，远远高于同时期世界经济平均 3%的增长速度。经济总量跃居世界第四。随着经济发展，综合国力也得到不断增强，人民生活从温饱不足发展到总体小康。政治建设、文化建设、社会建设也取得了举世瞩目的成就。奥运给了中国一个向世界展示中国全新人文面貌的极好时机，奥运也构建了一个落实中央科学发展观，以文化创新推动中国社会全面协调可持续发展的宽阔平台；它是贯彻中央科学发展观，改变单纯 GDP 经济方式，提升北京与我国经济、文化发展层次，建设创意中国、创意北京，增强国际文化竞争力的绝好的实践舞台。

北京提出的人文奥运彰显了具有中国特色的奥林匹克新理念："和谐世界、和谐奥运"，它以中国传统文化的"和合"理念为基础，经过现代转换，成为最具普世价值的人类共识。"同一个世界，同一个梦想"，集中体现了北京奥运的阔大胸怀和核心理念。北京奥运真正成为全世界超种族、超文化、超等级、超地域，也超越政治制度与意识形态的人类的巨型狂欢节。它推动了世界各民族文化之间的对话、交流、沟通，真正成为东方文化与西方文化交流的巨大的现实平台。2008北京奥运会，实现了历史悠久的奥林匹克文化与源远流长的中华文明的伟大握手，推动了世界各国文化与中国文化的雄伟交汇，创造了新世纪奥林匹克多元创造、对话交往、和谐共生、文明融汇的新开端。

三、"人文奥运"：对于人的至高关爱

北京首创的人文奥运理念，关注人，热爱人，尊重人，提升人，推动人类每一个个体灵与肉的均衡发展，它所提出的全民奥运、全民健身的战略实践，是对奥林匹克主义的重要发展。北京奥运开创了世界上参与人数最多的文化体育活动。奥运会在 13 亿人口的中国举行，标志着一百年来的现代奥林匹克运动在历史的一个瞬间获得了巨大的飞跃。这是奥林匹克人文关怀的伟大实践，开启了奥林匹克运动的新起点，必将在奥运史上写下光辉的一页。奥运会在中国举办，奥林匹克主义的生活哲学滋润了中国人的心灵，奥林匹克运动强健了中国人的体魄，奥林匹克精神也为中国文化促发了新的生命活力。北京奥运组织了"全民健身与奥运同行"、"社区人文奥运健身"等一系列活动，成为奥运史上最具普及性的人文景观和基层实践，彰显了北京奥运惠及于民的根本宗旨。

毫无疑问，这是一届彰显人性、迸发真情的奥运会。当九万观众对博尔特生日进行全场祝福，而博尔特也以慷慨的捐助表达对中国四川灾区儿童的真诚关怀的时候，当俄罗斯选手帕杰林娜和格鲁吉亚选手萨鲁克瓦泽在女子气手枪决赛结束后相拥相吻，让人类追求和平的天性尽情展现的时候，当德国体操女选手丘索维金娜"高龄"参赛，为自己的儿子筹措治病费用，从一群年龄只有自己一半的小女孩手中夺得一枚银牌，伟大的母爱感天动地，她又获得李宁公司的慷慨捐助的时候，当颁奖仪式上，德国选手施泰纳把亡妻苏珊的照片和奥运举重金牌高高举起，展露出一份催人泪下的爱情的时候，当南非残疾姑娘杜托伊特在游完 10 公里马拉松后直言"我从来没想到过自己少一条腿"的时候，我们看到，奥林匹克主义的生活哲学、生命关怀得到了近乎完美的展现。

"全民参与"理念是中国留给世界的珍贵遗产。奥运会在 13 亿人口的中国举行，面向这个世界人口最多的国家普及了奥林匹克的理念，并将顾拜旦提出的"重在参与"理念与中国的实际结合起来，转化为以"全民参与，全民健身"为口号的世界参与人数最多的文化体育活动。北京创造出"阳光工程"、"人文奥运进社区"、"人文奥运神州行"等普及方式，这些活动所具有的广泛的群众性使奥林

匹克运动焕发了新的光彩。而且，这种能够吸引全民自觉参与的强大力量，正是我们民族的凝聚力。一辈子没出过远门的98岁老奶奶，坐上孙子的脚踏三轮车，从湖南跋涉1 000多公里来到北京，只为圆一个奥运的梦想。江苏一位农民老大爷骑车走遍全国"讲述"绿色奥运，用特殊方式为奥运作贡献。山东菏泽老年大学音乐班30名学员自导自演的《北京欢迎你》，被50万网友称为"中国最便宜、最有精神、最强的MTV"。北京天通苑社区居民自发组织，成功拍摄电影《福娃》，表达了普通百姓参与奥运的新形式，开创了世界电影史上的一个新种类——"社区电影"。

据调查，在北京申奥成功以后，北京奥运会的民众支持率一直保持在95%左右。民众一直自觉地以各种方式参与奥运。2002年7月至2003年8月，持续一年零一个月的北京奥运会会徽征集活动共征集到作品1 985件；2004年8—12月，为期四个月的北京奥运会吉祥物征集活动共征集到作品662件；2005年1月1—31日，历时一个月的北京奥运会口号征集活动共征集到口号21万条；2004—2008年，为期四年的奥运歌曲征集活动共征集到歌曲5万余首；2008年奥运会前夕，中国人民大学人文奥运研究中心组织的为期一个月的没有任何奖励的文明观赛口号征集活动征集到了3 000多条口号。

小伙子们后脑勺上染着"奥运五环"，书包带上别满奥运纪念章，各赛场内外，观众富有创意的加油装扮也成了一道特别的风景。福娃头、哪吒头、京剧脸、国旗脸，还有夸张的头饰，似乎都要一改中国人内敛低调的行事方式。

中国人民大学人文奥运研究中心是为北京奥运会提供智力支持的各种研究机构之一，在中心成立的七年间也收到了上千封的邮件或电子邮件，其中不少直接署名为"一个关注奥运的人"、"一个中国人"等，对奥运筹备提出自己的建议，还寄来甚至亲自送来自己的创意作品、工艺品、艺术品，表达自己对于北京奥运会的良好祝愿。

路透社指出，中国从火炬传递开始就展示了让人惊叹的凝聚力。在过去两周内，北京已经用让人咋舌的场馆、迷人的微笑、畅通无阻的交通以及毫无瑕疵的组织能力感动了全世界。

四、"美丽的蓝军"：志愿主义伟大事业的奠基礼

北京奥运会为奥林匹克史上留下的另一份重要的遗产，是奥林匹克的"志愿精神"。志愿精神是奥林匹克主义的重要组成部分。奥运会志愿者的历史可以追溯到1896年的希腊奥运会，20世纪80年代后，奥运会志愿者活动被正式纳入组委会的工作计划，成为举办奥运会的重要组成部分。1992年巴塞罗那奥运会举办时首次对奥运会志愿者的内涵作出界定：奥运会志愿者是在举办奥运会过程中，以自己个人的无私的参与，尽其所能，通力合作，完成交给自己的任务，而不接受

报酬或其他任何回报的人。国际奥委会主席雅克·罗格就曾说过："奥林匹克运动会是运动员的盛会，也是志愿者的盛会。""现代奥林匹克之父"皮埃尔·德·顾拜旦复兴了现代奥运会，他一直反对肌肉凌驾于精神之上，而要通过奥林匹克运动促进人"灵与肉"的均衡发展，培养人们的集体主义精神、爱国热情和奉献精神。

志愿者是奥林匹克运动的重要组成部分，是主办城市的"名片"，是主办国的形象大使，他们的综合素质、服务水平、参与热情、事务安排等的整体风貌关系到奥运会的成败。北京奥运会志愿者项目自 2005 年 6 月正式启动以来，形成了由赛会志愿者、城市志愿者、社会志愿者、"迎奥运"志愿服务、北京奥组委前期志愿者、奥运会志愿者工作成果转化等六个工作项目和"微笑北京"主题活动组成的总体格局。

2008 北京奥运会的赛会志愿者大约 10 万名，还有 40 万城市志愿者。自招募活动开始以来，有 110 多万人主动报名做赛会志愿者，130 多万人主动报名做城市志愿者。我国人民特别是青年一代展现了崇高的奉献精神、利他主义的伟大情操，创造了奥林匹克史上规模最为巨大的志愿者运动。几十万志愿者活跃在赛场内外，被称作"鸟巢一代"的"80 后外交官"，展现了美好的"中国表情"。他们用微笑夺得了一块珍贵的"金牌"——联合国秘书长潘基文授予北京志愿者协会"联合国卓越志愿服务组织奖"。《纽约时报》感叹："北京给了世界一份青春。"

与奥运志愿者的火热报名相呼应的是，在 2008 年 5 月的汶川大地震中，有 20 多万志愿者从四面八方赶赴灾区参加抗震救灾。他们怀着无私奉献的志愿精神来到灾区，以高昂的热情、严肃的责任心和勇于承担的使命感，与其他救助者一起帮助灾区人民渡过难关，志愿者的精神得到了高度发扬和全面展现，NGO 组织得到了很大发展，成了抗震救灾不可或缺的组成部分。这是北京奥运志愿行动的战地预演。

除了参与赛会志愿服务和城市志愿服务外，越来越多的热心市民参与到社会志愿者的队伍中来。从 2008 年 3 月 2 日起，来自高校、社区等的 100 万北京奥运会社会志愿者走上街头，参与"北京奥运会社会志愿者'两会'期间服务活动"，在全市开展城市交通运行、交通秩序维护、社区治安巡逻、公共场所内保、社区扶残助困、生态环保实践、医疗卫生宣传等志愿服务活动。在北京奥运会举办期间，美丽的"蓝军"微笑的姿态和完善的服务受到各国运动员和来宾的高度赞扬。

在奥运会上，除了这些直接服务的志愿者，还有很多人虽然不是以志愿者冠名，也发扬了伟大的志愿精神，为奥运会的成功举办贡献了自己的力量，其中大部分都是在本职工作岗位上加班加点工作却毫无怨言的普通工作人员。

多年来，在全球化消费主义的背景下，我国部分青年曾经深受利己主义影响，而在抗震救灾的伟大精神与奥林匹克高尚理念的激励下，强大的民族凝聚力使他们重新燃起了高昂的精神之火，激发出利他主义、集体主义的奉献精神，大爱无疆的仁爱精神，高尚的志愿服务精神，强烈自觉的爱国主义，以及民主、人道的崇高理想。

2008 年 3 月 4 日上午，在中国青年志愿者服务日前一天，北京团市委书记、北京奥组委志愿者部部长刘剑、北京奥组委志愿者部副部长张巨明亲切看望了 103 岁志愿者付漪泉老人，送上节日祝福，并向老人赠送了慰问品。团市委组织部、宣传部、事业部、社区工作部，北京志愿者协会秘书处、崇文团区委、天坛街道工委负责同志陪同看望慰问。

在付漪泉老人家里，刘剑书记与付老亲切交谈，介绍了北京奥运会志愿者工作，询问了老人的身体、生活情况，了解了老人的服务工作，认为付老为志愿者树立了良好榜样，刘剑还为老人佩戴了象征乐于助人的红色"微笑圈"，并授予了"北京志愿者协会荣誉会员"证书，表达志愿者对付老的崇敬之情和衷心祝福。付老十分感谢各级组织的关心爱护，认为自己做得还不够，还要尽己所能为社区、为奥运多作贡献。刘剑代表团市委、北京志愿者协会向付老赠送了慰问品，祝愿老人更加健康长寿、幸福美满。

付漪泉老人生于 1905 年，广全日杂退休职工，现年 103 岁，已在社区坚持志愿巡逻 30 余年，至今仍在坚持服务，为广大志愿者树立了良好榜样。付老在上世纪 70 年代退休后，立足社区，从小事做起，积极承担了社区志愿巡逻、社区防火安全知识宣传、社区卫生监督等工作，默默无闻，无私奉献。2008 年初，经天坛街道大力推荐，付老报名参加了"2007 北京十大志愿者评选活动"，成为迄今为止参评人选中年龄最大的志愿者。

志愿活动是北京奥运会最精彩的亮点之一，它充分展示了北京市民"我参与、我奉献、我快乐"的崭新风貌。

五、北京奥运会，中国观众的"成人礼"

2008 年 8 月的北京，是一个特殊的舞台。这是一扇特殊的窗口，既展示体育健儿的精神风貌，又彰显赛场观众的礼仪风度。

作为北京奥运会的东道主，中国观众是赛场的主人，每个人都是奥运舞台的主角，每个人都是中国文化的使者。此刻，他们代表北京，代表中国。

无疑，奥运会是展示文化中国国家形象的国际舞台，更是一次塑造中国国民形象的最好机遇和最大挑战。抓住了这个机遇，我们将向世界展现一个有自己鲜明特色的文明现代的中国人形象。

当杜丽痛失第一块金牌时，成熟的中国观众没有给杜丽更多的压力，而是给她更多的理解、宽容与鼓励，此后，杜丽以一个完美的胜利回报了国人的信任。

8 月 12 日，无数的中国人为一场最终失败的比赛而欢呼，那就是中国男篮与西班牙男篮的比赛，没有人对这场比赛感到遗憾，因为观众满足于欣赏到了一场激情对决的过程，获得了巨大的精神享受。

8月14日，日本体操选手富田洋之在吊环失误之后表现出顽强的拼搏精神，得到了中国观众的热情鼓励和支持。

金牌是重要的，对全世界任何一个国家、任何一位运动员和观众来说都是这样；但比金牌更重要的是竞赛背后体现出来的伟大的奥林匹克主义，是崇高的奋斗和拼搏精神。奥运的赛场上，永远没有失败者。

作为观众，我们传达友爱：对每一位宾客微笑；我们表达尊重：向每一面国旗致敬；我们燃烧激情：为每一次拼搏喝彩；我们彰显优雅：欣赏竞赛的每一个过程；我们仁爱宽容：接纳每一种文化的差异；我们展示文明：带走每一片赛场的纸屑。

奥运会是世界上规模最大的人类的巨型狂欢节。对于每一个运动员和观众来说，参与奥运是人生体验中最难得的时刻。奥运说到底是一种 game，是 paly，是一种玩，一种游戏，一种生命的运动，一次快乐的体验，一种美的愉悦和享受。这是奥运风行世界的根本。如果没有这个基点，奥运就会失去它夺目的风采和无比的魅力。一个人一生有多少次机会能在家门口参与奥运、观赏奥运、分享奥运？北京奥运给了你我生命中的一次少有的高峰体验——马斯洛所说的那种满足生命中更高层次的精神需要的高峰体验，因此值得投入、值得奉献。从最初的源头看，奥运起源于人类游戏的天性，所有参与者都以快乐饱满的热情分享生命中的美好时刻，来共同书写北京奥运的华彩乐章。

北京奥运会，是中国体育观众的"成人礼"。在我们的先圣孔子那里，"成人"就是理想人格的实现，即成为具有仁德、道义、才艺、礼乐、勇敢等全面素质的人。当子路问孔子关于"成人"标准的问题时，孔子说："若臧武仲之知，公绰之不欲，卞庄子之勇，冉求之艺，文之以礼乐，亦可以为成人矣。"[1]

孔子的意思是说，如果一个人像深谋远虑的臧武仲那样富有智慧，像孟公绰那样节制个人的欲望，像敢与猛虎搏斗的卞庄子那样勇力过人，像冉求那样多才多艺，再加上礼乐方面的修养，就可以被称为一个完全的人了。北京奥运会，成就了中国观众的一次"成人"的飞跃。

奥运会男子体操项目的最后一场大战——单杠比赛在国家体育馆内上演，中国选手邹凯无疑是整场比赛最大的亮点，最终这位年仅20岁的小将以 16.200 分的成绩夺得冠军，而如果评选场上的另外一位焦点人物的话，则当属美国选手乔纳森·霍顿。霍顿被排在第六位出场，一连串的空翻动作令现场观众如痴如醉，然而，当裁判最终为他打出 16.175 分时，却引起了现场一片嘘声。不少观众被霍顿

---

[1] 《论语·宪问》。

的精彩表现折服，认为分数被打低了，以至于对邹凯最终以0.025分的微弱优势胜出发出不同声音，尽管他为国人拿到了一块宝贵的奥运金牌。这种别样的气氛在国际大赛中实属罕见，有评论认为，这种不为本国运动员护短，群体对裁判员施压的表现也是体育运动的另一种成熟的美，中国观众懂得了欣赏体育那精彩绝伦的过程。

法国《世界报》16日撰文说，中国观众在观赛时展现了良好风范，他们不仅为中国代表团加油，也将掌声献给各国运动员。日本《读卖新闻》说，奥运会前许多人担心中国观众会向日本运动员喝倒彩，但当日本"蛙王"北岛康介站上领奖台，中国观众报以了热烈掌声。

韩国媒体 *Koreaheraldbiz* 则举了两个例子称赞中国观众在观赛中表现出高素质。文章称，在举重男子62公斤级比赛中，哥伦比亚运动员菲格罗亚屡屡失误，痛哭不已，观众报以热烈的掌声，以肯定他付出的努力。而当中国"神奇小子"朱启南憾失金牌，站上第二级领奖台的时候，观众的掌声仍然像要掀翻屋顶。

在赛场上，观众为曾经的"铁榔头"、如今的美国女排教练郎平鼓掌，平静对待中美女排的"和平大战"中中国队的失败；人们热烈欢迎50岁的栾菊杰回国参加比赛，尽管这位在1984年洛杉矶奥运会上为中国赢得一枚珍贵金牌的运动员这次是代表加拿大参赛；当新加坡的乒乓球女运动员与中国运动员对抗得分时，观众也会报以掌声，虽然她们基本上都来自中国。

8月18日晚，鸟巢体育场。当被媒体称作"职业破纪录者"的伊辛巴耶娃再次向世界纪录发起新的冲击时，她做起了每次破纪录前的习惯动作，高举手臂打奏节拍。全场观众马上热烈地配合，为她助威鼓劲。

六、北京奥运会，国民风范的一次全面展示

北京奥运开创了世界上最广泛的公民文明素质提升运动。北京奥运所带动的全国的"迎奥运、讲文明、树新风"活动，成为推进精神文明建设、提高公民文明素质和社会现代文明程度的有效载体，成为促进社会和谐的重要举措。开展文明风尚宣传普及活动、实施赛场文明工程、实施窗口行业文明服务工程和中国公民旅游文明素质行动计划，是培植人文精神的重要手段。

中国是古老的礼仪大国、礼仪之邦，孔子说："不学礼，无以立"，"克己复礼为仁"，并特别告诫："非礼勿视，非礼勿听，非礼勿言，非礼勿动。"今天，在举办奥运的时候，我们深切感受到传统礼仪的缺失。毕竟，民族的根基还是应该建立在对本民族文化传统扬弃的基础上，礼仪也是这样。我们既保留了传统礼仪中崇德、重义、敦厚、诚信等良好传统，又有发展中大国国民开明开放、自信进取的现代风范。

从人文奥运的本义来看，提升市民文明素质既是奥运成功的保证，又是北京

筹办奥运的目的之一。市民是展示文化北京与文化中国的最重要的载体。我们希望通过奥运会向世界展示中国五千年的优秀文化，展示改革开放 30 年来中国人民的崭新精神风貌，最终靠的是活生生的人。因此，最大的挑战就是对人的挑战，"仓廪实而知礼节，衣食足而知荣辱"。中国从贫困饥饿的年代逐渐走来，传统文化面临现代化转换，经济体制也在转型，国民文明素质存在一些问题是客观的，这也是世界上其他国家在社会变革时期存在的普遍问题。

北京奥运还创造了世界上规模最大的举办城市的奥林匹克学校教育和奥运培训教育。北京旅游、邮政、商务、宾馆饭店等 11 个窗口行业有 100 万人接受奥运培训，培训率达到 93%。培训内容包括奥运知识、职业道德、服务礼仪、服务技能、外语手语等项目，大大提高了每个员工的服务素质和水平。

2008 年初，受首都精神文明建设委员会办公室的委托，中国人民大学人文奥运研究中心在京发布了 2007 年"市民公共行为文明指数"及市民公共场所文明行为观测数据。调查显示，北京市民公共文明素质整体水平在 2006 年明显提升的基础上，2007 年又有进一步提升。这标志着北京市群众性"迎奥运、讲文明、树新风"活动和人文奥运行动计划取得扎实的效果。"市民公共行为文明指数"显示，2007 年北京市民公共行为文明指数为 73.38，比 2006 年的 69.06 提高 4.32 个分值，比 2005 年的 65.21 提高 8.17 个分值。

这项调查运用市民公共文明素质指标体系，已连续三年对 10 000 多名市民、1 000 多名在京居住两年以上外籍人士进行抽样调查，同时对全市 320 个公共场所、约 30 多万人、20 万辆机动车进行了累计 3 000 个小时的现场观测，先后获取了 600 多万个基本数据，根据综合分析结果，最终得出北京市民公共行为文明指数。这次发布的公共行为文明指数包括公共卫生、公共秩序、公共交往、公共观赏、公共参与等五个方面，这些方面互相联系、各有特点，构成一个完整的公共文明行为规范体系。其中，市民在公共卫生、公共秩序方面的文明行为进步幅度较大，在公共交往、公共观赏和公共秩序方面的文明行为在原有较好基础上有明显提升。据课题组专家介绍，公共行为文明指数是包括来京务工人员在内的市民公共文明素质综合水平的体现，指数结果表明，北京市民公共文明素质整体水平呈持续上升趋势，同时也反映出在公共生活领域还有一些不文明现象需要改进。

北京奥运，重建了一个古老的礼仪之邦的富有文化素养的文明国民的形象，体现了一个发展中大国国民既开放、进取、坚定、自信，又豁达、开朗、谦恭、敦厚的文明风范。英国记者说："在北京，有一种真诚的热情，每个人都会被一种世界上最伟大的礼仪所感染。"

七、北京行动：绿色奥运与天人合一

"环境保护"是现代奥运会的重大主题。在 1992 年世界环境与发展峰会上，国际奥委会主席萨马兰奇首次提出了自己在环境保护方面的主张。从那时起,国际奥林匹克委员会把保护环境作为奥林匹克运动的支柱之一,"环境保护"已经成为现代奥林匹克精神的重要内涵。

北京奥运会是奥运史上一届无与伦比的绿色奥运会。作为一个快速发展中的特大城市,北京一直把保护环境摆在突出位置,强调以人为本和可持续发展,提出了"新北京、新奥运"和"绿色奥运、科技奥运、人文奥运"的战略构想。绿色奥运作为北京奥运三大理念之一,不仅是响应国际奥委会的号召,也是可持续发展战略的必然选择。

可持续发展理念是人类反思自身文明发展的积极成果,是人类文明史上的重大的进步。在笔者看来,绿色环保是当代文明的核心内涵之一。人与自然相处的关系所达到的程度,标志着人类文明所达到的程度。可持续发展的理念给现代奥林匹克运动注入了新鲜的成分,而北京绿色奥运的理念和实践,推动了北京乃至全国生态文明的新发展,见证了首都七年来走过的艰难而又辉煌的历程。

北京提出的绿色奥运的理念具有中国文化深厚的底蕴。它是以天人合一的和合哲学为文化背景的中国理念。在当代世界,人类共同面临着人与自然的严峻冲突,环境污染、生态危机、自然灾害等时刻威胁着我们,如何在人与自然之间寻找冲突中的平衡,达到天人合一的和谐状态就成为人文奥运的探索目标。中国人历来热爱自然。这是一个崇尚天人合一的民族,他们视万物为同类,视自然为亲眷和朋友。他们以人的自然之身来适应、契合于天地自然。中华传统文化所包含的这种天人合一、以天合天的和谐自然观是中国传统哲学对人与自然关系的认识与总结,在今天仍然有着可资借鉴的现代意义。

从北京奥运会倒计时一周年开始,一直到开幕式前几天,国外部分媒体始终集中火力针对北京奥运会期间的空气质量问题,展现了前所未有的"质疑"、"批评"乃至无端的攻击。然而,奥运会期间,随着蓝天白云、宜人温度在北京频频出现,无须数据佐证,所有的"批评"和"质疑",都随着"雾霾"的消失而烟消云散。北京奥运会、残奥会实现了自己"绿色奥运"的全部承诺。作为"绿色奥运"的重要内容,北京已超额完成了 2001 年申办奥运会承诺的全部七项绿化指标。这七项绿化指标分别是:全市林木覆盖率接近 50%,山区林木覆盖率达到 70%,"五河十路"两侧形成 2.3 万公顷的绿化带,市区建成 1.2 万公顷的绿化隔离带,三道绿色生态屏障基本形成,城市绿化覆盖率达到 40% 以上,全市自然保护区面积不低于全市国土面积的 8%。

从 8 月 8 日奥运会开幕至 24 日闭幕的 17 天中,北京的空气质量不仅天天达标,而且 10 天一级,全面兑现了奥运会空气质量承诺。二氧化硫、一氧化碳、二氧化氮浓度达到世界发达城市水平,可吸入颗粒物低于世界卫生组织空气质量指导值第三阶段目标值。截至 8 月 31 日,北京空气质量达标天数累计达 179 天,占

73.4%，比去年同期多 18 天。超过北京 10 年来单月一级天 9 天的最高纪录，更是远超夏季单月 5 天的最高纪录，全月大气环境中各主要污染物浓度平均下降 45%，奥运会期间下降 50%，为 10 年来历史最高水平，完美兑现了空气质量绿色奥运的承诺。

体育本质上是一种无公害的、无污染的人类活动，体育与环保二者之间有着天然的契合。通过奥运会来向人类传达环保的理念，这是奥林匹克运动能够带给人类的文化"附加值"。北京奥运会不仅实现了"天"的变化，更重要的是通过"绿色奥运"的实践，使可持续发展、环境保护的理念深入人心，在人类的文明史上写下了具有飞跃意义的崭新的篇章。它唤起了北京市民乃至全国人民的环保意识，提高了城市管理者的生态意识，推动了人们对"生活质量"和"生命质量"的关注，这是北京奥运会留给我们的珍贵精神遗产。

人文奥运： 奥林匹克精神的当代解读*

*李树旺***

人文奥运是借助奥林匹克的文化平台，追求东方的创造性和想象力的再发现，实现中国古老的人文价值的现代性转化。

"人文奥运"理念是在现代奥林匹克精神受到冲击的境况下，世人对当代奥林匹克运动的精神解读，其内含的"和谐"元素是中国文化与世界文化、奥林匹克文化与中国传统文化相互交融的接点。

一、友谊与和平：古代奥林匹克精神的灵魂

古代奥林匹克精神的源头是古希腊文明。古代奥林匹克运动会包含强烈的精神追求，可以归纳为和平、竞争、公正、平等几方面。古代奥林匹克精神最具代表性的就是《神圣休战条约》。条约规定在举行奥林匹克运动会期间，凡是携带武器进入奥林匹亚的人，就被认为是背叛了神的人，应当受到惩罚；条约还规定希腊各城邦不管何时进行战争，都不允许侵入到奥林匹亚圣区。即使是战争发生在奥运会举行期间，交战双方都必须宣布停战，直到比赛结束。停战期间凡是参加比赛的人，都将受到神的保护。《神圣休战条约》在当时起到了熄灭战火的作用，奠定了把奥运会作为和平、友谊象征的基础，这对维护、促进各民族之间的团结友谊起到了积极作用，也推动了古希腊文化的发展。

公正、平等是古代奥运会的精神诉求。法制、平等是希腊城邦制度的核心成分。法制为竞技体育比赛的公平性提供了保证，公民通过选举产生多名裁判，他们与宙斯神殿中的专职祭司共同担任赛场上的法官，以保证比赛的公平。另外，希腊城邦制对平等、民主的追求为希腊的公民（女性除外），无论是贵族还是平民，提供了平等参加奥运会的机会，而且比赛胜负的唯一标准就是运动员在场上的比赛成绩，不取决于人身份的高低贵贱。

二、教育与参与：现代奥林匹克精神的发展

现代奥林匹克精神是对古代奥林匹克精神的承继与发展。现代奥林匹克运动

51

第一章 人文奥运理念阐释

---

* 本文选自《政工研究动态》2008 年第 15 期。

** 李树旺：中国人民大学人文奥运研究中心副主任，副教授。

兴起于人类科学技术突飞猛进之时。当时，由于西方文化在世界文化格局中处于核心和主导位置，因此，西方文化中民主、自由、竞争、拼搏、开拓、进取、重视个体、尊重科学等要素构成了现代奥林匹克精神的灵魂与核心。

通常将它们归纳为参与、竞争、公正、友谊、独立性和教育性六项原则。参与原则是奥林匹克精神的基础，没有参与，就谈不上奥林匹克的理想和宗旨。在1908年英国伦敦第四届奥运会的马拉松比赛中，南非的查尔斯·赫夫龙由于伤病和体力透支，在离终点还有70米的跑道上摔倒，他顽强地爬起来冲向终点，但再次摔倒，如此反复多次，其拼搏的精神和对胜利的渴望感动了在场的每一位观众。事后，一位英国大主教彼得在礼拜活动时说："奥运会的参与比取胜更重要"，这从此成了奥林匹克的格言和信念。后来，顾拜旦在1936年奥运会演讲时引用了这句话："奥运会重要的不是胜利，而是参与；生活的本质不是索取，而是奋斗。"在另一次演讲中，他曾指出："先生们，请牢记这铿锵有力的名言，这个论点可以扩展到诸多领域：对人生而言，重要的绝非凯旋而是战斗。传播这些格言，是为了造就更加健壮的人类——从而使人类更加严谨审慎而又勇敢高贵。"可以看出，顾拜旦提倡和复兴奥林匹克运动有着非常广阔的胸怀，认为奥林匹克运动是对大众而言的，是为所有的人提供机会，让不同年龄和性别的人们都去进行体育锻炼，使奥林匹克运动成为全人类不断完善自我的出发点，绝非号召人们单纯为夺取桂冠和金牌而拼搏。

竞争原则表明奥林匹克运动是一项倡导挑战与竞争的社会活动。奥林匹克精神是一种"更快、更高、更强"的自我挑战精神和公平竞争的精神，是当代人类自我完善和社会交往的基石。奥林匹克运动以竞技运动为其主要活动内容，其最本质的特征就是比赛与对抗。在直接而剧烈的身体对抗和比赛中，运动员的身体、心理和道德得到良好的锻炼与培养，观众也得到感官上的娱乐享受和潜移默化的教育。可见，竞争是奥林匹克运动的基本形式，也是推动人类自身和人类社会进步的强烈动力。

公正原则是在古代奥林匹克精神的基础上发展而来的，它是参与奥林匹克竞争的行为规范。奥林匹克的公正原则蕴涵了公正、平等、正义的内容，承认一切符合公正原则的优胜，唾弃和否定一切不符合道德规范的行为。另外，现代奥运会超越了古代奥运会禁止女性参加比赛的性别歧视，体现了男女平等的精神内涵。

友谊原则是奥林匹克运动的目的。在1932年洛杉矶奥运会5 000米比赛中，芬兰选手劳里·莱赫蒂宁与美国的拉尔·希尔势均力敌，发令枪响后，两人开始了激烈的争夺。在最后阶段时，希尔稍稍落后，起初他想从内侧超过对手，后来又想从外侧超过去，但每次都受到了芬兰人的阻挡。看台上发出了吼叫声，指责莱赫蒂宁。这时，大会发言人、美国著名奥运会史学家比尔·亨利大声疾呼："请大家记住，外国选手是我们的贵宾。"观众终于平静下来。颁奖时，莱赫蒂宁向希尔解释自己并非故意，希尔大度地表示理解。两人互赠纪念品，观众给予热烈掌声。这个故事表明，胜利是暂时的，而友谊则是长存的，奥林匹克运动的最高目标是要通过体育活动的手段，促进多元文化的交流与互动，进而达到世界的团结、和平、进步的目的。

独立性原则是现代奥林匹克精神生存与发展的保障。古代奥运会内含丰富的宗教色彩，它由于宗教的强盛而诞生，也因为宗教的衰退而灭亡，可见，在精神和文化层面，古代奥运会对宗教带有非常浓厚的依附性。现代奥林匹克运动已经形成了一整套的、独立的文化和精神体系，顾拜旦认为，奥林匹克精神是一个国际体系，它是完全独立的，不允许任何来自政治、经济或社会的因素对其进行干涉。他还为此创建了一个独立的国际奥委会，规定了国际奥委会的主要职责是用其忠诚和献身精神来保证奥林匹克理想和原则的实现。

教育性原则是奥林匹克精神的终极目标。顾拜旦是一位教育家，教育思想是他体育思想的核心。顾拜旦创始现代奥林匹克运动的初衷是为了把一种充满活力的新教育体系介绍给祖国，他希望法国青年能够在加强道德修养和增强信心的同时，锻炼身体、培养勇敢精神和坚强的个性。所以，奥林匹克精神的目的在于造就全面发展的人。它的意图是教育人，锻炼人的性格，培养人的道德。已故美国著名黑人田径运动员杰西·欧文斯曾言："在体育运动中，人们学到的不仅仅是比赛，还有尊重他人、生活伦理、如何度过自己的一生以及如何对待自己的同类。"奥林匹克精神的教育对象不只是那些参加体育运动的人，还包括人民大众。

三、和谐与现代：奥林匹克精神的人文解读

"人文奥运"精神的提出是重新审视奥林匹克运动中遇到的问题，对它们进行反思的结果。它的提出是吸纳了奥林匹克思想而又对奥林匹克精神的一种全新超越。奥林匹克运动发展过程中越来越多的异化现象使人们越来越意识到"人文"精神的重要，而中国传统文化又蕴涵了丰富的人文思想的资源，因此，"人文奥运"是奥林匹克文化与中国文化的最佳结合点。

"人文奥运"是中国传统文化与奥林匹克运动在精神层面的结合体。"人文奥运"作为奥林匹克精神的现代解读，它不仅关注奥林匹克运动对人的生存、发展的意义，更关注人在奥林匹克运动中的状态与处境，从而就人的价值实现，对调整奥林匹克运动的现实关系运行机制与发展方向，选定价值导向、行为规范和奋斗目标。

和谐是人文奥运的灵魂。中国传统文化中，人文精神的结晶和核心价值是"和合"思想，"和合"是指自然、社会中诸多形相、无形相相互冲突、融合，与在冲突、融合动态变化过程中诸多形相、无形相和合为新结构方式、新事物、新生命的总和。古希腊哲学也关注对立中的和谐。赫拉克利特认为，自然界的一切

事物都从对立中产生和谐，和谐是对立物的融合，相同的东西不会产生和谐。相反的东西结合在一起，不同的音调成就最美的和谐。《奥林匹克宪章》也明确指出："奥林匹克主义的宗旨是使体育运动为人的和谐发展服务，以促进建立一个维护人的尊严的和平社会。"可见，从文化交流的角度看，人文奥运的内涵与奥林匹克文化精神是和谐一致的，中国传统文化与奥林匹克文化通过人文奥运的和谐思想实现了对接。

"人文奥运"促进中国传统文化与世界各民族文化的融合。奥林匹克运动不仅是体育运动，也是文化活动。现代奥运之父顾拜旦主张奥林匹克运动"并非只是增强肌肉力量，它也是智力的和艺术的"。国际奥委会前任主席萨马兰奇先生也明确指出："奥林匹克主义就是体育加文化教育。"奥林匹克运动这种文化的丰富内涵和重要价值，已在当今国际社会中产生了极为广泛的影响。

从文化的视角来讲，"人文奥运"也是"文化奥运"，它为世界各民族文化提供了一个交融互惠的现实平台。首先，奥运会是中国人民向世界展现中华文化的绝好时机。中华传统文化所包含的天人合一、以天合天的和谐自然观与政通人和、和为贵、和气生财的社会观，亲仁善邻、协和万邦、善邻怀远的国际关系观念等不仅是对奥林匹克更快、更高、更强竞技文化的矫正和补充，而且也是对西方文化理念的挑战与补充，为解决当前世界的民族矛盾和冲突提供了文化和精神的支撑。其次，人文奥运肩负着在中国 960 万平方公里的土地、13 亿中国人民中传播和普及起源于古希腊的奥林匹克理念的重任。同时，在奥运会期间，各国朋友在这个文化艺术的大舞台上展现自己国家的文化风格、文明传统、民族情感和地域风貌，为日益开放的国人打开了一扇了解世界的窗口。所以，人文奥运理念所提供的文化平台，为奥林匹克精神的丰富和发展开拓了创新的渠道。

"人文奥运"——中国文化实现现代化的精神氛围。"人文奥运"是在充分开发中国传统文化资源的基础上，促进中国传统文化现代转换的过程，以奥林匹克运动为载体，中国传统文化的精髓"和合文化"所内含的现代性得以充分挖掘和释放。人文奥运创造了一种独特的中国"奥运文化"，"同一个世界，同一个梦想"的口号是一个极强的现代性口号，它能够促进中国向世界文化的开放，促进中国文化的全球化进程。这包括中国人的国际观和全球意识的增强、中国的开放程度和对于人类共同文化精华的参与与接受程度的增强等等。"人文奥运"的全球意识和开放性必将给 21 世纪的中国文化带来新的创造力。因此，人文奥运是借助奥林匹克的文化平台，追求东方的创造性和想象力的再发现，实现中国古老的人文价值的现代性转化。"人文奥运"对中国社会实现现代化进程具有独特的价值。社会的现代化首先表现在人的现代化。在个人层面，人文奥运关注的是如何实现参与者个人的身心和谐发展，如何培养出符合时代需要的完整人格与品质。以价值观来为人文奥运作基本的定位，那么，人文奥运就是有特定的价值观支撑的"文明奥运"，它对促进国民文明素质的提升具有精神引导的作用。2007 年，受首都文明办委托，中国人民大学人文奥运研究中心在京发布 2007 年"市民公共行为文明指数"及市民公共场所文明行为观测数据。调查显示，北京市民公共文明素质整体水平在 2006 年明显提升的基础上，2007 年又有进一步提升。指数结果表明，北京市民公共文明素质整体水平呈持续上升趋势。这标志着北京市群众性"迎奥运、讲文明、树新风"活动和人文奥运行动取得了扎实的效果。在社会层面，人文奥运内含了公平、公正的现代性理念，它能够推进公平、公正的现代性精神的建构，塑造民主的、宽松的政治环境和机会均等、公正平等的文化氛围，它关注的是在特定社会即在特定民族、国家、群体范围内的社会公平和谐发展问题。

中国传统文化对奥林匹克精神的回应[*]

冯惠玲[**]

一、奥林匹克精神的内涵

自从两千多年前，奥林匹克运动会作为一种健康向上的体育竞技在神圣的奥林匹亚兴起，它就成为古代希腊人奉献给人类的宝贵精神和文化财富。今天，奥林匹克的内涵已经远远超出体育竞技的范畴，它成为全人类的文化盛会和文明遗产，它的丰富内涵和它对于人类生活的重要性正在与日俱增。

奥林匹克是一种竞技精神。奥林匹克精神是一种"更快、更高、更强"的自我挑战精神，同时它也是公平、公正、平等、自由的体育竞技精神。奥林匹克包含的这种自我挑战精神和公平竞争精神构成了当代人类自我完善和社会交往的基石。

奥林匹克是一种生活态度。奥林匹克精神强调人通过自我锻炼、自我参与而拥有健康的体魄、乐观的精神和对美好生活的热爱与追求。这种乐观积极的生活态度是我们拥有自信和战胜一切挑战的强大动力。

奥林匹克是一种人生哲学。《奥林匹克宪章》指出，奥林匹克主义是将身、心和精神方面的各种品质均衡地结合起来，并使之得到提高的一种人生哲学。奥林匹克将体育运动与文化和教育融为一体，使人们身体与心灵、精神与品质得到完满的和谐，使人类的潜能与美德得到充分的开发，它是迄今为止人类最优良、最完善的生活哲学之一。

奥林匹克是一种和谐、自由、健康、积极的现代伦理。奥林匹克主义所要建立的生活方式是以奋斗中体验到的乐趣、优秀榜样的教育价值和对一般伦理的基本推崇为基础的。奥林匹克精神中的伦理价值是对人的潜能与自由创造、人类的文明与优良秩序的最大尊重与倡导，是对人类一切优良道德价值和伦理规范的继承与发扬。它引导人们追求一种最为优化的生存与发展的伦理观念，这种伦理观念是人类与环境协调共处、个人与社会协调发展的保证。

---

[*] 本文选自《江西日报》2008 年 9 月 1 日 B03 版专页。

[**] 冯惠玲：中国人民大学人文奥运研究中心主任，教授。

奥林匹克运动是人类文明的共同遗产。热烈兴奋的比赛、青年志愿者的培训、体育场馆的兴建、城市规划的构思、精彩纷呈的艺术表演、覆盖全球的赛事转播与收看都成为宝贵的奥运遗产。在全球化时代，奥林匹克运动已成为各国文明与文化共同进行精神创造的盛会。

今天，奥林匹克已经成为全人类的一种共同的愿望、一种共同的期待、一种共同的祝愿。它随着时间的流逝而不断丰富，不断增添新的内涵，成为人类不断创新、不断增长的宝贵精神文化遗产。

二、奥林匹克精神的历史发展

奥林匹克精神的源头是古代希腊文明，古代希腊对人的体格力量与健康的崇尚是奥林匹克运动竞技比赛的基础。古代奥运会中对人的体能、技巧的挑战，体现着古希腊人的竞争与开拓意识。古代奥林匹克神圣休战既是对和平的渴望，也体现出希腊人对神和自然的敬畏。在古代奥运会文化背景中，有一种坚定的信念，那就是极其重视个人价值。古代希腊奥林匹克运动的这些价值观念，都已成为现代奥运核心价值的组成部分。

现代奥林匹克运动复兴以来，奥林匹克精神经历了从挑战自我、追求人的身心协调和全面发展，到追求运动竞技的人性化、人类文化的多元和谐、人与自然的和谐共存的历史演变。在现代奥林匹克运动的历史上，曾经有"永远争取第一，永远超过别人"的口号。今天，许多有识之士认为仅仅提倡"更快、更高、更强"是远远不够的，必须提倡一种更为人性化的、更为团结的奥林匹克精神，那就是"参与比取胜更重要"。

现代奥林匹克兴起之时，也是人类科学技术突飞猛进之时。一个多世纪以来，科学技术给人类的生活带来天翻地覆的变革，也从各个方面深刻影响了奥林匹克运动的发展和演变，为奥林匹克精神注入了鲜明的时代特征。随着奥林匹克运动在全球的开展和奥林匹克精神的广泛普及，奥林匹克运动已成为各国文明与文化集萃、对话与交往的论坛，成为全球文化多样性与差异性互补共存的平台，尤其是成为东西方文明交融与互动的平台。在当代科技、人文、生态伦理的交互影响下，奥林匹克运动的这种文化多样性与文化对话方式，已经成为全球化时代人类文化发展的重要表征之一。从奥林匹克文化的生产与消费情况来看，奥林匹克运动已经成为全球化的超国家、超文化、超等级、超地域的百姓的"巨型狂欢节"。

三、中国传统文化对奥林匹克精神的回应

当然，在奥林匹克运动的发展过程中，也出现了过度商业化、滥用兴奋剂等问题，少数地方的黑分、黑哨、假球玷污了崇高的奥林匹克精神。奥林匹克精神以西方文明为根基，但它面临的这些问题与挑战已经无法仅靠西方文明自身提供

答案，而需要从其他文化形态中寻求有益的启示。中国传统文化和东方哲学智慧对奥林匹克文化所面临的问题与挑战给予了富有启迪意义的回应，为奥林匹克文化注入了新的活力。

中国传统哲学讲究天人和谐，从不过分强调人对自然、对自身的挑战，也不孤立地、片面地强调人对自然、天地的超越，而是讲究向"天"与"地"来学习合乎自然、遵循自身限度的立身处世原则。"天行健，君子以自强不息；地势坤，君子以厚德载物"，就是讲人要不断进取、承担责任，但又不要一味冒进，要保持个人、环境和社会之间的协调。这对于主张"更快、更高、更强"的奥林匹克精神是一个重要的回应与补充。

中国礼乐文化主张万物和谐，阴阳协调，以中和、和谐、协调为美的最高境界。中国古代有所谓"六艺"，即"礼"、"乐"、"射"、"御"、"书"、"数"。"六艺"强调的不是技艺的竞赛，而是通过技艺的修养来完善人格，达到内心的和谐，促进心灵与体格之间的和谐互动。这与奥林匹克精神旨在推动人身体与心灵和谐发展的理想有着巨大的契合，对于当今一些体育比赛过度强调比赛成绩而忽视心灵提升的现象，有着重要的启示意义。

中国传统文化不但主张"和"，而且提倡"和而不同"，强调统一之中的差异、和谐之中的多样，尊重差异、包容多样。这对于奥林匹克精神是一个很好的回应与补充，今天，奥林匹克文化更应强调不同文化的和谐交流与对话，尊重文化身份、文化个性、文化多元化。这在全球化时代有着重要意义。

中国传统文化认为，人是"天地之心"，"天地之性人为贵"。从这种观念出发，中国古代文化中不是把对物的追求和占有作为人生的目标，而是把提高人的德行修养、完善人的内在德行作为人生的最高目标。这对于解决当代奥林匹克运动中过度商业化、过度竞争化问题具有重要的启发意义。

中国传统自然伦理观念认为天地宇宙间人与万物都是和谐共处的，主张克己，把人的作用与行为限制在与天地万物和谐共处的宇宙秩序之中。中国古代社会提倡节制与合理控制人的欲望，反对对生命的无度消费和对外物的无度占有。这种伦理观念从东方哲学和智慧的角度回应了促进人的身心和谐发展的奥林匹克精神。同时，它对于回应当代人类文明所面临的生态问题、可持续发展问题等许多重大挑战提供了启迪。

仁爱·自强·厚德·平等·和谐[*]
——中国艰难的 2008 年断想

彭永捷[**]

一、中国的核心价值

中国首次举办奥林匹克运动会的 2008 年，中国汶川发生里氏 8.0 级特大地震灾害的 2008 年，中国遭遇"藏独"分子和国际反华势力蓄意破坏"圣火"传递的 2008 年，注定会成为极不平凡的一年。在这一年，不仅中华民族的精神和意志经受了极不平凡的历史考验，民族精神和文化品格得以再次升华，而且中国文化的发展以及由文化价值观所涉及的中国与世界的关系，经历了一个引人注目的转折点。在过去的几十年间，我们经历了在过去几千年间都未曾有过的文化窘境：靠四处烧杀抢掠而发家的殖民强盗后代，竟然把自己打扮成"文明人"，排着队到中国宣扬所谓"人权"，以便在推行所谓的"价值观外交"的标榜和作秀中，维护他们作为"文明人"的道德优势。回顾历史，即使是早期来华传教的耶稣会士，也意识到他们遭遇到的是高度发达、成熟和完善的另一文明形态。在有着悠久文明历史的中国，他们无法像此前在其他国家那样把宗教扩张宣扬为传播文明种子，也不得不收起那套把自己打扮成"文明人"开化"野蛮人"的做派。可在过去几十年，西方的政客们更喜欢扮演开化"野蛮人"的"文明人"角色，喋喋不休地给非西方国家的人民来上人权课。正像这些政客自觉地意识到的那样，他们现在除了努力去维护这种"优势"外，再没别的优势了。他们对世界其他国家和地区的军事占领，对世界其他国家和地区人民的奴役，在经历了如火如荼的反殖民浪潮和民族独立解放运动的打击之后，已被瓦解；他们借助不公正的国际经济秩序对广大发展中国家和人民的经济掠夺和金融袭击，使得发展中国家在经济和贸易领域对他们更加警惕，在国际贸易谈判中更加团结和协调，要求建立公正的国际经济新秩序的呼声越来越强烈。在这种情况下，西方国家更重视看不见硝烟的文化殖民，希冀通过人文社会科学理论的包装，借助媒体、影视作品和政客们的宣讲，一方面努力从文化上破坏非西方国家民族文化

[*] 本文选自《探索与争鸣》2008 年第 7 期。
[**] 彭永捷：中国人民大学人文奥运研究中心研究员，教授。

的自身完整性，颠覆和解构非西方文明的文化价值；另一方面，努力灌输西方文化，传播西方宗教，确立西方文化价值的优先性，营造世界人民对西方文化和价值的崇拜。

正是在 2008 年，西方国家的文化殖民遭遇历史性的危机，而中国为发展经济所采取的鸵鸟式策略也到了需要改变的时候。当欧美国家在非洲遇到来自中国的挑战，为应对中国影响才不得不解除他们与非洲的宗主国关系，才不得不首次宣称建立一种"真正平等"的国家关系，可又在欧非峰会上因他们对非洲国家事务的粗暴干涉而与非洲国家吵成一团，同时他们却把中国人进入非洲描绘成殖民和掠夺。当象征着和平、团结和友谊的奥林匹克"圣火"在法国传递时，却出现了令人瞠目的一幕，正是现代奥林匹克之父顾拜旦的同胞们，以一种"下贱的做派"去践踏奥林匹克精神，去玷污奥林匹克理想。当人权传教士们试图为叛逃的西藏奴隶主集团恢复他们昔日的天堂张目，漠视因"藏独"分子制造暴乱而受害的无辜平民的生命和人权时，稍有良知和正义的西方学者也不由得指出：西方国家的最大问题是道德的虚伪，它们所宣扬的种种口号全部是双重乃至多重标准，一切都是为了服务于它们的利益。当欧洲人污蔑中国人与非洲的接触，企图离间非洲国家与中国的关系却根本无法得逞时，他们忘记了欧洲人自己是如何进入非洲和如何对待非洲的，忘记了是谁在非洲殖民掠夺，是谁掠夺非洲人口进行丧尽天良的奴隶贸易。当欧洲人因一个依靠改革、开放，依靠和平发展起来的大国的崛起而深受竞争的压力时，他们的忧心可以理解，但欧洲人爆发出的狭隘民族主义里却夹带着殖民主义和种族主义，他们担心的是自西方殖民时代以来建立起来的白人对世界的支配将被彻底打破，而最终打破这种由强盗建立起来的所谓"文明秩序"的，正是那个曾沦为半殖民地、曾为民族生存"强国保种"而挣扎努力的中国。所以西方头脑清醒的人士不得不指出，当欧洲人面对来自中国的挑战时，他们面临的不只是贸易和资源的竞争，更重要的是道德的危机。靠殖民掠夺发展起来而又掩盖满手的血腥，试图漂白自己的强盗身份，装扮成"文明人"的国家与民族，当它们在面临着一个依靠和平发展而崛起的国家与民族时，那些在国际关系中依然奉行弱肉强食的丛林规则的国家与民族，当它们遇到一个倡导"和谐世界"理念，努力构筑平等、和谐、相互尊重、共同发展的国际关系的国家与民族时，它们的道德伪善注定会被揭破。

在过去几十年间，无论是主张以人权、民主等借口遏制中国发展的西方人士，还是为了经济利益主张同中国做生意，强调中国不断在人权和民主方面取得进步，不断向西方标准靠拢的西方人士，虽然他们的政治主张不同，但政治主张背后的文化逻辑却是共同的，即把西方文化和政治价值视作普世价值和普世标准，视作衡量非西方文化和政治制度的标尺。作为非西方国家的中国，采取的解释策略正如同世界大多数发展中国家一样，面对强势的西方国家，配合欧洲的"亲华派"，不断提供证据表明自己在不断接近人类文明的标准。于是在过去几十年间就出现了国家间文化与价值交流中的这样一种状况：西方国家对中国输入的，都是文化价值；他们对中国的指责和干涉，都是价值判断；中国提供给西方的，基本上都是事实。我们并不是狭隘民族主义者，我们应积极吸收其他国家在人权立法和人权保障方面的成就，但我们绝不能容忍西方国家的"人权外交"。那些靠掠夺杀戮而且现在仍在通过制造战争来掠夺资源的国家与民族，在中华民族面前，没有作人权秀的资格。回应这些政客的最好方式，就是向他们追讨存放在他们国家各个博物馆里的贼赃，这是他们掠夺中国和其他国家的罪证，提醒他们不要忘记自己是殖民强盗的后代，不要忘记自己是怎么发家的，提醒他们必须老老实实地尊重发展中国家的政府和人民。

在过去的几十年间，我们要么以鸵鸟的方式回避价值议题，要么迁就咄咄逼人的西方媒体和政客们而努力表现出不断进步的样态。这一方面可以追溯到"以经济建设为中心"的指导思想，经济优先的发展策略；另一方面也反映出任何历史转型期都必然产生的价值混乱。真正的价值真空是不存在的，转型时的价值空间里一定是充塞了许多盲目和混乱的东西。随着经济建设成就的凸显，文化与价值问题的重要性日益显现。整个国家与民族都需要弄清楚，我们经济建设的根本目的是什么，我们的国家和民族到底要到哪里去，我们究竟要成为什么样的国家与民族，我们究竟如何处理中国与世界的关系。汶川特大地震灾害发生的时间，恰是刚刚经历了中国与西方某些势力的价值交锋之后。这场地震提出的文化与价值问题，这些价值议题的影响，会远远超出我们的想象。

二、仁爱／以人为本

对于我们这样一个被认为在远古是由治理水患而组织起来的民族来说，我们习惯于把灾难视作对自身的考验。"多难兴邦"、"忧患意识"对我们来说是极为平常的古训。在面对一场涉及人口如此众多、灾害损失如此惨重的特大地震时，无论是中国政府的反应，还是海内外中华儿女的表现，都让世人称道。为什么每次灾难都让我们的民族更加团结？是什么让我们如此镇定地面对特大灾难？是什么让我们尊重人的生命？我们在面对磨难考验时又得到了什么，提升了什么？

快速开进、千里驰援灾区的救援人员，无数的志愿者，迅速攀升的捐助数字，海内外十几亿中华民族同胞的关注，首先反映出的就是我们民族的基本精神和价值——仁爱。"仁者爱人"。孔夫子倡导的"仁"，也就是"仁爱"，是指基于血缘亲情的爱，"尊尊亲亲"，尊其所尊，亲其所亲。在儒家看来，"仁"是基于血缘的，所以这种亲情是自然而然的，可以作为道德的根基。我们对于没有血缘关系的他人的爱心，就可以由这种自然而然的亲情，这种仁爱之心扩展而来。仁爱是基于血缘的，故而也是有限度的，是被血缘关系所局限的。但我们可以把"忠恕之道"作为"为仁之方",把"己欲立而立人,己欲达而达人"①、"己所不欲,勿施于人"②作为实践仁爱的方法。我们对自己的亲人有仁爱之心,我们将心比心,把这种爱心培养扩大,推之四海,"四海之内,皆兄弟也"③。"四海"指四方的民族。我们不仅可以把仁爱之心用之于本民族,也可以用之于其他民族。不仅可以用之于人类,也可以用之于万物,"民胞物与"(宋代儒家学者张载语),把人民视作我的同胞,把万物视作我的伙伴。仁爱起于血缘,又超越血缘,我们把没有血缘关系的他人和万物,都纳入到血缘关系中来考虑。于是,孔子从"仁"出发提出"泛爱众",唐代的韩愈提出"博爱之谓仁"④,把仁爱解释为"博爱",张载又把仁爱解释为"兼爱"。我们中国人以及受儒家文化影响的周边国家,习惯于把人际关系都纳入到血缘关系里来处理。仁爱思想所描绘的理想社会便是"人不独亲其亲,不独子其子"的"大同"社会。西方人只会让自己的孩子称呼自己的同事"某某先生"、"某某女士",我们却会让孩子称呼自己的同事"叔叔"、"阿姨"、"爷爷"、"奶奶"。灾区的小同胞们看到亲临一线指导救灾工作的温家宝总理,自然而亲切地称呼他"温家宝爷爷",而不是"温家宝先生"。"灾区的兄弟姐妹们"、"灾区的同胞们",司空见惯的中国式表达,恰恰反映了我们中华民族最基本的世界观和价值观。儒家文化是我们传统文化中负责组织社会、提供生活常道的主流文化、主流"宗教",直到现在仍然给予我们最基本的日常生活伦理。我们对灾区同胞有关切和爱心,并不是仅仅基于人道主义,而是源自我们对兄弟姐妹骨肉同胞的爱,我们对他们所承受的灾难和不幸感同身受,我们对他们的关切和爱心是发自内心深处,是自然而深厚的。正是我们的民族文化,正是儒家伦理,把我们从文化上连结为一个不可分割的、心理上无比亲近的血脉共同体和命运共同体。

任何一个系统的文化,都可以被视作宗教。仁爱,她也被表述为"泛爱"、"博爱"、"兼爱",这是我们民族文化的宗教价值,她是最基本的价值也是最高的价值。仁爱的价值是地域性的,也是普世性的。在我们看来,仁爱的思想可以用来处理一切关系,可以作为普世伦理价值,指导我们与世界各个种族的人民打交道。"四海之内,皆兄弟也",我们对其他国家和地区的人民,也同样可以兄弟视之。作为实践仁爱方法的"己所不欲,勿施于人",在由联合国教科文组织出面组织的全球伦理会议上,被公认为是全人类都应恪守的道德金律(golden rule),是指导一切道德行为的最普遍、最基本的准则。

从仁爱的思想出发,自然合理地引申出尊重生命的思想。以孔子为例,家中马厩失火,孔子问:"伤人乎?"不问马。对于用俑殉葬的,孔子愤怒地批评"始

---

① 《论语·雍也》。
②③ 《论语·颜渊》。
④ (唐)韩愈:《原道》。

作俑者，其无后乎"。孔子批评不重视教化只重视刑杀的"刑治"实质上是对百姓的残虐，"不教而杀谓之虐"。受孔子思想影响的《易传》，更是强调对生命的尊重，"生生之谓易"、"天地之大德曰生"。到了宋代，理学家直接就把"仁"解释为"生"。"仁"如桃仁杏仁之"仁"，代表着生命。他们举例说，人们常讲肢体"麻木不仁"，意思便是指肢体没有生机、生气。儒家认为上天的最大德性就是保证万物的生长，统治者最高的德性就是保证人民的生命安全。

儒、释、道是中国文化中最重要的三支，相辅相成。在尊重生命这一点上，儒、释、道三教是一致的。儒家强调"天地之性人为贵"，认为人和万物都是由气构成，但"人得其秀而最灵"，人是万物的灵长、宇宙的精华，故而"最为天下贵"，故而在天地间也担负着最重要的责任。道家"贵生"，在尊重人的生命这一点上，甚至超过了儒家，把生命自身的价值就看做高于一切，反对以任何人为的事务损害人自然的生命，包括人的身体，"不以天下大利易其胫一毛"，天下最大的利益也并不比小腿之一毛更重要。佛教强调不杀生、不害生，"扫地不伤蝼蚁命，爱惜飞蛾纱罩灯"。尊重生命，无论是在伦理的意义上，还是在宗教的意义上，我们的传统文化都提供了深厚的文化资源，今后也仍将影响着我们看待和处理相关事务的价值理念和思维方式。

在当代，儒家的仁爱思想并不是单独地发挥着作用。我们当代文化是多种文化交汇的结果。我们的主流意识形态是马克思主义。在尊重人的生命方面，在"以人为本"方面，马克思主义和中国传统文化可以找到很好的结合点。马克思主义的异化理论，为我们深刻反思经济和社会发展对人的影响提供了理论支撑。经济和社会发展的根本目的是为了人，为了人的全面发展、和谐发展。如果单纯追求经济 GDP、片面追求经济效益，那么可以想见，在经济发展的时候，却失落了道德、环境、人文。道德沦丧、人文失落、环境恶劣，不仅经济不可能持续发展，而且人民也不会生活幸福。在传统文化中，"以人为本"这个提法早见于《管子·霸言》。中国古代思想的核心在于人事，"推天道以明人事"，人事和，百事兴。"人"、"民"相通，中国的人本思想主要表现为"民本"思想，"民为邦本，本固邦宁"。浓厚的民本思想，是武王以一小邦推翻庞大的商王朝之后的政治总结，这一极具震撼力的政治事件，确立了民本思想的历史传统，也确立了中国古代王朝政权合法性的民本的解释根据，同样也成为中国政治文化传统留给后人的宝贵精神遗产。

在当前中国，"以人为本"的理念有着具体的针对性。我们所倡导的"以人为本"，和西方自文艺复兴以来所倡导的针对"神本"的"人本"是不同的，和建立在原子论基础上的个体主义也是不同的。我们所倡导的"以人为本"，具有这样几层内涵：

首先，"以人为本"是中国古代民本优秀政治传统的延续和发展，民本思想在当代的最经典表达就是胡锦涛同志的三句话："权为民所用，情为民所系，利为民所谋。"在这层意义上，明确了公共权力服务的主体对象的问题。在这层意义上，在现实中所要克服的就是"以官为本"，或者说是"官本位"现象。

"官本位"现象在我们的实际工作中，在新闻媒体的报道宣传上，仍然很突出、很严重。以奥运题材的报道为例，国外读者 80%以上的新闻需求是想了解中国的民众，而我们的媒体给出的报道，天天围着官员转，80%都是报道官员。这次抗震救灾工作中，国内外人士对中国政府的好评之一，就是领导人在破除"官本位"方面做了某些表率，新闻报道也有所改善。可遗憾的是好景不长，官方媒体又习惯性地回到老的套路上。甚至学术媒体也是一样，会议报道不谈学者们讨论了什么话题，有什么学术争论，形成了什么具体成果，而是把重点放在了前去捧场的官员身上，把多数是由会议主办单位为出席官员们事先准备好的讲话稿当作报道重点。破除"官本位"，真正从根本观念、社会舆论和规章制度上让"公仆"成为"仆人"而不是"主人"、不是"官老爷"，这是"以人为本"理念针对的一种严重的社会现实。

其次，"人本"对治着"物本"。在强调经济建设的同时，必须反思经济建设的根本目的是服务于人的发展。发展经济不能以牺牲人为代价，不能以损害人们的健康、安全、生命、道德、信仰为代价，不能单纯以 GDP 作为衡量社会发展和官员政绩的指标。

这次救灾工作给我们的强烈感受就是把尊重人的生命、抢救人的生命放在首要的位置。这是我们中国传统民本思想的体现，民本思想的精华值得我们继承和发扬。这也是马克思主义传统中优秀的内容，马克思主义对物化社会的反思和批判，对我们处在当今发展阶段的中国社会仍有非常积极的现实意义。同时也是当前"以人为本"政治理念的具体实践。

三、自强不息、厚德载物

在救灾的过程中，我们的民族精神也再次得到体现。《易传》中"天行健，君子以自强不息"、"地势坤，君子以厚德载物"这两句话，被学术界公认为是中华民族精神的最好概括。什么是民族精神？民族精神不同于一般我们所说的国民性，也不是指文化品格，而是指支撑着一个民族生存和发展、生生不息的精神力量。"爱国主义"是任何一个国家的国民都具有的对其祖国的深厚情感，并不足以说明中华民族的民族精神，尤其是像我们这样一个在人类七大文明古国中唯一未曾中断其文明历史的民族。古人取法天地的精神，认为天的品格是自强不息，周流不已，从未倦怠，从不停歇；地的品格是厚德载物，托负万物，包容万物。君子当取法天地之精神，德配天地，人与天、地并列为宇宙之三极。自强不息、厚德载物，这两句话并列一起说，才完整体现了中华民族的精神。与某些只片面强调自强却缺乏厚德而极端狭隘的民族相比，既自强不息又厚德载物才是中华民族的精神。在历史上，根据不同的历史发展情况，对这二者的强调是有所侧重的。当中华民族处于积贫积弱的时代，中国人就格外强调自强的精神，例如为挽救中华民族危机的洋务运动，其口号就是"自强"；当中华民族处于强盛的时代，中国人就较为重视厚德的精神，强调包容四方、协和万邦。

在抗震救灾的过程中，中华民族表现出的整体素质，恰是我们民族精神的自然体现。我们可以看到，灾区的同胞没有被巨大的灾难吓倒，没有被困难压垮，许许多多平凡人在自救救人中所表现出的坚毅顽强、团结互助，海内外中华儿女对灾区同胞的关爱和援助，是中华民族传统美德的体现，是中华民族精神的体现。在又一次的磨难面前，我们发扬了民族精神，经受了心灵的洗礼和精神的升华，同样，这种可贵精神的展现，也将成为我们新的精神财富。

自强不息、厚德载物的民族精神，是传统文化赋予我们的宝贵精神财富，她曾经激励着我们的先人开拓进取、包容天下，使得中华民族几乎在过去几千年中每一个重要历史时期，都对人类作出过重大贡献，也曾激励着一代代仁人志士，不断求索，使中华民族从遭受西方殖民强盗和日本军国主义野蛮侵略的长达一个多世纪的历史低谷中走出，在民族独立的基础上和平发展，再次崛起。我们可以坚信，凭借这样一种积极向上、健全合理的民族精神，中华民族在未来仍然有可能在世界领跑，仍然可以为世界作出巨大贡献。

四、平等

马克思主义之所以能够被中国人接受，除了符合当时中国社会的需要之外，也可以找到一些文化上的解释。对于中国人来说，马克思主义最重要的影响，就是它所倡导的社会平等观念。对身份平等的追求，在中国历史上有着深厚的传统。从"王侯将相，宁有种乎"到"等贵贱，均贫富"，都要求破除身份的不平等。封建社会，是通过对土地的占有，建立起身份不平等的社会制度。资本主义社会，是通过对资本的占有，通过"看不见的锁链"，建立起身份不平等的社会。在当今世界上存在着两种最具代表性的社会制度，其最根本的差异，就在于究竟是追求平等还是追求自由，究竟是致力于建设一个身份平等的社会，还是致力于建设一个服务于资本和利润的自由竞争的社会。虽然在任何一个具体社会，现在很难把这二者截然对立起来，但在最终的社会目标、社会理想和根本立场上，二者存在着本质上的差异。

中国现在仍强调坚持社会主义制度，在讨论中国社会的核心价值观时，也提出建立社会主义核心价值观。诸如"民主"、"法治"、"公正"一类的社会价值，都不是社会主义核心价值观，不是为社会主义所专有，唯独"平等"是社会主义的典型特征。我们可以反问，如果我们当今的中国社会不再把对平等的追求放在首要的位置，那么在何种意义上，我们可以说服自己，我们的社会制度还可以被叫做社会主义？

在平等的观念上，中国人接受马克思主义，就如同接受自印度传来的佛教。印度是个以种姓制度为基础的等级社会，佛教可以说是思想的异端，始终无法成为印度社会思想的主流。但是，佛教"众生平等"的思想，却为中国人所接受和喜爱。同样，马克思主义的平等观念，对中国社会的影响最深。

五、和谐

最近几年，中国连续提出"构建社会主义和谐社会"、"构建和谐世界"和建设"和谐文化"等一系列政治理念。2008 年北京奥运会人文奥运理念的阐释，也把"和谐"作为"人文奥运"的灵魂和核心。相对于"更快、更高、更强"的奥林匹克精神，我们提出"和平、和谐、和爱"的理念。由于"和爱"在理解上有一定难度，北京市领导改为"和睦"。在中国人民大学主办的国际奥林匹克论坛上，国内外奥林匹克专家一致认为，"和谐"是中国通过人文奥运对世界奉献的最具资源性、最有现实意义的价值理念。

中国文化的基本精神就是追求和谐。相对于欧洲人占主导的单一本原的原子论，中国人或以阴阳二气或以五行作为说明世界构成的基本要素。正是基于构成世界的要素是"多"而不是"一"，中国人在世界观上尊重差异性，主张由差异性的相互配合达到最优，强调"和而不同"的观念。五音不同，却有"和声"，五味不同，却有"和羹"。中国的儒释道文化，相互配合，倡导人的身心和谐、家庭和谐、社会和谐。马克思主义作为一种社会学说，基于对前社会主义各种社会弊端的深刻反思，以消除人的异化，追求人的全面发展，建立一个和谐、公正、平等的社会为理想。在对和谐的追求上，中国传统文化和马克思主义同样可以找到最佳结合点。和谐的思想理念，来自我们的文化传统，也来自执政党的政治信仰，不仅成为指导我们当前社会发展的思想，也可以成为指导中华民族未来走向的思想。

2008 年发生的几件特异事件，不仅使个人得以反省和总结我们自己的人生态度、价值理想，而且也推动我们整个民族、整个社会去反省和总结我们的社会主流伦理价值和我们中国社会的价值理想。这些价值可以分为不同的层次来总结和描述。在文明价值和宗教价值层面，中华民族倡导的是仁爱的价值和理想；在民族精神方面，是自强不息、厚德载物的精神品格；在文化和国际关系方面，是追求和谐的文化精神；在社会政治方面，是倡导平等的社会主义价值。这几个层面的核心价值，或许就是我们当今中国社会所追求的核心价值体系。

人文奥运与和谐社会建设[*]

魏娜　王耀才[**]

一、人文奥运精神的基本内涵

人文奥运是北京奥运会三大理念之一，既是对奥林匹克精神的提炼，同时也体现了中国传统文化和体育竞赛的相互融合。人文奥运丰富和完善了奥林匹克精神，使其具有更加深刻和宽广的内涵。

"以人为本"的人本主义精神。无论是古希腊的奥林匹克竞赛还是现代奥林匹克运动，都体现了"以人为本"的人本主义精神，它追求人的价值的自由实现，人的全面和谐发展，唤起人类对人自身可贵、不可轻的不断体认、无限珍视。正如国际奥委会前主席萨马兰奇先生说的那样，奥运会是"将身体活动、艺术和精神融为一体而趋向一个完整的人"。人文奥运蕴涵了全民奥运、全民健身的内涵，体现了"仁者爱人"的传统思想，也体现了当代中国社会转型时期越来越多的对全体民众的关注。

"积极、乐观、上进"的生活哲学。人文奥运的重要意义之一在于对奥林匹克生活哲学的展开与发展。奥林匹克主义的精神核心是积极快乐的生活哲学。奥林匹克运动强调人通过自我锻炼、主动参与，保持乐观的精神，而拥有健康的心灵和体魄。正如《奥林匹克宪章》中所阐述的："奥林匹克主义谋求体育运动与文化和教育相融合，创造一种以奋斗为乐、发挥良好榜样的教育作用并尊重基本公德原则为基础的生活方式。"

"尊重差异性"的文化内涵。奥运会是世界各民族文化交融互惠的现实平台，而多元创造、对话交往，是人文奥运的文化内涵。奥林匹克运动的性质决定了其文化的多元化，奥林匹克运动是一个动态发展的、开放的世界性文化体系，它需要大量地、不断地从世界各个民族的文化中汲取有益的养分，丰富自己的内容，在这里，古代与现代、东方与西方会聚一处，融为一体。正如国际奥委会 2000 年

　　[*]　本文选自《思想政治工作研究》2008 年第 8 期。

　　[**]　魏娜：中国人民大学人文奥运研究中心副主任，教授。王耀才：中国人民大学公共管理学院博士研究生。

委员会所提出的："奥林匹克运动所推崇的绝不是一种标准的现代化或文化的单一化，更非欧洲化或西方化，未来的奥林匹克运动须是多文化的又是跨文化的。"

"和而不同、同而不和"是中国文化的基本精神。"和"是指不同事物互相配合而达到的平衡状态，只有在"和"的状态下才能产生新事物；同时，又强调和而不同，强调事物之间的差异性和多样性，保持了事物的多样性也就保持了生机和活力。正是基于"和而不同、同而不和"的基本精神，奥运会为世界文化的交流和融合提供了最好的平台。

二、人文奥运与和谐社会共有的价值追求

1. 追求人的全面发展

两者都强调促进人的全面发展。人文奥运强调每个人的积极参与，在参与中获得身心的协调发展。同样，和谐社会的建设也强调以人为本，促进人的全面发展，党的十六届六中全会作出的《中共中央关于构建社会主义和谐社会若干重大问题的决定》指出，构建社会主义和谐社会，必须坚持以人为本，做到发展为了人民、发展依靠人民、发展成果由人民共享，促进人的全面发展。

2. 追求公正和公平

和谐社会可以从很多方面理解，但从社会学角度理解，和谐首先是公平与公正，包括文化公平、经济公平、政治平等和社会公正。公正公平正是人文奥运精神的体现，奥林匹克运动反对任何形式和种类的歧视（民族、政治、宗教、性别和年龄等）。公平竞争源于古希腊城邦统治下的"公平立法"的政治思想，古代奥运会则以它为最基本的价值尺度。公平公正的竞争是对运动员、教练员、裁判员等参与者的最基本要求，如果体育竞赛连起码的公平竞争都不能实现，就无法保证比赛的顺利进行，比赛结果也就没有什么意义，奥林匹克也就失去了生命力。

3. "和谐"是人文奥运与和谐社会的共同灵魂

现代奥林匹克运动与古代奥林匹克运动都把和谐作为追求的目标。在古希腊人看来，人的肉体与灵魂紧密相连，灵魂的美必须通过身体上的美得到体现，追求将健全的躯体寓于健全的灵魂之中。现代奥林匹克追求人的身心的和谐发展。正如《奥林匹克宪章》"基本原则"第三条中所指出的："奥林匹克主义的宗旨是使体育运动为人的和谐发展服务，以促进建立一个维护人的尊严的和平社会。"北京市 2005 年颁布的《人文奥运行动计划实施意见》也明确人文奥运的基本内涵包括：传播现代奥林匹克精神，展示中华民族灿烂文化，推动东西方文化的交流合作，促进人与自然、人与社会、人的精神与体魄的和谐发展。

三、人文奥运的推进对和谐社会建设的影响

2005 年 2 月 24 日，中共北京市委、北京市人民政府、首都文明委、北京奥组

委研究制定的《人文奥运行动计划实施意见》公布实施，与此相伴随的是北京乃至全国许多城市落实人文奥运理念的具体工作，这些具体工作推动了和谐社会的建设。主要体现在以下方面。

1. 城市文明程度的整体提升

城市文明形象与市民的素质和修养息息相关，也关乎人文奥运的成效与社会的和谐。为了进一步提升城市文明程度，我国政府与市民进行着不懈的努力，也取得了不小的成就。以北京为例，为落实《人文奥运行动计划实施意见》，以"礼仪北京、人文奥运"为主题的"首都文明礼仪宣传教育实践活动"在北京全面展开，每个月的 11 日是北京的"排队日"，每个月的 22 日是北京的"让座日"。这些活动都提升了城市文明程度。中国人民大学人文奥运研究中心日前发布的数据显示，北京市民公共文明素养整体水平呈上升趋势。2005—2006 年，乱扔垃圾和随地吐痰现象的发生率分别由 9.1% 和 8.4% 下降到 5.3% 和 4.9%。等车拥挤、行人横穿马路、闯红灯等现象也有大幅度下降。

2. 志愿精神的传播和志愿者队伍的壮大

志愿服务需要爱心、善心做基础，而爱心、善心是增进人与人之间的情感，增强社会人文和谐最好的保证。随着人文奥运行动的推广，志愿精神得以更快地传播。在问卷调查中发现，对于奥运会志愿者培训活动，56.1% 的被调查者表示"会积极参加"，21.3% 的被调查者表示"大家参加的话，自己也会参加"，20.4% 的被调查者表示要"视情况而定"，只有 2.2% 的被调查者表示"完全不愿意参加"。

"志愿者是城市最好的名片"。随着北京奥运会、残奥会的日益临近，"奉献、友爱、互助、进步"的志愿精神正在神州大地广为传播。为使更多的人了解志愿服务行动、参与志愿服务行动，2008 年 3 月上旬，中央文明办、民政部、北京奥组委等联合印发了《〈关于深入开展"迎奥运讲文明树新风志愿服务行动"的实施方案〉的通知》，对大力开展"迎奥运讲文明树新风志愿服务行动"作出部署。随着人文奥运行动的推广，志愿精神得到了广泛传播，北京奥运会的志愿者创下了历届奥运会之最。一是报名人数最多：赛会志愿者申请人超过 112 万，其中港澳台近 1.5 万、华侨华人 2.8 万、外国人 2.2 万。城市志愿者报名人数达 207 万。二是实际参加人数也最多：经过选拔将有 10 万赛会志愿者服务于奥运会和残奥会；40 万城市志愿者在 500 个城市服务站点提供信息咨询、应急服务、语言翻译等服务活动；同时还有大量的社会志愿者。由奥运会所推动的志愿服务的发展与志愿队伍的壮大是奥运会的重要成果之一。

3. 城市文化建设的进步

文化建设是促进和谐社会建设的一个重要方面，良好的文化环境有利于陶冶人们的情操，文化活动的开展可以增强人们的沟通，减少误会，把诱发矛盾的因素消灭在萌芽状态。

向世界展示中华民族悠久灿烂的历史文化是推动人文奥运工程的重要内容，2000—2002 年北京市投资 3.3 亿元，用于市级以上文物保护单位文物建筑抢险修缮，2003 年又开始实施为期五年的人文奥运文物保护计划，投入资金 6 亿元。据统计，2000—2007 年北京市政府共资助保护了 139 处市级以上文物保护单位，约占市级以上文物保护单位总数的 43%。涉及文物保护单位总面积 100 余万平方米，修缮面积达 47.5 万余平方米。北京作为全国的文化中心，社区文体、健身活动一向丰富多彩，为迎接 2008 年奥运会，各个社区又举办了一些和奥运会相关的活动，并贯彻"全民参与"的人文奥运精神，发动广大居民参与到文体、健身活动中来。人人参与健身，让体育走进万家；常常参与健身，让人们拥有健康；家家参与健身，让社区充满欢乐，已成为越来越多居民的共识。像东四街道广泛发动居民群众，开展了"千人抖空竹"、"千人打太极"、"千人学英语"等活动。东四街道六条居委会提出了"人人有组织，组织有活动，活动有特色"的社会活动理念，发动大家积极参与。

4. 社区环境的改善

由于历史的原因，很多小区私搭乱建现象严重，这些违法建筑大都侵占了公共设施、绿地、消防通道或占压地下管线等，给居民带来了不便，也常常导致居民之间的不和谐。近年，基层政府和社区居民委员会根据北京市 2008 环境指挥部办公室和区政府的统一要求，积极参与和推进北京奥运环境整治工程，极大地改善了社区的自然环境。近两年，奥运村地区开展了自然环境的各类整治活动，进行楼体、墙体的粉刷，投入大量资金进行部分道路的改造，对部分老旧小区进行集中整治，使社区的自然环境有了很大的改善。在"科学园"社区还设立了"环境义务监督员"，并且投入 800 万元的资金针对场馆周边地区进行专门的整治，使之成为"亮丽一条街"。

四、通过奥运会的举办，进一步推动和谐社会建设的构想

让民众共享奥运成果，奠定构建和谐社会的基础。奥运会是人民的奥运，奥运会的举办让以人为本的理念、关注民生的理念成为政府工作的指导思想。北京奥运无论是城市发展的硬件建设还是文化、服务等软件建设都体现了这一思想，成为构建和谐的首善之区的基础。筹办和举办奥运，改善民生，使民众共享奥运成果，是构建和谐社会的基础。

构建政府与社会、政府与人民的新型关系，是和谐社会构建的根本保障。进一步转变政府职能和管理方式，变包办代替、什么都管为简政放权，给企业和社会更多的发展空间；鼓励公民参与，为公民参与提供制度上的保障，变统管为协

管和共管。

　　倡导和谐价值、提升社会资本，是和谐社会稳定发展的精神基础。人文奥运对和谐社会构建的影响是长远的，奥林匹克运动所蕴涵的人自身的身心和谐、人与人之间关系的和谐、人与社会的和谐是一种有着深厚文化底蕴的价值观。社会的发展是建立在人与人之间信任的基础上的，也就是说，只有社会建立起基本的信任制度，社会资本才能增加，社会才能和谐发展。

第一章　人文奥运理念阐释

北京人文奥运的价值期待[*]

郑小九[**]

北京奥运会已经到了最后收获阶段，充分实现北京奥运会的社会价值，这是举办城市、举办国家以及奥林匹克运动的共同期待。全面认识北京奥运会的社会价值，保证北京奥运会的社会价值得以全面、深入、长久地实现，努力追求北京奥运会社会价值目标的最大化，无疑是一个非常值得关注的理论和实践课题。充分实现北京奥运会的社会价值是各方的共同期待，辛勤耕耘为的是丰硕的收获，我们精心筹备奥运就是要充分实现北京奥运会的社会价值。我们需要本着对奥运会举办城市和协办城市负责的精神，本着对国家发展和奥林匹克运动发展负责的精神，高度重视北京奥运会社会价值的实现问题。

一、充分实现奥运会的社会价值是举办城市的期待

根据《奥林匹克宪章》，奥运会是以城市为单位举办的。2008 年奥运会的举办城市是北京，另外还有青岛、沈阳、秦皇岛、天津、上海和香港作为协办城市。各个城市为奥运会的举办做了大量艰辛细致的努力，投入了巨大的人力、物力、财力，举办城市的人民期望通过奥运会的筹办，能够使自己的城市插上奥运的翅膀，在经济发展、环境质量、城市建设、市民素质等多方面实现质的飞跃，而决不希望像 1976 年蒙特利尔奥运会那样给市民带来沉重的债务负担。

充分实现奥运会的社会价值是举办国家的期待。尽管奥运会是以城市为单位举办的，但是，北京奥运会对于中国有着不寻常的意义。"百年奥运，中华圆梦"，现代奥林匹克运动一百多年的历史上中国是第一次举办，北京奥运会圆了中国人长达一个世纪的梦想。在多数人看来，并不仅仅是北京以及六个协办城市在举办奥运会，而是这些城市在代表整个中国举办奥运会。因此，对于北京奥运会社会价值的期待自然要超越城市的范围而上升到国家的层次上去，这些价值包括中国国际地位的提升、民族自豪感的激发、中国文化形象的展示、中国经济发展的推动等。

充分实现奥运会的社会价值也是奥林匹克运动的期待。20 世纪 70 年代，规模

---

[*] 本文选自《中国发展观察》2008 年第 8 期。

[**] 郑小九：中国人民大学人文奥运研究中心研究员。

越来越大的奥运会给举办城市带来巨大财政包袱的时候，奥运会一时之间成了无人问津的"丑小鸭"；而1984年美国洛杉矶奥运会成功实现商业化转折，给举办城市以及举办国带来了巨大的利益，奥运会摇身一变成了人们争相追逐的"白天鹅"。奥林匹克运动的这段历史告诉我们，奥运会对举办城市的社会价值越大，奥林匹克运动就越是生机勃勃，奥林匹克运动的吸引力也就越大；反之亦然。奥林匹克运动当然希望自身的社会价值能够得到最充分、最大化的实现，这样才有利于自己长期、稳定、健康地发展。

二、北京奥运会对于中国社会的价值

北京奥运会的社会价值大体上可以分为两个方面，一个方面是对于北京以至中国社会的价值，另一个方面是对于奥林匹克运动发展的价值。北京奥运会对中国社会的影响是全方位、综合性的，包括政治价值、经济价值、文化价值、教育价值、精神价值、环境价值等。就政治价值而言，改革开放以来中国的国际地位在不断提升，北京奥运会的成功举办也将是中国国际地位提升的重要标志。同时，北京奥运会也是中国进一步走向开放的标志，筹办北京奥运会将提升中国的开放形象。而且，中国举办奥运会的突出的政治价值在于，要在社会主义中国举办一届"有特色、高水平"的奥运会，充分显示出中国特色社会主义的优越性和生命力。就经济价值来说，北京奥运会将为中国带来巨大的商机与空前的发展机会。北京奥运会对北京市经济的影响主要表现在拉动投资需求、消费需求和扩大就业等方面。北京奥运会投入巨资用于交通、环境等基础设施建设，筹办奥运会创造了大量就业机会，世界各地不同文化、不同信仰的人会蜂拥而至，为举办城市和国家带来巨大的旅游收益。在文化价值方面，奥运会不仅仅是体育的盛会，更是文化的盛会，筹办北京奥运会必然会促进北京以至中国的文化进步。北京奥运会申办与筹办的过程正是奥林匹克文化的中国大传播的过程，北京奥运会给中国带来了向世界展示自己的重大机遇，促进中国与世界的文化交流，也将促进中国文化产业的发展。

在教育价值方面，奥林匹克运动强调体育与教育的结合，在北京奥运会的筹办中，教育被放在非常突出和重要的位置，通过开展丰富多彩、形式多样的活动，推动奥林匹克教育的发展，力争为奥林匹克运动留下宝贵的教育遗产。为此，2005年北京奥组委与教育部联合制定《"北京2008"中小学生奥林匹克教育计划》，共同启动了"建设和命名奥林匹克教育示范学校"的工作。

在体育价值方面，奥运会的体育价值、健康价值无疑是我们追求的基本价值之一。北京奥运会的筹办，对于我国大众体育的开展和公民健康意识的提升具有重要意义。我们要以北京奥运会的筹办为契机，处理好竞技体育与群众体育的关系，进一步推动全民健身计划，提升广大人民群众的身心健康水平。

在精神价值方面，奥林匹克运动具有巨大的精神价值，奥林匹克运动必然为中国社会注入新的活力，奥林匹克运动所倡导的积极健康的生活主张，必将对广大民众的思想观念产生积极的影响。北京奥运会的精神价值是多方面的，包括民族凝聚力的提升、文明素质的提高、开放观念的深入、健身意识的培养、竞争意识的激发、规则观念的养成等。

在环境价值方面，国际奥委会"督促举行奥林匹克运动会时有关机构对环境问题予以认真关注，鼓励奥林匹克运动对环境问题的认真关注并采取措施，教育一切与奥林匹克有关的人认识到可持续发展的重要性"。绿色奥运是北京奥运会三大理念之一，这既是对奥林匹克运动环保观念的忠实实践，更是解决中国当今日益严峻的环境难题的迫切要求。绿色奥运理念的实质是通过奥运会筹办过程中的环保举措的示范效应，引导整个中国社会的环保行动不断深入发展。

三、北京奥运会对奥林匹克运动发展的价值

人们在谈论北京奥运会的社会价值时，总是倾向于谈论它对于北京以至中国社会的价值，却忽略了它对奥林匹克运动发展的价值，这显然是不完整的。我们现在可以理直气壮地讲，北京奥运会的举办是中国对于奥林匹克运动所作的巨大贡献，其价值在于能够使奥林匹克运动更加充分地体现出世界性、开放性、文化多元性的追求，能够使奥林匹克运动得以广泛传扬，使奥林匹克运动的文化内涵更加丰富，北京奥运会由此将成为奥林匹克运动发展史上的一个巨大里程碑。

第一，北京奥运会的成功筹办对于奥林匹克运动的世界性、开放性具有强烈的象征意义。奥林匹克运动对于世界性、开放性和平等性有执著的追求，现代奥林匹克运动一百余年的历史就是不断追求世界性、日益走向国际化的历史。《奥林匹克宪章》指出："奥林匹克运动的象征是五个连环，奥林匹克运动的活动是全球性、持续性的。"现代奥林匹克运动创立至今已走过一百多年的历程，在这一百多年间，奥林匹克运动由雅典走向欧洲，由欧洲走向世界，规模越来越大，内容越来越丰富，竞技越来越精彩，交流活动越来越频繁。越来越多的国家和地区、越来越多的人正参与到这项运动中来，奥林匹克运动已成为当今世界上规模最大的文化盛会，其世界性、开放性和平等性日益深刻地显现出来。然而，我们现在还不能断言奥林匹克运动本身所追求的世界性、开放性和平等性已充分实现，只能说奥林匹克运动一直在朝着既定的宗旨、目标不懈奋斗，今天依然处在奋斗的路途中，以后需要走的路还很长，需要付出的努力还很多。奥林匹克运动的世界性、开放性和平等性之所以没有充分实现，是因为它在很大程度上是欧洲、北美的奥林匹克，奥林匹克走向世界性、开放性和平等性的步伐必须要有一个大的跨越。奥林匹克运动如果没有中国的充分参与，正如世界贸易组织若无中国参与一样，其世界性肯定是不完整的，其开放性和平等性也是必然要大打折扣的，北京奥运会的成功筹办一定会有助于奥林匹克运动实现世界性、开放性的跨越。

第二，北京奥运会的成功筹办对于奥林匹克运动体现文化多元性具有突出的示范意义。奥林匹克运动虽然是以西方文化为基础而孕育发展起来的，在其发展历程中也深深地打上了西方文化的烙印，但是，奥林匹克运动的文化追求是超越西方、面向世界的。现代奥运会从第一届至今，奥林匹克运动不断走向世界，越来越呈现出文化的多样性。正如国际奥委会所指出的，奥林匹克运动所推崇的绝不是一种标准的现代化或文化的单一化，更非欧洲化或西方化，未来的奥林匹克运动将是多文化的和跨文化的。国际奥委会要求奥运会举办期间所安排的文化活动计划必须包括"在奥林匹克村组织的象征人类文化普遍性和多样性的文化活动"。但是，我们必须看到，尽管奥林匹克运动追求文化多样性，但其文化多样性色彩并不浓厚。在实际举办过的总共25届夏季奥运会中，只有两届是在东方国家举办的，其余大都是在西方国家举办的。也就是说，奥林匹克运动主要是与西方文化结合在一起的，这与奥林匹克运动世界性的文化追求之间显然有很大的差距。中国文化在世界文化中有突出的地位和广泛深远的影响，奥林匹克运动如果没有实现与中国文化的充分结合，没有体现出中国文化的独特意义，其文化追求肯定是有缺憾的。2008年北京奥运会将充分实现中国文化与奥林匹克运动的融合，必将使奥林匹克运动的文化内涵更加丰富。

第三，北京奥运会的成功筹办对于普及奥林匹克运动、丰富奥林匹克运动的文化内涵具有不可替代的价值。从广泛普及奥林匹克运动的意义上说，中国是世界上最大的发展中国家，北京奥运会的筹办将使奥林匹克运动在奥运会的历史上得到前所未有的、空前巨大的传播。中国是世界上第一人口大国，国土面积仅次于俄罗斯和加拿大，能够在这样广阔的土地上、在这样庞大的人群中、在这样一个独特的文化环境中普及奥林匹克知识，弘扬奥林匹克精神，这对奥林匹克运动来说，无疑是一大幸事。从历史文化上讲，中国文化源远流长，博大精深，影响深远，能够赋予奥林匹克运动独特的精神内涵，对于丰富和完善奥林匹克运动具有重要价值。如中国文化有刚健有为的精神，这与奥林匹克格言"更快、更高、更强"的追求是一致的。同时，中国文化又有天人合一、崇尚和谐的精神，有恪守中道、注重柔静的一面，对各种关系的把握要遵从适度原则，主张刚柔相济、动静结合，这是对"更快、更高、更强"精神的校正，有助于奥林匹克运动达到更高的境界。

在促进北京奥运会社会价值实现的过程中，我们要牢固树立以人为本的观念，努力增进社会和谐，做到统筹全局，兼顾各方，平衡发展。为此，需要认真贯彻人文奥运这一核心理念，综合考虑北京奥运会的社会价值，着重处理好经济目标与非经济目标的关系、正面价值与负面价值的关系、近期目标和长期目标的关系、举办地与非举办地之间的关系等，努力追求奥运会相关各方的共赢，力争使奥林匹克运动、举办城市以至整个国家都从中受益，实现各方皆大欢喜的结局。

北京奥运会的精神诉求*

郑小九**

现代奥林匹克运动作为一项国际性的社会运动，在其一个多世纪的发展历程中，逐步培育出了非常丰富的精神内涵。北京奥运会在传承奥林匹克运动的精神主张的同时，赋予其更为深刻、更为独特的精神价值，对现代奥运、中国社会以及当今世界会产生重大影响。北京奥运会的精神诉求主要表现为如下方面：

一、伦理道德的提升

现代奥运的创始人顾拜旦期望以体育竞技的开展来提高人们的道德水平，《奥林匹克宪章》强调"尊重基本公德原则"，促进并鼓励弘扬体育运动的道德。

从伦理精神的意义上讲，北京奥运会首先是对中国德性文化的弘扬。中国文化是以明礼求善为旨趣的伦理型文化，伦理道德在中国社会环境中受到格外关注，已经渗透到中华民族的文化心理之中，成为中国文化的核心内容。道德修养被视为中国人立身处世的根本，如政治上讲的"为政以德"、文学上讲的"文以载道"、个人成长上讲的"孝悌为本"等。中国德性文化表现在体育活动方面，就是强调"君子之争"、"尚德不尚力"，如习武者讲"心偏拳不正"、"武德比山重，名利草芥轻"。同时，中国伦理道德呈现出整体主义的特色，注重民族、国家、社会乃至"天下"的整体利益，每个个体首先要考虑的是个人对群体的责任和义务，这对于主张"精英至上"、强调参与者"个人身份"的奥林匹克运动，对于西方个人主义，都会有积极的启示意义。

从道德实践上，北京奥运会着重于志愿行动与文明行动的开展。就志愿行动而言，奥运会是运动员的盛会，也是志愿者的盛会，北京奥运会组织起了奥运历史上最庞大的志愿者队伍，北京奥运会的志愿行动将是我国志愿行动发展历史上的一个里程碑。志愿精神的核心是关爱他人、奉献爱心、改良社会，这与奥林匹克运动建立美好世界的目标是一致的，与中国文化的仁爱精神以及"老吾老以及人之老，幼吾幼以及人之幼"的情感与胸怀是契合的。就文明行动而言，全国上

---

* 本文选自《光明日报》2008 年 7 月 8 日。

** 郑小九：中国人民大学人文奥运研究中心研究员。

下正在深入开展"迎奥运、讲文明、树新风"活动，就是要以筹办北京奥运会为契机，努力提高人民群众的文明素质与礼仪修养，以文质彬彬的礼仪形象展示在世人面前，无愧于"礼仪之邦"的称号。

二、人本精神的凸显

以人为本是科学发展观的核心，人本精神体现在北京奥运会的筹办中，就是要把北京奥运会办成人民的奥运会，"人民奥运"的思想与实践将使北京奥运会在奥林匹克运动的历史上写下光辉的一页。"人民奥运"的追求具有非常丰富的伦理内涵，体现了为人民服务这一社会主义道德规范的核心原则，是我国"人民体育"精神的弘扬。

奥运会不仅是属于体育精英的，也是属于普通大众的，需要实现精英奥运与大众奥运的平衡。大众关爱是奥林匹克运动的深切追求，现代奥运倡导"体育为大众"的思想，希望社会大众以优秀的奥运选手为榜样，从而达到身心和谐的目标。我国将以北京奥运会的筹办为契机，协调好竞技体育与群众体育的关系，进一步推动全民健身计划，提升广大人民群众的身心健康水平。

大众是奥运的主人，是奥运筹办的主力军，是奥运会成功举办的决定力量。北京奥运会把全民办奥运作为奥运筹办的一个基本方针，就是要突出大众参与的特色，鼓励和引导中国民众以丰富多样的形式积极参与到奥运会的筹办之中，努力在我们这个世界上人口最多的国家举办一届人民群众参与程度最广泛的奥运会。公众参与奥运的过程也是自身得以全面提升的过程：知识得以增长，视野不断扩大，身体更加健康，精神实现升华，形象日益改善。

三、和谐精神的展现

奥林匹克运动是改良现实社会、促进人的和谐发展、创造人类美好未来的一项国际性努力，有着非常丰富而崇高的和谐精神，具体包括身心和谐、人际和谐、国际和谐与天人和谐等。这些和谐追求是内含于奥林匹克运动的基本原则之中的，是对于奥林匹克主义、奥林匹克精神、奥林匹克宗旨等基本思想的高度概括。和谐是中国文化的灵魂，也是中国伦理精神的突出特征，北京奥运会秉承奥林匹克运动的和谐精神，同时弘扬中国文化的和谐传统，使之成为推动中国社会主义和谐社会建设的巨大力量。

在人与自然的关系上，中国伦理强调天人合一，要求人的活动应尊重自然界的规律，不能超越自然界本身的承载能力，破坏自然界的平衡，只有这样，自然界才能更好地为人类服务。正是基于奥林匹克运动的生态关怀以及中国文化中的天人合一观念，北京奥运会明确将"绿色奥运"确定为基本理念之一。

在国家与国家之间的关系上，中国伦理主张"协和万邦"、"为万世开太平"。

中华民族素有热爱和平、不尚武力、与其他民族友好相处的传统，今天我国在国际事务中倡导建设和谐世界，正是中华民族和平精神的历史延续。北京奥运会将弘扬中国文化与奥林匹克运动共有的和平追求，以"同一个世界，同一个梦想"为口号，努力为和谐世界的建立作出贡献。

在人与人的关系上，中国伦理主张"和为贵"；孔子讲"君子和而不同"，孟子讲"天时不如地利，地利不如人和"；我们通常也讲"和气生财"、"家和万事兴"、"远亲不如近邻"等，这些都是中国的人际和谐之道。北京奥运会已经向世界伸出了友谊的双手，正在谱写中外交流与友谊的新篇章。

在身体与精神的关系上，中国伦理推崇身心一体、神形兼备、文武双全，造就身心和谐发展的人，这与以实现人的体质、意志和精神的均衡发展为目标的奥林匹克主义是一致的。中国文化关于身心和谐的理念对于丰富和发展奥林匹克主义有着积极的意义。

四、多元文化的交融

现代奥林匹克运动从诞生之初就追求世界性，这一追求必然会涉及不同文化之间的关系问题，特别是西方文化与其他文化的关系问题，奥林匹克五环的不同色彩就是其世界多元文化的象征。中国传统儒家伦理所倡导的"和而不同"的主张，不仅是处理人与人之间关系的基本准则，也是协调文化与文化之间关系的根本立场，即文化与文化之间都是有差异的，而差异不是误解与对抗的理由，不同文化要相互尊重，求同存异，相互学习，和谐共存。这种理念对于引领奥林匹克运动进一步走向多元文化相互尊重、和谐共存、共同促进的未来，无疑具有重要的指导价值。

五、爱国精神的升华

爱国主义是中华民族的优良传统，是中华民族精神的核心，"祖国至上"是中国体育界的光荣传统。北京奥运会的举办必将增强人们对民族文化的自信心和自豪感，形成巨大的民族凝聚力，使中国人的爱国情怀升华到一个新的境界。

中国的奥运历程就是一部爱国主义的生动教材。1932年第10届奥运会在美国举行，东北大学学生刘长春断然拒绝伪满洲国的邀请，声明要代表自己的祖国参加洛杉矶奥运会，成为代表中国参加奥运会比赛的第一人；1958年，为了维护中国领土的统一和完整，为了抗议当时的国际奥委会坚持的"两个中国"的立场，中国奥委会宣布断绝与国际奥委会的关系；1979年中国回归奥林匹克大家庭之后，中国体育界在"祖国荣誉高于一切"的精神激励下，在奥运会赛场上争金夺银，一洗"东亚病夫"的耻辱；中国民众大力支持北京申办2008年奥运会，北京申奥成功的当天晚上参加欢庆活动的市民有百万之多；当北京奥运会火炬在全球传递过程中遇到一些阻挠和破坏时，海内外的中华儿女同仇敌忾，坚决捍卫祖国的尊严与奥林匹克火炬的神圣。

中国所倡导的爱国主义不是封闭的、狭隘的、排他的民族主义，它是与国际主义联系在一起的。在当今经济全球化的时代，在中国日益走向世界的条件下，中国的发展离不开与世界的联系。中国人越是热爱自己的国家，就越是要向世界敞开宽广的胸怀，通过奥运会来展示自己开放的气度与包容的胸襟。

第二章

人文奥运与文明建设

实践人文奥运　构建文明赛场[*]

实践人文奥运　构建文明赛场*

冯惠玲　李树旺**

　　奥运会是现代社会最为盛大的综合性体育赛会，其影响极为深远和广泛。在北京奥运会期间，北京将会聚来自世界各地的政界要员、商界名流、文体精英和体育爱好者，他们将与我国观众一起融入奥运赛场的热烈氛围中，共享这一盛会的每一个精彩瞬间和难忘时刻。因此，北京奥运会的赛场必将成为中国面向世界的一个"窗口"，体育观众的现场表现与文明状况将产生世界影响。因此，结合实际情况，加强对策措施，努力把北京奥运会的观众组织好、引导好、教育好、服务好，营造积极健康的赛场氛围，成为当前奥运筹备工作的一台重头戏。

一、"和谐"是文明的北京奥运会赛场的精神内涵

　　对于北京奥运会而言，奥运会赛场文化是由奥林匹克文化与人文奥运理念相互融合、相互补充形成的。和谐是二者相互融合的最佳结合点，是北京奥运会赛场文化的精神内核。和谐在北京奥运会赛场内可以从四个方面得到体现：安全、公正、人与人的和谐、人与环境的和谐。首先，一个和谐的赛场必须是一个人人安全的赛场，这是文明赛场的最低要求，很难想象一个经常出现观众相互踩踏、出现群死群伤事故的赛场是一个和谐的赛场；其次，和谐赛场应该是一个公正的赛场，运动员应该得到无差别的对待，体育观众也不要带着民族情结或偏见来对待比赛双方；再次，和谐赛场应该是一个人与人相互关怀、充满友爱的赛场；最后，和谐的赛场应该是一个人与环境和谐相处的赛场，污言秽语、乱丢垃圾等不文明的行为是破坏赛场和谐的主要表现。

二、赛场观众的群体特征与不文明行为的要因分析

　　根据对 2005 年南京第十届全运会篮球、足球、田径、皮划艇、马术比赛项目体育观众的问卷调查、现场观测和个案访谈，结合国内专家学者的研究成果，本

---

　　* 本文选自《前线》2007 年第 11 期。

　　** 冯惠玲：中国人民大学人文奥运研究中心主任，教授。李树旺：中国人民大学人文奥运研究中心副主任，副教授。

文按照体育观众观看比赛的动机，将奥运会观众大致分为：认同支持型、审美欣赏型、体验参与型、求知学习型、消遣娱乐型、明星崇拜型、宣泄型、破坏型八个类型。

认同支持型观众具有高涨的民族意识和爱国情感，立场坚定，旗帜鲜明，观赛时感情高度投入，能够烘托赛场热烈的气氛和高涨的情绪，使看台与比赛形成强大的互动效应。

审美欣赏型观众一般具有较高的文化修养和审美观，他们把观看奥运会比赛作为一个审美过程，通过观赛获得心灵上的愉悦与满足，精神得以净化与升华。

体验参与型观众对赛场气氛要求较高，有时甚至超过对比赛本身的兴趣，在热烈的赛场气氛中得到精神上的满足。

求知学习型观众把赛场看到的与自身经历和感受作对比，通过观看比赛学习先进的技术动作或战术安排。他们不仅为本国运动员或运动队助威，也为客队运动员的高超技巧和战术运用叫好，是比较理智型的观众。

消遣娱乐型观众主要是为了轻松打发闲暇时光，或是为了寻找一个合意的社交场合。他们在赛场的主导需求是娱乐和消遣，对结果及胜负兴趣不大，也不是某个运动员的崇拜者，没有强烈的归属感。

明星崇拜型观众主要以青少年为主。他们很在意自己喜爱的体育明星是否到场比赛、赛场上发挥得如何，乃至生活"秘闻"。

宣泄型观众热衷于追求激烈的竞技带来的强烈刺激，自我宣泄的欲望十分强烈。这类观众具有从众性和狂热性，在不良诱因的作用下易产生过激行为。

破坏型观众是具有明显的反社会行为和阴暗心态的极少数群体，他们对比赛不感兴趣，只不过是企图借赛场的特殊环境和气氛，利用赛场的偶然事件或观众的过激行为挑起事端，发泄对社会的不满。

由于奥运会比赛巨大的国际影响及其维系的强烈民族情结，主办奥运会势必引发国人对北京奥运会比赛成绩的热切期待。所以，中国体育观众将对有中国队参加的比赛注入极高的热情，认同支持型观众将是中国体育观众的绝对主体。另外，求知学习型、体验参与型、明星崇拜型观众也会占有相当的比例，成为北京奥运会体育赛场的忠实观众。消遣娱乐型、审美欣赏型观众的随意性较强，稳定性和持续性较差。

宣泄型、破坏型观众虽在我国体育观众中只占很小的比例，但由于其影响恶劣，是整顿奥运会赛场中应该特别引起警惕的一个群体，也是最需要深入研究、严格加以控制的群体。这类人群往往容易产生过激行为。过激行为是指在体育赛场的某种特定条件下，这些体育观众在一种不健康的反常心理支配下，所发生的违反道德规范甚至违犯法律的行为。引发过激行为的因素主要有四点：第一，过激行为源于一种错误的体育观念。一些观众把奥运会比赛胜负同国家利益、民族尊严简单挂钩，在本国运动员失利时容易发生情绪过激或行为过激；第二，赛场的偶发事件常常成为观众过激行为的导火索，例如，裁判的误判，队员的不文明行为等；第三，由于比赛结果不如意或赛场的偶发事件而产生挫折心态，并由此引起愤怒情绪和过激行为；第四，在狂热的环境中，一些观众失去了应有的约束力，在相互的情感互动中容易形成过激的集群行为。

三、构建北京奥运会文明赛场的对策建议

赛场礼仪是一种以约定俗成的方式对人示以尊重、友好的习惯做法，也是观众与比赛实现良性互动的一门艺术，所谓"行为心表，言为心声"是赛场礼仪表现的最好解释。赛场礼仪外在地表现为体育观众的仪表、仪容、言谈、举止等个体的规定性，内在地蕴涵着体育比赛向人们传递的行为规范、待人处事准则以及一种人生哲学。因此，构建北京奥运会文明赛场需要综合考虑赛场文化结构、体育观众特征、赛场不文明行为要因等诸多因素，认真从社会控制、赛场管理、文明观众的培养三方面着手。

1. 强化社会控制

北京奥运会赛场的社会控制包括硬控制（法律和制度）和软控制（信仰、舆论、宗教、道德）两种手段。强化奥运赛场的硬性控制是指尽快制定专门的法律法规，依法对体育赛场进行管理。从近几年国内治理赛场暴力的情况来看，各单项运动协会主要依据自己的"行规"来处理有关俱乐部或赛区组委会。这种行政措施对制止和惩罚少数破坏型观众在赛场上的暴力行为明显力不从心，只有依靠法律来规范赛场管理，才能有效地遏制北京奥运会期间的赛场暴力和其他违规行为。

强化软性控制要求在广泛传播奥林匹克精神和人文奥运理念的基础上，营造文明观赛的社会氛围，对体育观众进行社会道德、社会规范、体育修养的教育，提升他们对奥林匹克运动的认识，正确对待奥运会赛场的输赢胜败。

2. 完善赛场管理

赛场管理包括管理理念、管理体制、管理手段和赛场监控四方面内容。奥运会赛场观众是奥运会比赛这种精神文化产品的消费者。因此，在赛场管理理念层面要强调服务，在管理者与观众之间建立畅通的沟通和反馈机制，建立彼此沟通的桥梁。这是奥运会赛场管理的起点。

奥运会赛场的管理体制是在相关法律法规的基础上制定的、针对奥运会赛场的管理规定和控制体系。我国现行的赛场管理，特别是防范赛场暴力的管理模式比较单一，基本上依靠公安部门"孤军奋战"。但是，对于奥运会这种综合性的大型体育盛会而言，单纯依靠警力很可能难当其责。根据国外举办大型国际体育赛事的经验，北京奥运会的赛场管理应该是一个综合性的、多层次的管理防治体系，

如建立"警察—保安员—志愿者—观众自身"相结合的综合管理模式，各负其责，共同管理。

奥运会赛场观众的组织和管理是一门科学，也是一门艺术，应该在"营造和谐赛场"管理理念的指导下，对管理手段进行艺术化处理，对不同的比赛、不同的观众、不同的氛围施行不同的管理措施。例如，对于有强烈身体对抗的、观众期待较高的、观众感情投入程度较大的、观众间怀有较强敌意的、宣泄型和破坏型观众占有较高比例的、比赛双方有宿怨的或者两个国家或民族在某些领域存在争端的比赛，赛场管理的核心是预防和制止赛场暴力，保障赛场的安全。而对于那些评比类的、表演性的、审美型观众较多的、不存在身体对抗的比赛，则应依靠现场解说员、志愿者或其他媒介，重点向观众介绍比赛项目的欣赏点、欣赏方法、评分标准、观赛礼仪等知识，营造赛场和谐的氛围。此外，管理措施应体现适度的宽容，给予观众一定的正常宣泄空间，过分生硬的防范手段有时可能激化矛盾，引发观众与警方的对抗。对于轻度的过激行为主要是引导化解，只有对那些蓄意挑起事端的破坏型观众才给予严厉惩治。

营造和谐的赛场氛围是最有效的软性管理。有些观众，例如，消遣娱乐型观众和体验参与型观众，到奥运会赛场主要是体验赛场的独特氛围，参与赛场的娱乐活动。因此，在紧张激烈的赛事中间安排一些轻松的娱乐活动，既可以满足这些观众的消费需求，也可以张弛相济地调节赛场气氛，并借娱乐之机讲解欣赏这项比赛的要点，使赛场变得生动、热烈、轻松、有序。

另外，要完善奥运会赛场管理，先进的监控系统必不可少。例如在赛场不同的角度安装摄像机，并与先进的电子监控设备相连，能全面、准确、及时地反馈赛场现状，并及时作出判断，采取针对性的管理措施。

3. 培养北京奥运会赛场的文明观众

文明观众的内涵包括"素养"和"能力"两个方面。素养是观众文明观赛行为的内在基础，包括对奥林匹克精神的理解、必要的审美素养、基本的体育知识、一定的运动体验、良好的文明修养等。奥林匹克运动强调在体育比赛中蕴涵的人文精神，推崇在奋斗中体验到的乐趣和优秀榜样的教育价值，对奥林匹克精神内涵的理解，可以在意识层面为文明观赛打下基础。此外，基本的体育知识是观众看懂奥运会比赛的前提，必要的审美素养是观众欣赏奥运赛事，将自身融入比赛韵律之中的心理条件。

能力是内在素养的外现。奥运会赛场的文明观众还应具备与奥运会比赛、与赛场环境实现良性互动的能力。文明的赛场观众要懂得在什么时间、以何种方式、如何适度地与比赛实现良性互动。例如，在观赏网球比赛时，当运动员发了一个漂亮的 ace 球时，文明观众会以热烈的掌声表达对运动员精湛技艺的赞赏。但在比赛的相持阶段，他们又会比较绅士，随着球的轨迹发出惊讶、赞叹，这种"适时"、"适度"的掌声，可以烘托出文明、和谐的赛场环境。文明观赛礼仪不是在赛场上自然形成的，而是在社会平台上以多种方式对广大潜在观众进行不断教育、培养的结果。为此，需要有计划、有针对性地采取多种培养措施。

首先，应建立分工明确的组织机构体系。北京市政府和北京奥组委是观众培养的组织者，在社会动员方面做了积极有效的工作。北京奥组委及其职能部门是奥运观众组织和培养方案的制定者和实施者，要通过制定培养计划，编写、发行文明奥运观众必备知识手册等读物实现对观众培训工作的宏观指导。各企事业单位和民间组织具体落实体育观众的培训，要根据政府的文件精神和北京奥组委提供的方案，对本单位或社区的观众进行宣传和指导。其次，要加大力度动员报纸、电视、网络等大众传播媒介，为培养文明的赛场观众服务。可以利用征文、电视演讲、公益广告、漫画卡通等多种形式，向奥运观众讲解竞赛规则、观赛礼仪、心理期望、价值判断等知识，促进文明观赛的社会渗透。此外，还应充分动员机关、学校、企业、社区等各类社会组织，广泛开展丰富多彩的文明观赛培训，让观赛礼仪深入人心，转化为广大潜在观众的自觉行为。

4. 侧重赛场内核心观众群体的培养

北京奥运会的观众数量庞大，重点培养一支高素质的核心观众群体是一种事半功倍的策略。奥运会文明赛场需要着重做好以下四种类型的观众队伍建设。

专业型观众具有一定的体育基础知识，具备较高的欣赏体育比赛的能力。他们通常集中坐在同一片看台，与比赛过程有强烈的互动，因而对其他观众具有很强的带动、影响和榜样作用。

学生观众可能成为人数最多、最有活力的观赛生力军。北京奥运会正处于学生的暑假期间，根据奥林匹克教育计划，北京奥组委已经预留出售票总量14%（大约100万张）的低于10元的特殊定价门票，定向发售给青少年，学生观众将成为分布广泛、情绪激昂的观赛群体。

"亲友团"是由运动员故乡政府组织的观众群体。他们经常以巨大的横幅来表明自己的特殊身份，吸引赛场内观众的关注。他们对故乡运动员报以很高的热情和期待，具有强烈的偏爱倾向，虽人数不多，但对赛场的影响较大。

"旅游＋观赛"类型的观众是由单位或旅游团组织的特殊群体，在观众中占有一定的比例，在赛场内以群体形式出现。但由于内部成员结构和社会关系具有临时性、分散性等特点，这类观众群体的表现有很强的随机性和不确定性。借助学校、相关社团组织、旅游局等搞好组织、宣传、教育培训工作，改善各类核心观众群体的观赛表现，对于形成一个文明礼貌的观赛整体具有重要的辐射作用。

北京奥运与国民文明素质提升[*]

葛晨虹[**]

许多国家都把奥运会当作当今世界最重要的一种形象展示活动。但形象展示应该是全方位的，仅有城市景观标准还不够，城市景观必须和城市服务以及人这道景观共同构筑人文奥运的风景。北京奥运会将会给世人留下怎样的印象，公众的文明形象将起非常重要的作用。

一、奥林匹克运动的教育功能与国民文明素质的提高

现代奥运之父顾拜旦从创建奥林匹克运动起，就坚决反对把这一运动看成是纯粹的体育竞技运动。他明确指出："体育具有高度的教育价值，是人类追求完美的最重要因素之一。"他提出的奥林匹克主义最实质的内容就是体育与文化教育的结合。他在《致各国青少年运动员书》中说："奥林匹克主义能建立一所培养情操高尚与心灵纯洁的学校，也是发展体育耐力和力量的学校，但这必须在进行强化身体练习的同时不断加强荣誉观念和运动员大公无私精神的条件下才能做到。"可以说，他认为奥林匹克主义的基本功能就是社会教育，恢复现代奥运会的主要目的就是通过体育活动来教育广大青年。奥林匹克运动还企求通过和平友好、公平竞争的体育规则，培育起进取与和谐的世界秩序。《体育颂》这样赞颂奥林匹克运动："体育，你就是和平，你在各民族间建立愉快的联系……让全世界的青年学会相互尊重和学习，使不同民族特质成为高尚而和平竞赛的动力。"它为世界各民族和各国家树立了一个公平相待、宽容学习、和平友好的样本。奥林匹克运动在这个意义上，是世界人民通过体育盛会实践美好理想、传播和平理念、提高精神素质的最好的学校。

可见，奥林匹克不仅要促进人的健康发展，而且要教育、培养人的德性品质；奥林匹克精神的培育对象不仅是体育运动员，还包括所有民众。

因此，在这个意义上，培育公众文明素质一方面是直接为北京奥运和国家形象添彩，但我们又不能仅仅把目标锁定为奥运形象一时之需，它同时也是实践奥

---

[*] 本文选自《红旗文稿》2008 年第 14 期。
[**] 葛晨虹：中国人民大学人文奥运研究中心副主任，教授。

林匹克主义的宗旨理念，发挥奥林匹克运动教育功能的需要，培育公众素质本身就是举办奥运的题中应有之义，而抓国民文明素质更是中国发展的一个长期任务需要。

二、培养文明素质需把握的若干"意识"

近些年全社会上下一起努力，中国公众尤其是北京市民文明素质总体看有明显进步，对礼仪认知的问题已有了基本的解决，但以奥运会定位作为参照系，国民文明素质还存在一些不尽如人意的问题。有媒体曾列举了调查得出的北京市民的十个小毛病：随地吐痰、随手丢垃圾、没有排队习惯、乱穿马路、不爱惜公物、乱穿衣、缺乏微笑、没有说"对不起"的习惯、公共场所说话声气太粗大、规则意识淡等。当然国民文明素质存在的问题也许不是这十点能够完全概括的。无论是着眼于即将到来的北京奥运，还是着眼于中国发展软实力的长效目标，我们都必须注重对国民文明素质提高做持续不懈的努力。在目前普及文明礼仪知识初见成效的基础上，还应注重强化如下几方面素质意识。

第一，进一步强化形象塑造意识。文明形象塑造在任何时候都来自多方面：一个形象可能和视觉印象、听觉印象、嗅觉印象、感觉印象都相关！你的外在仪表塑造着你的形象，你的言行举止、为人处世的方式，更在塑造着你的形象。一些人会注意自己外在的仪表形象，但对自己的行为形象是否文明、是否符合社会公德要求不够注意。而人的文明素质形象指数往往取决于他的言行举止和行为选择。

第二，着力培养他人意识和礼让精神。他人意识和礼让精神是文明素质的核心所在。很多工作、生活中的不和谐和不文明都与缺乏他人意识有关。有境外媒体描述中国游客在景点拍照时缺乏"他人意识"，不注意"速战速决"。另如出行中的各种交通纠纷、宠物或噪音"扰邻"问题等也都与缺乏他人意识有关。如果我们都以自我为中心，缺乏他人意识，就不可能协调好人际关系，不可能使生活文明愉快和谐有序。如果人人多一点他人意识，生活中不和谐不文明现象就会少很多，且一个人心中处处存有他人意识，也才能在各种情境下做到自律礼让。所以，是否具有他人意识是衡量一个人是否教养有素的一个基准。

第三，注重涵养分寸意识和感悟能力。有了文明知识，一定要有举一反三的感悟应变能力。怎样为人处世才能体现我们教养有素？怎样的言行举止才算得体？"女士优先"、"长者为上"、"职位高者为上"如何变通？宴请客人如何既丰盛不失热情而又符合绿色饮食理念？中国酒文化如何与西方酒文化相融合？赠礼如何与对方生活习俗和文化背景相衔接？这一切都需要动用我们的分寸意识和感悟能力。文明教养的分寸感以及应变把握能力是在长期生活工作中日积月累养成的，如果我们只注重一些具体知识的了解，忽略文明教养的分寸感的培养，就不可能有真正的文明教养能力。

第四，刻意培训规则意识。很多人习惯把规则放在一边，视而不见，我行我素。要强化尊重规则、遵守规则的意识习惯，这是保证社会公共生活文明有序的基本前提。一些人没有养成遵守交通规则的习惯，这和他们规则意识比较淡漠相关。许多国家和城市的居民，在遵守公共生活规则方面，比如严格遵守交规、实行垃圾分类等方面，都有令人叹服的自律表现。而无论是中国公民境外旅游暴露出的问题，还是国内调研得出的结果，都表明部分中国人规则意识相对淡漠。所以在抓公共秩序的规则建立和管理的同时，一定要刻意培训国民尤其是青少年的规则意识。

第五，大力培育德性素质意识。许多人把文明素质理解为礼仪素质，有偏重礼仪知识而轻视德性素质打造的倾向。其实文明素质根本上更是一种德性品质的外在显现。在中国古代文化中"礼仪"概念和今天有所不同，"礼"和"仪"实际上是两个不同的概念。"礼"更多地体现一种道德内容，表达一种社会意识观念和价值取向。"仪"则更多地是"礼"的具体表现形式，它是根据"礼"的规定和内容所形成的一套系统而完整的程式和礼节形式。比如，礼要求敬长，但如何敬长，必须借助许多形式仪规来表现。不同的礼的内容，有不同的形式。"礼"是"仪"的标准、内涵，"仪"则将"礼"具体化、形式化。所以，人的文明气质必须和德性素质结合起来，内外统一，秀外慧中。

三、开发多元立体培育方式，提升国民文明素质

针对北京的一项调研表明，北京市民的礼仪知识知晓率已高达90%，但礼仪知识水平不完全等于礼仪素质水平。注重文明礼仪知识的宣传教育，忽略日常生活方式的引导培养，可以说是我们文明素质培育方式中一个从认识到实践的缺憾。解决知行距离，在继续进行宣传普及教育的同时，还应注重日常生活养成，注重开发新的更多元立体的社会培育资源和方式。

第一，注重日常生活中的引导培育。人的行为习惯首先是在日常生活中形成，具有文明生活方式和行为习惯的人，在公德领域和职业领域会表现出他的文明习惯，而在不文明的日常生活中养成不文明行为习惯的人，在公德领域和职业领域往往也会表现出相应的不文明方式。所以，解决公德领域的文明失范问题，必须找到根源所在，即日常生活的文明习惯养成。

现代城市人们日常生活主要落在社区生活中。社区是不该忽略的培育人们文明生活方式的最基本场所。社区不仅是居民生活的主要场所，也是居民文明行为习惯和文明生活方式赖以养成的平台。如果一些居住区有些居民随地吐痰、乱扔垃圾、乱占场地、噪音扰邻、不讲究卫生、利己损人等现象比较严重，身处这种

不文明、不卫生、不讲公德的生活环境中的居民，自身难以养成文明行为习惯，也会影响其他居民文明生活习惯的养成。不良环境会给人们以消极的暗示作用，如果我们不在社区文明生活方式管理和引导方面下工夫，居民的文明生活习惯就很难养成，而在日常生活中如果不能养成文明生活习惯和行为习惯，在社会生活中的其他方面如公共生活中，就不可能期望人们文明素质水平在短时间内有相应改观。相对文明生活方式规导而言，目前许多社区在管理理念、队伍建设、制度建设、管理方式以及社会评估体系等方面都还存在明显缺弱。

城市居民是这样，农村居民也是同样道理，从生活方式引导改变着手，通过有效的管理和文明生活方式的引导、建设，使居民在日常生活中不知不觉接受并养成文明生活方式，改变、远离不文明的行为习惯，这可能是我们目前有效提高公众文明素质的一种新的思路。

第二，重点开发公众明星在社会文明素质教育中的作用。"公众明星"或"公众人物"指具有较高社会影响力或知名度的人物。这个群体对社会有不同于一般民众的影响力，是一笔影响社会风气的丰富"无形资产"，在社会文明教育中也有非常重要的价值。文明教养如果成为公众明星社会形象中的重要要素，必会引导大众尤其是追星族对文明素质的关注认可，使之成为大众追随的对象和时尚选择。目前社会对公众明星的商用价值和社会新闻价值都有了充分意识和利用，但对于其在社会教育方面尤其是在文明素质和风气培育上的影响价值还没有充分认识到。应该更有效开发社会明星效应资源，让它在影响社会塑造文明方面发挥更多更有利的作用。媒体等相关平台也应该有意识地更多发掘和运用公众明星的文明影响资源，相关系统和部门还应建立起相应的激励机制和公众明星承担社会责任的引导机制，以此规导公众人物的社会影响力资源，向有利于文明素质和文明风气培育方面发展，使公众明星群体在发挥他们独特的艺术价值、商用价值、新闻价值的同时，更多地发挥文明素质的引导教育作用。

第三，以管促教，向管理要国民文明素质。解决国民文明素质方面的知行距离问题，在现阶段要注重加强管理环境的建设，改变某些"有规则无管理"的现象。管理可以在当下快速扭转或消除人们的违规行为，人们往往惧怕违规带来的责罚从而遵守规则。责罚措施还能够发挥有效的威慑作用，在预防违规方面取得显著效果。在规范管理中，人们切身感受到遵守规则于己于人有利，不遵守规则得不偿失，这样才能在日常管理的潜移默化中养成遵守规则和文明的行为习惯。管理首先要做到细化规则，只有细化明确，才能为人们提供切实可行的规导；要注意提升管理者素质，明确责任追究，许多国家的严格管理之所以能得到落实，很大程度上是由于拥有一支责罚严明的管理队伍；还要加强社会监督管理，建立"文明"档案，有效、长效地规导人们选择文明素质；要特别注意建立管理式教育的养成机制：许多国家都非常注重使孩子从小养成文明习惯的管理式教育，采用了寓教育于管理的体制，学校有内容繁多的校纪校规，如通过统一服装、统一零用钱数额规定，可以培养平等相处的心态习惯，外出活动中对零用钱"谁花得最好"进行评估比赛，引导孩子们合理花钱，文明花钱。这种融管理于教育的体制，利用管理手段保证文明素质教育受制于各种生活实践指导，以使德性的文明教育不流于说教。

文明素质需要培育*

冯惠玲　葛晨虹**

　　北京是中国形象展示的窗口，北京市民礼仪文明素质形象对奥运形象将起到非常重要的作用。经过近年全社会的共同努力，城市文明程度和市民文明素质总体来说是不断进步，北京市民的礼仪知识知晓率、认可率已高达 90%，礼仪认知问题得到了基本解决。但在许多领域仍存在不尽如人意的方面，尤其参照 2008 北京奥运会的要求，我们在提升市民文明礼仪素质方面，成效还不够到位。

　　目前面临的任务和难点，一是时间紧，任务重，面临 2008 年，北京市民文明礼仪素质提升需要有更明显的成效。二是市民素质培育主要是运用宣传和培训教育方式，仍存在一定的单一化特点，需要探索并实施更立体、更多元、更有效的培育方式。

一、开发社区对市民文明素质的培育功能

　　许多调研指出，市民文明素质的"重灾区"表现在公德领域，公德领域文明素质不到位的根源在于市民文明礼仪素质和行为习惯不到位。究竟是什么造成市民文明或不文明的素质习惯？是他们的日常生活！具有文明生活方式和行为习惯的人，在公德领域和职业领域会表现出自然的文明习惯，而在不文明的日常生活中养成不文明行为习惯的人，在公德领域和职业领域也会表现出相应的不文明方式。目前人们的日常生活主要落在社区生活中，在这个意义上，社区是培育市民文明生活方式的最基础的场所。

　　从社区着手，通过有效的社区管理和文明生活方式引导、建设，使居民在社区的日常生活中不知不觉接受、养成文明生活方式，改变、远离不文明行为习惯，这是目前提高北京市民文明素质的一种新的培育思路。

　　在文明生活方式中，学习养成文明心态和行为习惯。从市民职业生活、社会公共生活以及社区（家庭）生活三大领域来看，对市民生活方式影响最大的不是

---

　　* 本文选自《北京观察》2008 年第 4 期。
　　** 冯惠玲：中国人民大学人文奥运研究中心主任，教授。葛晨虹：中国人民大学人文奥运研究中心副主任，教授。

职业单位，也不是公共场所，而是市民在社区的日常生活。单位和公共场所对市民生活方式及行为习惯虽有一定影响，但单位对人的影响主要在职业工作方面，而相对公共场所而言，市民的身份、角色以及公共生活又多是临时或随机的。显然，市民心理习惯和行为方式形成并定型，是在社区的日常生活中，社区的文明程度及其管理水平，在很大程度上塑造着市民的文明水平和行为方式，文明社区是培育市民文明生活方式的基地和摇篮。

社区必须承担起塑造居民文明生活方式的重任。社区必须通过制度建设和生活管理，直接或间接地改造居民的不文明生活方式，如不讲卫生，乱堆放杂物，不遵守社区规则，与邻里不能友好相处，缺乏他人意识，缺乏社区奉献精神等等，引导居民接受并追求健康、文明的生活方式。在这方面，武汉百步亭社区在短时期内有效培育了百步亭居民文明的生活方式和行为习惯，成为荣获首届"中国人居环境范例奖"的唯一社区。这里的居民具有强烈的规则意识，言行文明，从拄杖老人到学步孩童，几乎每个人都注意保护环境卫生，瓜子壳会放在塑料袋里，烟头会丢在垃圾箱中，看到社区内的零星杂物也一定会捡起收拾到垃圾箱内。这里的居民邻里之间关系和谐，充满关爱，生活方式文明健康。百步亭社区的居民文明生活方式和行为习惯主要来自社区卓有成效的全方位管理。

北京文明礼仪教育和社区文明建设取得了很大成就，但在社区管理和居民社区生活方式中，还存在一些问题。主要表现在环境卫生、公共秩序和文明礼貌三个方面。

在环境卫生方面，随地吐痰、乱扔垃圾、宠物粪便问题仍然是社区环境文明方面的顽疾；在公共秩序方面，一些社区乱堆杂物、噪音扰民等不文明现象仍比较严重；在文明礼貌方面，一些居民缺乏文明的礼仪素养和言行习惯。其他如衣着不得体、缺乏他人意识和规则意识等现象也比较严重。

身处这种不文明、不守秩序的社区生活方式中的居民，自身很难养成文明行为习惯。美国政治学家威尔逊和犯罪学家凯林曾提出有名的"破窗理论"：如果有人打坏一栋建筑的一块玻璃，又没有及时修好，别人就可能受到某些暗示性的纵容，去打碎更多的玻璃。"破窗理论"体现的是一种社会生活和道德教育中的不良环境的消极暗示作用。如果我们不在社区文明生活方式的管理和引导方面下工夫，居民文明生活习惯就很难养成。如果日常生活中不能养成良好的生活和行为习惯，在社会生活的其他方面也就不可能期望市民文明素质水平有彻底改观。

二、社区管理中的问题及对策

一是社区建设理念和管理不到位。在管理理念上，许多社区还停留在为居民提供物质居住空间的层次上，没有承担起社区应有的多方面社会功能。表现在社区家园建设上，重物质家园建设轻精神家园建设；在精神家园建设中用文化建设代替心灵家园建设；重楼房建造、设施配备以及商业性管理和服务等硬件方面建设，对社区文明生活方式、伦理关怀以及情感凝聚方面关注不够。在这种理念指导下进行社区管理，不可能在给居民提供好的居住环境的同时，带给他们一种文明生活方式和生活品质。

对策：发挥社区培育市民文明素质的功能，进一步树立"以人为本"和"双重家园"管理理念，让居民真正视社区为家，增强主人翁责任感，自觉建设维护生活环境的文明秩序，自觉改进生活方式和行为习惯，从而实现自身文明素质的提高。

二是社区缺乏一支高素质、有责任、能战斗的管理队伍。许多社区管理者队伍不能适应新形势下加强社区管理、建设文明社区、培育社区居民文明礼仪素质的需要。他们面对日益复杂的社区管理工作往往力不从心，管理者"不作为"的现象在一些社区比较严重，由于责权不明确使管理者不能完全进入角色，以致在社区各个管理环节上常常出现管理空场。

对策：建设高素质、有作为的管理队伍。抓社区管理，首先要抓管理者队伍。要选择有"作为"的管理者来管理社区，只有这样，才可能推动社区管理走向规范，从而为提高社区管理水平和居民文明礼仪素质奠定组织基础。

三是社区管理制度不健全，不同程度地存在管理不文明行为"无法可依"的局面。尤其是有关文明社区管理和居民文明生活方式管理的规章制度未能及时建立健全，以致许多社区管理者面对不文明行为"无法可依"，最后只好不了了之。比如对于乱占公共用地在楼道乱堆乱放行为，有些社区管理者由于找不到管理制度依据而只好听之任之。这些问题直接导致居民不文明的行为习惯和生活方式的形成。

对策：建立健全社区文明生活方式管理制度。把引导社区居民文明生活方式的目标用制度形式固定下来，使社区管理的各个环节落到实处，通过社区日常管理规范居民行为，使社区居民养成文明行为习惯和生活方式。

四是相关社区评估指标体系未凸显对居民文明生活方式的考评引导。各级文明社区的评价标准存在重物质标准轻精神标准、重硬件建设轻软件建设、重外部环境建设轻人心环境建设的指标设定倾向，没有体现对社区居民文明生活方式的指标引导，因而难以发挥塑造居民文明礼仪素质的导向作用。

对策：进一步完善社区评估体系，发挥评估指标对居民文明生活方式的导向作用。

三、开发公众明星在市民文明礼仪教育中的作用

"公众明星"泛指具有社会影响力或知名度，并与社会公共利益密切相关的人物，也可称作"公众人物"。公众人物的言行对社会有着不同于一般民众的影响

力。公众人物在整个社会文明礼仪教育中有非常重要的价值，是一笔非常丰富的"无形资产"。

公众明星的社会影响力。公众明星往往是社会精神文化的代表，是社会的精神品牌。文明素质作为构成社会正面形象的重要方面，如果受到公众明星的重视，必然会引起大众尤其是追星族对文明礼仪素质的关注，从而使提高文明礼仪素质成为大众的选择。因此，明星的社会价值在文明礼仪教育过程中具有非常重要的作用。

公众明星教育价值利用方面存在的问题。基于明星本身的特点和公众对待明星的态度，公众明星有着非常重要的商用价值、教育价值和社会新闻价值。应该看到，明星们不仅只是时尚和物质生活方式的代表，还应该是文明形象的代表和道德的榜样。虽然公众明星群体身上存在着巨大的教育资源和教育价值，但目前全社会对于明星的教育价值尤其是对文明礼仪素质影响的价值，还没有真正认识到。作为大众舆论导向的媒体对明星在文明礼仪教育中的价值的认识也比较模糊，还没有将这种认识上升到自觉的水平。在目前迎接奥运的特殊时期，完全可以重点开发明星群体对公众在文明礼仪素质方面的教育和影响，有许多有很强社会责任感的明星活跃在社会公益事业当中。社会以及相关政府部门应该对公众明星的公共生活进行必要调控，即有意识地运用公众人物这种社会资源，比如，建立起相关的机制，约束或激励公众明星，使更多的明星加入到公益事业中来，将明星自发、被动地参与公益活动变为自觉的行为，从而使公众明星的正面教育作用得到更有效的运用和发挥。

四、在管理中提高市民文明素质

社会管理对于社会生活非常重要。社会管理在保障社会秩序的同时，也在塑造培养着公民的素质和习惯。

通过管理培育公民的规则意识。要真正解决市民文明素质方面的"知而不行"问题，在现阶段要加强"硬"环境建设。要改变某些方面"有规则无管理"的现象，使每个市民切身感受到遵守规则于己于人有利，不遵守规则得不偿失，从而在日常管理的潜移默化中养成遵守规则和文明行为的习惯，最终从内心深处培养出公德意识、文明心态，做一个自觉遵守社会规则和文明礼仪的公民。

严格管理和落实责罚措施。严明的责罚措施可以在当下快速扭转或消除人们的违规行为，还可以发挥有效的威慑作用，在预防违规方面取得显著效果。以乘车自觉购票为例，在德国的公交车里醒目张贴着告示，写明逃票行为将会被罚款30欧元，这是最低票价的几十倍，且还将产生不良记录。在新加坡如随地吐痰最高可罚款1 000新元，乱停车最高罚款1 000新元，乱丢垃圾罚款1 000新元，入公厕不冲水，初犯罚150新元，再犯罚500新元……种种高额罚款使人们轻易不敢以身试法，此外还有鞭刑等其他严厉责罚形式。

提升管理者素质，明确责任追究。规则制定出来后，能否取得预期效果，很大程度上取决于管理者管理理念和能力的高低。许多国家严格的管理之所以能得到落实，起到应有的威慑作用，很大程度上是由于拥有一支严明责任的管理者队伍。管理者自身只有首先确立起"规则权威不可侵犯"的刚性意识，同时注意对违反者加以纠正提醒，才能起到以罚止犯、以罚促改的效果。

加强社会监督管理，建立"文明"档案。管理者再严格管理，也会百密一疏，且管理本身也存在一定的局限。只有发挥社会监督力量，建立一个更大更长期的约束空间，才能更有效防止不文明行为的产生，引导人们提高文明素质。许多国家对公民采取个人档案制度管理，这项制度在欧美发达国家已有150多年历史。档案中记录的材料在人员招聘、发放贷款、注册公司、市场交易时都要被调阅参考，不良记录者经常为此付出沉重代价，因此这些国家的公民自然将档案记录视为自己的第二生命。由于个人档案是社会和他人认识、评价自身的重要依据，因此它对个人行为的约束和规范就是长期有效的，一旦留有不良记录，个人要为此付出很大代价。

建立管理式教育的养成机制。养成文明素质，仅凭说教式教育不够，必须将管理纳入到教育中去，建立"管理式教育"的养成机制。以青少年教育为例。如日本学校有统一服装的要求，对学生零用钱数额也明确统一规定，从而养成平等相处的心态习惯，外出活动中比赛谁的零用钱花得最好，这种评估比赛可引导孩子们合理花钱，文明花钱。这种道德教育管理体制，利用管理手段保证文明素质教育严格受制于各种生活实践指导，保证道德教育不流于说教。与新加坡比较严厉的法纪教育不同，韩国更注重在日常生活中进行潜移默化的教育，使学生耳濡目染，深受其益。

北京市民公共行为文明指数研究的主导观念[*]

——兼说民族性建设

沙莲香^{**}

一、引子——对项目的问题意识

作为首都精神文明办的委托调查项目，最先考虑的是研究范围和问题的可操作性。考虑的依据有两个方面，一是精神文明建设的社会意义，就是和谐社会建设中的文化建设，二是精神文明建设的社会心理意义，即和谐社会建设中的民族性建设。而这两个方面是分不开的，是互为里表、相互促进的一体，是文化与人的关系问题，二者都在人的社会心理与社会行为表现中得到体现。

基于这两个方面一体性的考虑，再去思考研究范围及其可操作性的时候，就需要将抽象的广大范围的精神文明现象步步转换为具体的载体承担者及其可操作的研究。

首先，把"精神文明"转换为市民公共文明，具体到公共生活领域中的市民文明现象：公共生活在整个社会生活中越来越被凸显、被重视，公共生活在北京和其他大城市上海、广州甚至中小城市以不曾有过的速度，向纵深扩大与发展，从而可以说，这个领域的精神文明建设从来没有像今天这样重要和有意义，也从来没有像今天这样迫使人们重新学习以往不曾有过的公共生活经验与知识；而北京奥运会的到来，不仅需要北京市民公共文明素养的提高，而且为市民公共文明素养的提升提供了良机；对于北京市民而言，北京奥运会不仅是一种光荣，而且是一种责任。

其次，将市民公共文明再转换为市民公共行为的具体表现即行动，当把市民公共文明落在市民公共行动层面时，市民是公共行动者，这样一来，就有了可以用来揭示行为主体特性的观念和步骤，因为，"行动者"是"行为"的载体，同时又是行为"意义"的负荷者。行为隐含着某种意义，即行为的追求动因、目标与手段等内在设定和价值选择，隐含在行为的背后，借助于"行动者"体现（或叫实现或叫落实）。由此，项目研究在把市民公共文明作为精神文明的次级概念之后，还有必要找到市民公共文明以及精神文明借以实现、落实的公共文明行动或行为表现。

---

　　* 本文选自《中国农业大学学报》（社会科学版）第 24 卷第 1 期，2007 年 3 月。

　　** 沙莲香：中国人民大学人文奥运研究中心研究员，教授。

项目研究采用了问卷和实地观察两种相互映照、相互补充的调查方法。[①]

1. 公共行为指标体系

就市民公共行为表现而言，不论在生活经验方面还是项目组以前关于市民心理与行为的多次研究结果方面[②]，都可以用"数以千计"形容，这就要求本次项目研究从"数以千计"之中提炼并归纳出"普遍性"、"关键性"的公共行为举止，并形成具有内部联系的体系。项目组把这个指标体系构建的重心置放在构成要素及其相互关系的思考与选取上，最后确定 5 个一级指标、19 个二级指标（见表 1），47 个具体指标。

表 1   指标体系

	一级指标	二级指标
公共行为	公共卫生 A	A1 随便扔垃圾 A2 随便吐痰 A3 找不易被发现的地方扔垃圾 A4 找不易被发现的地方吐痰 A5 宠物粪便处理方式
	公共秩序 B	B1 闯红灯、穿行马路 B2 公共场所拥挤 B3 公共场所保持安静不喧哗
	公共交往 C	C1 公共场所着装和仪容整洁 C2 得到帮助或服务时表达谢意 C3 向陌生人提供帮助 C4 善待他人
	公共观赏 D	D1 准时进场退场 D2 手机保持静音 D3 静心观赏 D4 适时掌声鼓励
	公共参与 E	E1 公共参与意识 E2 公共参与行为 E3 公共参与建议

2. 公共行为指标体系的整体性

从上述指标体系构成可以看出，一级指标有 5 个部分：A 公共卫生、B 公共秩序、C 公共交往、D 公共观赏、E 公共参与，5 个构成部分处于不同的层级，其权重所含意义和分值是逐级上升地分布。

在 5 个一级指标概念中，公共卫生与公共秩序更多地表现为物理空间的物理行为，给人以直观的顿时感受，常常受到社会管理上的规制；公共交往与公共观赏

---

① 问卷调查是由中国人民大学社会心理学研究所沙莲香教授具体负责，实地观察研究由中国人民大学社会心理学研究所廖菲博士负责。

② 人大社会心理学研究所在北京奥运会成功申办之后，连续进行了"北京人文环境"的项目研究（2002—2003 年，人大人文奥运中心项目）、危机事件与民众心理的项目研究（2003—2006 年，教育部博士点项目）、对北京奥运会社会期待与社会心理的研究（2005—2008 年，国家社科基金重点项目）等。

更多地表现在人文空间的符号行为和内在审美，体现主体的内在涵养与心理品质，这方面行为管理主要通过主体的自行管理实现；公共参与更多地体现主体对于公共文明的自觉与笃行的行为特点，是前四者素养的综合、认同和提升，主要通过主体不仅对自己同时又对他人和社会的责任实践来实现。

可见，5 个一级指标所涵盖的行为表现及其意义是一个整体，只是从不同的侧面考虑和评价某种公共生活中的公共行为表现、人们作为公共行动者的行动特点，比如球赛场所的观众表现，既可以从公共卫生侧面考虑和评价观众的行为表现，又可以从公共秩序、公共交往、公共观赏、公共参与侧面考虑和评价观众的行为表现，区别在于有的人群在某个方面的表现突出，有的人群在其他方面表现突出。

3. 公共行为文明指数及其数值的确立

指数是一种测量工具。指数可以测量一组相关变量在时间上的升降变化状态，最重要的是可以把一组或多组数字还原到同一基础上，作为日后变化的基准，就是说，可以把日后出现变化的一组或多组数字放在"指数"这个共有基准上进行变化程度比较。指数的突出特点在于容易比较，易于人们对变化状况的把握，易于预测和决策。

指数通过调查获得数据。调查的内容就是指数据以形成的指标体系。指标体系由一套相互关联又相互区别的问题构成；权重把一组不同的指标联系起来构成统一的又可比较的指标。

指数是按照综合加权法由单项变量指数、层面指数、总指数合成得到的。在确立指数数值的过程中，项目研究共进行了三次问卷调查。调查以北京市民为对象，除了在籍北京人，还包括在北京务工的"农民工"，也包括在京两年以上的外籍人士，而实地观察又包括了外地来北京旅游、观光等流动"市民"。这样做，既符合北京目前人口构成和人口流动的特点，也符合北京人口发展趋势，亦有利于问卷结果的讨论和建议，有利于北京公共文明建设和文化建设。

确立指数数值的问卷调查从 2005 年 11 月初至 2006 年 5 月，共进行了三次。第一次问卷调查是被调查者对自己公共行为表现的自我态度和评价（简称主评），第二次问卷调查是被调查者对他人公共行为表现的社会态度和评价（简称客评），第三次问卷调查是生活在北京两年以上的外籍人士对北京市民公共行为表现的社会态度和评价（亦属客评）。项目研究对三次问卷调查结果进行讨论和比较，最后以第二次客评数值作为总指数的基数，总指数数值定为 65[①]，这个数值参照了主评和外籍人士客评的结果数值，也参照了实地观察中的观察数值。这就为以后的调

[①] 项目调查结果统计由本校社会与人口学院博士生姜磊、丁建略和周秀平执行，指数计算与问卷调查及结果的信度、效度检验由本校信息学院博士生刘颖执行，在这个数值确立的背后，还有由多学科组成的专业组工作，有其他博士生、硕士生参与许多工作，他们的工作才是这个指数研究的关键，他们用数字和数字背后的层层关联性，步步披露了指数的实际面目。

查奠定了基准。项目组对三次样本的性别、年龄结构与北京市民的性别、年龄结构进行卡方检验，在 0.05 水平上分别显著，样本具有代表性；项目研究通过 Cronbach α 系数检验以及问卷题目的逻辑可靠性分析和因子分析，验证了问卷的信度及效度良好，表明问卷结果可靠。一年后做了跟踪调查，公共文明指数数值在总体上提高了三个分值，其中，公共卫生和公共秩序各自提高了八个分值，其余公共交往、公共观赏、公共参与三项有小幅提升，这个结果数据表明指标体系构成有利于了解市民对公共行动薄弱环节的关注和态度转变，有利于社会志愿者社会效用的发挥，有利于社会管理和社会动员。这种带有凸显性的不均衡性的提升，在今后的一段时间里仍然会出现，甚至不排除较大幅度提升之后会有小幅反复的可能，而反复所引起的社会关注与社会矫正，同样是进步趋势中的积极力量，促使公共文明水平全面和健康地提升。

二、文明指数研究中的理论问题

这里的理论问题主要指项目研究中提出的"问题"需要我们给予理论回应。

1. 公共生活的公民社会理论问题

市民公共行为指标体系赖以建立的理论基础，是首先应该解决的理论问题。前面提到项目研究将调查主题的外延限定在市民"公共行动"上，被调查者是被赋予了"意义、价值"的"公共行动者"，于是，公共行动者成为项目研究的论证单元，从行动者着手论证指标体系构成的立论原由。从人的基本性质看，项目研究中的公共行动者是生物与生理的，同时是社会与制度、文化与价值的；在这些不同的生存、生命、衍生、承袭诸规定要素面前，行动者是被规定、被赋予的，但在同时，他们对"规定"、对"赋予"又反过来起回应与创生的作用；他们以某种时空为生命场景，与场景中其他行动者相互往来，相互推动，孤零零的行动者是没有的。公共行动者的基本特点是公共生活成员之间存在着相互依存、相互牵制和相互推动的关系，这种关系起作用的结果就是公共行动的某种文明状态与某种文明水平的出现。就是说，公共行动的文明状态与文明水平是在公共生活成员的相互关系中得到的。公共行动者对公共空间不仅有着依存关系，而且还在客观上再造公共空间。因此，当问卷设计把"问题"限定在"公共"空间时，就必须找到这个空间特点，这样，才能把行动者背后的本质剥离出来。

从帕森斯的社会行为理论到哈贝马斯的交往行动理论以及达伦多夫等人的公民理论，都勾勒过公共生活空间。美国托马斯·雅诺斯基公民理论中的公共空间构成理论以及对公民责任的诉诸，更有利于本研究的分析。雅诺斯基 1998 年出版的《公民与文明社会》一书中综合了上世纪后期一些学者的研究，分析文明社会的四种空间及其相互关系，如图 1 所示。雅诺斯基的图式与哈贝马斯的生活世界构成酷似，但在哈贝马斯的交往行动理论中四个领域是相互分离的，雅诺斯基将公民社会的公众领域与家庭等私人领域，劳动、消费等市场领域，体制、法律等国家领域相互关联起来考察，他的意图是论证公民身份，公民身份作为民族国家的成员身份，有对权利与义务的被动及主动的双重确定，有对"参与"的主动规定。雅诺斯基在对公民身份的旁征博引之中揭示国家与公民的关系尤其是权利与义务的关系，在公民的权利与义务的关系上，分析了被社会科学有所忽视的"义务"，提出重构义务的见解，以便将权利与义务予以"平衡"，并提出"负责的爱国主义"这一体现公民义务的总概念。

图1 雅诺斯基公民理论的四种空间

说明：该图由姜磊制作。

总之，本次问卷调查选择的领域是与市民公共行为素养直接相关的公众领域，在其现实性上，这个领域的问题已堆积成"疾"、成为"顽症"，凸显在公共生活当中。项目研究怀有期待，认为北京市民会在北京奥运会的鼓励下，认真而又负责地创造出北京市民公共行动的文明情景，而项目的跟踪调查则将绘出市民公共行动的提升曲线，展示公共行动的变化趋势。

2. 公共文明构成的社会心理学理论问题

指标体系所包含的五类公共行动在其内部关联上，既相互独立又相互要求，表明在五种公共行动背后存在着社会规定与社会本质。

五类公共行动既然为公众的公共生活整体所必需，不可相互取代，那么，它们之间就相互需要而不可缺少，这种相互需要表现在行为规则上则是相互要求，否则，将不可能产生公共生活的整体文明。如果换一种说法，则是：对于公共文明行动者而言，每种上级公共文明行动对下级行动都有文明要求。在讲究公共秩序文明的同时，要求行动上的公共卫生文明；在讲究公共交往文明的同时，要求行动上的公共秩序文明；讲究公共观赏文明，同时要求公共交往文明；讲究公共参与，则要求文明的公共观赏。反过来，公共卫生、公共秩序、公共交往、公共观赏对上级公共行动也都有要求，公共卫生上的文明行动要求公共秩序文明给予支持，公共秩序文明要求公共交往文明的支持，如此等等。

这种公共行动的相互要求，是文明社会公共文明完整性和彻底性的要求。这里应该突出地解释公共观赏对于公共文明的意义。公共观赏是对所有通过科技、竞技、演技等产品、作品、竞赛、表演而展示的智慧、意志、勇气、高超和绝妙给予赞美、支持和鼓励，是一种分享；这种分享的直接效应是对创造性精神的营造，营造出对创造性精神给予鼓励的社会氛围。可以说，公共观赏是对人性美的一种审视和分享。即使体育，一旦进入高超级别的竞赛，也是人们对人类自身"力"与"美"、与"魂"的一种高级发挥，成了唤起观赏激情的对象，值得高度观赏，正是这个特点，才成就了奥林匹克精神的照耀之光。行动者一旦成为特殊技能和才华的高级表演者或竞赛者，则意味着，这是集人类生理、社会、文化特长于一身的超常行为表现，对这种特异对象的观赏是分享，是在分享中陶冶情操和创生公共精神。这就是问卷设计将观赏置于高层级上的公共文明层级性依据。

还应突出地解释公共参与对公共文明的意义。参与是一种实践，但参与与实践相比具有以下特点：参与带有卷入性，卷入到另一些行动者集体中，卷入背后是维系群体一致性（或谓内聚力）的认同感；参与带有主意性，将期待、预设等主体意志贯穿于集体行为选择中，参与携带着集体责任。

公共参与意味着对公共生活的自觉实践，与其他成员共同担当某种责任。可见，就参与的领域而言，上述四个方面问题的推进都在参与之中，就参与的意义而言，它是行动者在自主意识和集体意识主导下的行动。

三、公共文明指数研究的主导观念

项目研究的理论支持是公民社会理论和社会心理学理论，在对这两个互有联系的理论进行解释和引申的过程中，贯彻了项目研究对中国人公共生活特点的理解和重视，形成研究者的主导观念。主导观念及其意义，主要表现在两个方面：公共空间的表层与底层预设，公共文明的层级性预设。

1. 公共空间的表层与底层预设

这个"表层"与"底层"的研究预设，首先源自我国"双重"公共空间的特点。在我国的公众领域，一方面迅速、大量地出现了现代城市环境和用现代手段进行的城市管理，另一方面又存在生活习惯甚至恶习有"藏身之地"的"角落"，而这个城市角落常常在公共设施分布不合理和管理有漏洞的情况下隐藏了不文明，前者体现着城市的现代面貌和市民的公共文明状态，处于公共空间的表层，后者体现了城市现代面貌和市民公共生活习惯不易改造的一面，处于公共空间的底层。

在问卷中公共空间表层与底层的预设，主要通过公共卫生和公共秩序两部分的设计来体现，在公共卫生方面设计出"随便什么地方都扔垃圾、吐痰"和"把痰吐在不为人见的地方、把垃圾扔在不为人见的地方"两种题，在公共秩序方面设计出"不论何时何地"和"有时有地视自己情况"不排队、横穿马路、闯红灯两种题。

在调查结果数据的因子分析中，出现了可区分的不同因子："随便什么地方"和"在不为人见的地方"扔、吐，是两个因子，"不论何时何地"和"有时有地视自己情况"不排队、闯红灯、横穿马路，是两个因子。这表明，在一种被调查者的心目中，"随便什么地方"和"在不为人见的地方"扔、吐是两回事，而不是一回事，"不论何时何地"和"有时有地"不排队、闯红灯、横穿马路，也是两回事。项目研究把这种"在不为人见的地方"扔、吐的不文明称为"情景性"不文明，把"有时有地视自己情况"不排队、闯红灯、横穿马路这种不文明称为"理由化"不文明。重视公共空间的表层与底层、明面与暗面之观念，对于纠正公共行为误区是重要的，对于增强公共文明行为的明朗性和纯洁性也是重要的，对于矫正一些公共文明观念和社会心态同样是重要的。

正如人类对文明长河中任何不文明行为的克服过程一样，只有当我们大多数人的公共文明是全面、彻底的时候，才会对不文明行动中的那种"可谅解性"不文明，自觉地给予纠正。

2. 公共文明层级性预设的必要性

公共文明的层级性预设主要通过五方面公共行为问卷来实现。公共文明的层级性及其意义在上述公共文明构成的社会心理理论中逐步做了交代；上述关于公共空间表层与底层的区分，也属于研究中的层级性考察；关于问卷本身的科学性在问卷信度效度分析中得到了验证。

这里希望进一步说明这种层级性预设下出现的评分差异和所给予的暗示：分值差异凸显了公共管理和公共行为的进步空间。

在公共文明指数结果对比分析中，我们看到不同样本人群的指数数值出现了显著性差异，接近市中心的人群，文化教育、生活水平偏高的人群对于市民公共卫生、公共秩序的行为表现评分偏低，远离市中心的郊县、文化教育水平和收入水平偏低的人群对市民公共卫生、公共秩序的行为表现评分偏高，表明生活区域不同、文化教育水平和生活富裕程度不同的样本人群对于公共文明行为表现尤其是对于不文明表现的心理要求是不同的。

在课题研究的理路中，这些较高水平的生活环境、文化教育、生活收入，对于人们公共文明习惯的养成和提高，是一些有利的因素，我们暂且称之为强因素，而与之相对应的因素是一些不太有利的因素，我们暂且称其为弱因素。

这提醒我们，在公共文明建设中哪些城域和人群的进步空间会更大、更值得照应和需要满足；也提醒我们，市民公共行为折射出社会资源配置不够均衡，不够合理，就是说，公共环境资源、文化教育资源、生活收入资源相对聚集于某些城区和人群，而社会管理功夫也相对聚集于某些城区和这些城区的人群，缺少社会均衡。

四、公共文明指数研究与民族性建设思考

这个话题实际上是对层级性预设意义的一种引申，是对研究观念的伸张。

1. 层级性预设的方法论思考

从方法论上说，公共文明层级性预设是基于项目研究对中国文化与中国民族性的理论思考。这就是说，关于北京市民公共行为文明程度的调查研究，需要思考中国文化和民族性对现实生活中活生生人群的牵制作用；现实生活中的活生生人群比起由历史沉淀与累积而成的文化传统与民族性要丰富多彩、动荡易变，然而，"万变不离其宗"，"中国人"不论在什么时候、走到什么地方，其"骨子里"都是"中国人"。中国文化和中国人，不仅其历史延绵格外沉长，而且其构成要素之间的关联性格外复杂。在漫长的历史变迁过程中，究竟是文化塑造了民族性，还是民族性改造着文化，几乎不归属于"决定论"，而是"互动论"，即中国人的复杂性含有自致性和内生性的一面，不完全是被决定的。"中国人"具有能够自创也能自我毁坏、能够自给自足又能百般忍耐等"天性"，她刚柔兼容亦容易卑劣，从正面看，她能够自我创生，从负面看，能够自我毁坏，但在历史延绵总体上，她的正面压制负面、胜于负面。中国文化和"中国人"的这种多重性，对于现实的人而言是不能选择的，但却是可以改造、建设和重塑的。这就是说，文化惰性和民族性的多重性虽然是其他文化和民族都可能具有的特点，但都不像中国文化和中华民族这样有深度、广度和厚度。在这个前提下，可以说，我们今天在认识自己的优劣长短的时候，在认识公共生活中那些文明与不文明的行为表现时，一旦深入到文化和民族性层面，就会意识到今天的行为表现是有根源、有"根性"的。但中国的文化根和民族根很深厚也很复杂，优与劣相克又相随，而总体上优胜于劣。基于这种认知判断来认知今日不文明表现，就会意识到：有些老毛病是中国文化惰性和民族性之多重性的一种现代表现，即国人一方面在辛苦地建设国家、美化生活、净化环境，另一方面又在毁坏环境、干扰秩序、丢掉人格，并且，几多的场合、几多的人和事，重复着相似的毛病，人见不怪，无动于衷。这表明民族性建设是要做很多努力的，人人都应当在实际行动上有自己的文明行为。

2. 层级性预设隐伏的民族性变迁思考

从项目研究说，公共文明层级性预设希望反映公共生活中的实际面貌：一方面存在着沉积深厚、难以矫正的公共行为习惯，同时存在可以较好适应现代城市生活的公共素养和良好风貌。对此，项目研究对调查结果应当给予理论支持的，是对这两方面表现作出一种民族性变迁的思考与分析。

在表1中可以看出，在以物理空间为主要特征的公共卫生和公共秩序两领域存在的"身边不文明"，表明传统的生活习惯、生活观念，是难以改变的；在调查结果中出现的"随意"不卫生、不遵守秩序和"情景性"、"理由化"的不卫生、不遵守秩序两种不文明方式，表明不文明行为的改进路径很可能要经历由"随意的"不文明到"有选择的"不文明，再到比较彻底的文明表现。这种对公共"弱点"、公共"毛病"的克服的特点，大概反映了中国民族性与文化的"多重性"及"间接性"一面，里表有别的一面。

如果从另一方面看卫生和秩序的话，在传统的家庭生活中对身体的管理是有良好的训化和习惯培养的，有"家文化"及身体文化的教养传统，对衣食住行有讲究，但又缺少社会生活中的"公共文化"教养，缺少持久的素养培育和社会呼唤，这样才会有人错把吐痰、扔垃圾、不排队、横穿马路等当作个人性质的行为表现。因此，在对待以物理空间为主要特征的公共卫生、公共秩序生活时，需要调动"家文化"下养成的好习惯，纠正错觉，以促进对公共精神的多数人共鸣和多数人认同。

此外，还可以说，公共场合"身边不文明"与对身体文化的观念偏颇有某种关系。中国身体文化有多重意义，不单单包含"身体"本身及其物理、生理的效用，还包含身体与精神、身体与伦理、身体与审美、身体与符号之间所含有的关系及其社会、心理、传播之效用，身体作为载体，承载并体现着所有这些关系的人文价值；"形全者神全"[1]，"形具而神生"[2]。可见，"身边不文明"是对身体文化的认知偏离和认知偏差导致的行为误区。

从表1中还可以看出，以人文空间为主要特征的公共交往和公共观赏，要求人与人、人与创造物和创造精神、人与自身内在尺度之间的公共美德和公共认同。在这种公共生活中，"中国人"有人际热情和相助偏好，有对创造物、创造精神的"叫好"，有对美术、美味、美景、美育的接纳和珍藏习惯，有美感传统，但在空间开放与多样化的今天，不习惯、不熟悉、不适应的行为规则越来越多了起来，如公共观赏中的"叫好"在有些场合则是不合时宜的。同样，公共参与对于我们多数人来说是知之甚少、践之甚少的领域，虽然有"见义勇为"、"路遇不平，拔刀相助"的民间信任，但在多元、开放和陌生的现代城市生活中，同样存在"多一事不如少一事"的民间劝告。而在另一方面，还应当看到，中国文化的人文精神对于公共参与在本质上是一种支持力量，因为，公共参与所体现的人文精神正在于：人们给"公共"以关照、保护和生命推动，给人与人、人与社会、人与万物以关照、保护和生命推动。公共参与的生命价值在于，个人尚有博大的人际间和天地间，"致中和"而"位育"。中国文化同样给了我们优秀的遗留。

以上是在分析，公共文明的层级性构成隐含了民族性变迁的部分内容和有利于这种变迁的优秀文化质素与不利质素都存在。

可以说，中国民族性变迁在实际地发生着，这个变迁经常是从"身边"开始；"身边文明"与"身边不文明"同时存在着，"身边不文明"更值得重视；公共文明将随着公民社会之完善与成熟而占据重要位置。在一个人口众多、社会资源配置不太合理的大国里，要求人人事事都没有"身边不文明"表现，是不可能的。

---

[1] 《庄子·天地》。
[2] 《荀子·天论》。

但是，有一条尊重自己、尊重他人、尊重不同国度生活规则的"尊严线"是必须恪守的，不能因"身边不文明"而丧失人格尊严和民族尊严。公共参与是公共文明水平提高的综合性要素，是应当着力倡导的人性呼唤。

对于国人的公共毛病，我们不可以说，这是中国人与生俱有、改不掉的"生性"①，但又可以说也应当说，这是中国人的社会生活长期不够全面、不够健康甚至有某种畸形，进而影响着精神生活的不够全面、不够健康甚至畸形。长期缺乏良好的价值导向和社会教育也影响人们的公共文明素养。而我国不到 1/4 世纪赢得的快速发展给人们带来的物质生活富有、职业流动领域迅速扩大、旅游观光机会迅速增多，从农村到城市、从国内流动到国外发展，这些对于我们，是新颖的，又是缺乏应对知识和应对经验的，也缺乏心理准备和行为准备。

从跟踪调查结果看，公共文明水平的提高直接依赖于市民与管理，市民文明与管理文明协同，是公共文明水平提高的内部力量，并且是可期待的力量。一方面，调查结果让我们相信公共文明"自觉群体"的存在和他们的身体力行效应，同时相信"自觉管理"的完善、负责及其感召力。"自觉群体"体现了公共文明所需要的"社会意志"，而"自觉管理"则体现了公共文明所需要的"社会权威"。不论理论上还是实践上，引发和推进中国民族性变迁的力量，归根结底，在其内部诸种构成要素间的相克相促。说"归根结底"，其意思是说不排除外部力量的冲击作用，但是，民族性变迁过程中即使受到外部文化力量的冲撞或影响，最关键和最深层的力量仍然来自民族内部。这种特点表明，民族性变迁和民族性建设，必须依靠我们自己的不懈努力。

参考文献

[1] ［美］托马斯·雅诺斯基. 公民与文明社会. 大连：辽宁教育出版社，2002

[2] ［德］哈贝马斯. 交往行动理论（第二卷）. 重庆：重庆出版社，1995

[3] ［美］F. 格罗斯. 公民与国家——民族、部族和族属身份. 北京：新华出版社，2003

[4] 汪晖，陈燕谷. 文化与公共性. 北京：三联书店，2005

[5] ［法］P. 布迪厄. 实践感. 上海：译林出版社，2006

[6] ［美］W. F. 奥格本. 社会变迁——关于文化和先天的本质. 南京：江苏人民出版社，1989

[7] ［法］莫里斯·梅洛-庞蒂. 知觉现象学. 北京：商务印书馆，2003

[8] 费孝通. 中国人研究在中国. 天津：天津人民出版社，1985

① "生性"是人的自然本性，表现了遗传（先天）因素对人性的作用，但从文化遗传（奥格本在《社会变迁——关于文化和先天的本质》一书中使用"文化遗留"概念）看，"先天"因素也携带文化遗码先于人而起作用。与"生性"对应的概念是"习性"，是说后天的社会的因素对人性之训化作用，训化不同，则社会本性亦不同，"习性"千差万别。孔子的"性相近也，习相远也"（《论语·阳货》），是关于"生性"与"习性"的人性规则。

［9］乔健，李沛良，李友梅，马戎．文化、族群与社会的反思．北京：北京大学出版社，2005

［10］杜维明．现代精神与儒家传统．北京：三联书店，2003

［11］余英时．中国思想传统及其现代变迁．桂林：广西师范大学出版社，2004

［12］沙莲香．中国民族性（一）.北京：中国人民大学出版社，1989

［13］沙莲香．中国民族性（二）.北京：中国人民大学出版社，1990

［14］沙莲香．社会心理学．北京：中国人民大学出版社，2006

第二章　人文奥运与文明建设

北京奥运会文献遗产的保护与传承*

徐拥军**

一、意义

奥林匹克运动会的发展历史清晰地告诉我们，每一届奥运会都不是一项简单的体育赛事，而是一个超大规模的、综合性的世界盛会。它给举办城市、举办国乃至国际奥林匹克运动都留下了丰富而宝贵的物质财富和精神财富。这些财富构成了奥运会独特的遗产，薪火相传，泽及后世。在东方古都北京举办的 2008 年奥运会也必将为世人留下一笔丰硕的遗产。

奥运会遗产是指在申办、筹办、举办奥运会过程中形成并遗留下来的，对后世有价值的物质财富和精神财富的总和，包括有形遗产和无形遗产（或者说物质文化遗产和非物质文化遗产）。在奥运会遗产体系中，有一类比较特殊、十分重要的遗产——文献遗产。

"文献"是指"记录有知识的一切载体"①，包括各种各样的文件、档案、图书、期刊、报纸、资料和部分文物等。文献可分为传统的实体文献和现代的数字文献（或曰虚拟文献）。传统的实体文献存储于纸质材料、声像材料（如照片、影片、录音带、录像带、缩微胶片等）上，现代的数字文献以二进制数字形式存储在计算机系统中。在申办、筹办、举办奥运会过程中，与奥运会有关的各种组织、机构和个人会产生数量惊人、形式多样、内容丰富的文献。这些文献汇集起来，形成文献资源，留传下来即是文献遗产。

奥运会文献遗产作为历史记录和知识载体，真实地反映了整个奥运会活动的经过、结果，客观地记载了奥运会组织者、参与者的思想、智慧，是奥运会举办城市、举办国乃至全世界宝贵的历史财富和社会记忆，是奥运会举办民族乃至全人类珍贵的文化财富和知识宝库。奥运会文献遗产是奥运会无形遗产发挥作用不

---

　* 本文为国家社会科学基金重大项目"2008 年北京奥运会的人文理念、社会价值与国家文化形象构建"、中国人民大学科研基金项目"北京奥运会文献遗产的保护与传承"研究成果之一，选自《中国档案》2008 年第 1 期。

　** 徐拥军：中国人民大学人文奥运研究中心研究员。

　① GB 3469—83《文献类型与文献载体代码》。

可或缺的载体，是联系奥运会有形遗产和无形遗产的纽带，是沟通奥运会昨天、今天和明天的桥梁。收藏和开发北京奥运会文献遗产，就是保存北京奥运会历史、再现北京奥运会历史，就是珍藏民族记忆、重温民族记忆，就是积累奥林匹克知识、传播奥林匹克知识，就是保护中华文化、传承中华文化。因此，北京奥运会之前有意识地收集、保管文献资源，使之有效转化为文献遗产，北京奥运会之后挖掘、开发文献遗产，使之充分发挥历史文化价值，具有十分重要而深远的意义。

二、问题

在北京奥运会文献遗产收集、保存方面，北京奥组委及有关部门已经做了许多卓有成效的工作。北京奥组委会同有关部门制定了《关于筹备和举办奥运会期间有关文物和档案管理意见》、《关于北京奥运会档案工作管理意见》、《关于加强奥运场馆建设项目档案管理工作的通知》、《北京市奥运工程档案管理指南》等。首都图书馆建立了"北京奥运文献信息中心"。北京市文物局、首都博物馆联手向海内外征集 2008 年奥运会文物。北京奥运会申办委员会的档案资料（包括文书档案 5 560 余卷、照片档案 2 000 多张、音像档案 1 300 余件，及光盘、电影胶片、实物等多个类别的资料）已经被北京市档案馆接收保存。北京奥运工程的首批档案——部分奥运工程的前期招标文件，也已被北京市城市建设档案馆接收保存。但是，当前的工作还存在以下问题：

1. 重视不够

关于北京奥运会遗产，当前人们谈论得比较多的是奥运会对中国经济发展的推动，奥运会对中国人民奥林匹克精神、志愿者精神、民族精神的提升，奥运会对中华传统文化的弘扬，对中国民主政治、公共管理与服务的促进，奥运会留下的建筑、标识、吉祥物，等等。至于有关奥运会的档案、图书、文物等文献，整体上没有引起人们足够的重视，尤其是没有引起图书馆、档案馆、博物馆等文献部门之外其他部门和社会公众的关注。

2. 资源分散

奥运会文献包括图书、档案、文物，有些文献既是图书，也属档案，还可视为文物。也就是说，奥运会文献分属于图书馆、档案馆、博物馆的馆藏范围，同时有些文献又同属于三者的收藏对象。

当前，北京市档案局、北京市档案馆、北京市城市建设档案馆及北京市各区县档案馆，北京市文化局及首都图书馆，北京市文物局及首都博物馆、中国体育博物馆这档案、图书、博物三大系统的部门都制定了对奥运会档案、图书、文物的收藏计划，并开展了大量的工作。此外，还有民间的收藏机构和收藏家也积极收集奥运会文献。例如，中国台北国际奥委会委员吴经国在厦门、天津筹建两个奥林匹克博物馆；广东人麦国强自 1990 年起为奥申委连续捐款 132 次，他也计划建立奥运会博物馆。

这样，整个北京奥运会文献遗产将会被分散保存于许多不同的机构中。而根据以往的经验来看，我国的图书、档案、博物部门相互之间缺乏协调，共享困难。如此一来，整个北京奥运会文献遗产就可能缺乏系统性、整体性和共享性。

3. 重藏轻用

对于奥运会文献遗产，我们不仅需要积累，更需要传承；不仅需要收藏，更需要利用；不仅需要保护，更需要开发。北京奥运会是全民的奥运会，北京奥运会文献遗产是全民的财富。本着以人为本的理念，北京奥运会文献遗产应该免费供全民享用。

但是，根据以往经验来看，我国图书馆、档案馆、博物馆都存在不同程度的"重藏轻用"的情况，它们往往重视文献资源的收藏、保管，而忽视文献资源的提供利用、研究开发。不仅普通老百姓难以接触到文献资源，甚至许多研究人员也难以接触到文献资源。而且目前来看，已经收藏的奥运会文献资源真正对外公开的很少。由于缺乏强制文献部门开放文献资源的有效机制，将来奥运会文献遗产对外开放、为民所用的情况难以让人乐观。

4. 数字文献遗产的长久保存面临挑战

现代文献中相当一部分是数字文献。不同于传统的实体文献，数字文献对计算机系统具有很强的依赖性，它们具有易逝性、流动性、脆弱性，容易被修改、伪造、删除。因此，确保数字文献的真实可靠性和长久可读性是个巨大挑战。美国、法国、德国等国的国家档案馆曾发生过大批数字档案无法识读的灾难。我国20世纪90年代某次大型运动会的数字档案也有相当部分无法读取。而据笔者所知，我国数字文献资源的收藏、保管机构几乎没有建立完善的、可靠的数字文献资源保护系统，一些数字文献资源的保存情况十分令人担忧。

5. 部分文献遗产没有列入收藏范围

当前各文献部门比较重视公开出版的图书、报刊，官方机构的文件、档案，以及公众人物形成的文物的收集，但是对于未公开出版的图书、报刊，非官方机构的文件、档案，以及非公众人物形成的文物的收集重视不够。而且一些文献部门关注实体文献资源的收集，而忽视数字文献资源的收集。因此，许多有价值的文献遗产面临流失的危险。

三、对策

1. 增强意识

北京奥组委及相关部门应该增强保护文献遗产的意识，将文献资源的收藏、开发纳入工作计划，纳入议事日程，并制定相关规章制度予以落实。档案馆、图书馆、博物馆也应该通过各种渠道和途径，加强宣传教育，提高全民的文献收集、保存意识和知识。

2. 强化协调

保证北京奥运会文献遗产的系统性、整体性和共享性，可从以下方面入手：

——由北京奥组委出面倡议建立"北京奥运会文献遗产联盟"，促进收藏、保管北京奥运会文献的图书馆、档案馆、博物馆及其他机构之间的协调与合作；

——档案馆、图书馆和博物馆除各自按传统途径收集自身重点保藏的文献之外，还联合开展面向海内外民众的征集，对征集来的文献按其主要属性及完整性需要分归不同部门；

——各收藏机构联合共建《北京奥运会文献遗产目录》，促进文献遗产的整合、共享；

——各收藏机构实现网络系统互联互通。

3. 实现文献遗产开发利用的制度化

北京奥组委和有关部门应该制定《北京奥运会文献遗产开发利用办法》，明确规定：

——收藏奥运会文献的机构有对外开放文献、提供利用服务的义务；

——对于不涉及国家安全、商业秘密、个人隐私的奥运会文献，应该即时对外开放，供社会利用；

——对于涉及国家安全、商业秘密、个人隐私的奥运会文献，应该规定具体的保密期限，对于超过保密期限的文献，应该及时予以公开；

——各机构提供奥运会文献利用服务，应该免费或只收取成本费；

——在开发利用奥运会文献过程中，应该保护知识产权所有人的利益；

——鼓励各学术机构、个人对奥运会文献遗产进行研究和宣传。

4. 加强数字文献资源长久保存的研究

保证数字文献资源的真实可靠和长久可读是一个世界性难题。文献部门应该采纳国际、国家、行业有关数字文献管理的标准；应该充分吸收国外先进的数字文献管理经验和技术；应该组织国内专家开展联合科研攻关，构建科学、有效的数字文献保护系统。

5. 加强文献资源的收集、征集

当前应该加强以下容易被忽视、被遗漏的文献资源的收集、征集：

——反映有代表性的基层组织（如大中小学、企业）、民间团体以及普通居民对奥运会的感受、参与奥运会活动的文件、档案、资料等；

——奥运会官方机构形成的非正式公文（许多人认为"红头文件"才是正式公文，致使许多非"红头文件"没有被纳入归档范围），以及照片、录音录像材料、名册、统计报表、会议记录等；

——非官方机构形成的奥运会研究报告、论文等；

——非官方机构推出的公益性宣传片、广告等；

——奥运会教育与培训专家编写的，未公开出版的讲义、课件、试题、案例和其他资料；

——民间个人创作的一些有创意、有价值的文学、文艺作品，建议书，会歌、会徽、吉祥物、开闭幕式的设计方案；

——国外媒体对北京奥运会的宣传报道材料，国外学术机构与个人对北京奥运会的研究成果；等等。

北京奥运会文献遗产是我们留给子孙后代的历史文化财富，我们应该本着"对历史负责、为未来着想"的态度，做好北京奥运会文献遗产的保护与传承。

志愿精神与志愿服务

志愿服务：培育公民精神的新典范*

魏娜　毛立红**

在四川汶川抗震救灾中，数以万计的志愿者奔赴灾区，投入灾后救援，以其奉献精神和公共责任意识诠释了公民精神的内涵；在北京奥运会举办期间，170 万名各类奥运志愿者以真诚的微笑、热忱的服务给各国友人留下了深刻的印象，也展现了国人良好的精神风貌。面对志愿服务事业的日益勃兴，有学者把 2008 年称为"志愿者元年"和"公民元年"。的确，志愿者在自愿、无偿地奉献爱心的公益服务实践中陶冶了情操，提升了公民精神。在此背景下，基于对志愿精神和公民精神契合性的分析，本文试图剖析志愿服务在培育公民精神方面的独特价值和内在机理。

一、志愿精神与公民精神的契合性

戊戌变法失败后，面对内忧外患的时局，康有为在总结维新变法失败的教训时指出："今中国变法，宜先立公民"。"公民者，担荷一国之责任，共其利害，谋其公益，任其国税之事，以共维持其国者也"。同时感喟"万国皆有公民，而吾国独无公民，不独抑民之资格，塞民之智慧，遏民之才能，绝民之爱国，导民之无耻也"①。可见，早在 20 世纪伊始，有识之士就认识到公民精神在一个国家现代化进程中的重要性。所谓公民精神，亦可称为公民意识、公民德性或公共精神，就是公民经由对公共事务的自由参与而表现出来的对社会公益关爱与负责的精神品质。在理论渊源上，不同学派对公民精神的内涵有不同的诠释。如自由主义学者强调公民精神中的自由平等意识和权利意识等公民权利向度；而社群主义学者则注重公民精神中的参与意识、公益意识和公共责任意识等公民德性向度。概而言之，在公民精神的诸要素中，主体意识和权利意识是公民精神的基础，参与意识和参与行动是公民精神的集中表现，借此所表现出的公共责任意识和乐善好施的

---

　*　本文选自《南京工业大学学报》（社会科学版）2009 年 6 月第 8 卷第 2 期。

　**　魏娜：中国人民大学人文奥运研究中心副主任，教授。毛立红：中国人民大学公共管理学院博士研究生。

　①　转引自马小泉：《公民自治：一个百年未尽的话题》，载《学术研究》，2003（10）。

博爱精神则是公民精神的核心。作为公共领域的价值核心，公民精神是民主法治社会和市场经济的产物，是在公共生活的交往中生发出来的。作为公共生活的一个重要领域，志愿服务是志愿者本着自由意志和对社会负责任的态度，以助人、利他、不受酬的博爱精神，以组织形态提供的社会公益服务，以表达对社会的积极关怀。而志愿服务实践所彰显的自主意识、参与意识、公共责任意识和利他精神就构成了志愿精神的内核。可见，公民精神和志愿精神都是在现代公共生活中成长起来的，虽然两者在具体表现形式上各有侧重，但显然在本质内涵上具有高度的契合性。也正是从这种意义上，学者丁元竹认为"志愿服务的本质是一种公民精神"。

二、志愿服务培育公民精神的内在机制分析

从理论上讲，志愿精神与公民精神具有内在一致性；从实践层面看，志愿服务实践也是培育公民精神的一条重要途径。具体而言，志愿服务涵养公民精神的作用主要从以下几个方面体现出来。

1. 志愿服务有利于培养参与者的主体意识、权利意识与参与意识

在自由主义者看来，主体意识和权利意识是公民精神的基石，也是公民精神区别于传统臣民意识的本质属性。我国传统的民族精神中是缺乏主体意识和权利意识的。民主革命先行者孙中山认为这种局面的出现是专制君主制毒害的结果，他指出：国人"由远祖初生以来，素为专制君主之奴隶，向来多有不识为主人、不敢为主人、不能为主人者"[①]，鲁迅亦曾在给友人的信中痛陈国民性格中的奴才主义。不可否认，现代民主政治是公民主体意识和权利意识产生的体制环境，但是，考虑到以下因素，仅仅依赖民主参与是不足以有效培养公民的主体意识和参与意识的。首先，就政治参与而言，诚如公共选择论者所言，即使在民主社会里，由于公共事务的繁杂性、专业性以及官僚体制的保密性等因素，公众掌握相关议题的资讯有限，这在很大程度上削弱了公民参与的效能感。在现实生活中，许多选民往往也会出于搭便车心理而寄希望于别人去投票以使自己坐享其成。显然，这些因素都不利于激发公民的参与积极性及其主体意识和参与意识的养成。其次，就社会领域而言，现代化就是一个追求理性化的过程，而官僚制作为一种组织模式，其精髓就在于对工具理性的不懈追求，这正迎合了现代社会的需要。显然，社会的官僚化趋势也不利于公民主体意识的养成。相比而言，现代志愿服务作为一项自主、志愿的组织化公益活动，为公众参与社会公共生活、培养主体意识提供了一条重要渠道。志愿服务事业的日益勃兴是公民主体意识觉醒的表现，同时，志愿服务实践又进一步增进了公民的主体意识、权利意识和参与意识。

---

① 转引自沙莲香：《中国民族性》（二），29页，北京，中国人民大学出版社，1990。

首先，志愿服务是志愿者发乎志愿、行之自主的参与社会公益活动的行为。现代志愿服务大都是以组织形态提供的，志愿组织则是志愿者以平等的公民身份自愿结合在一起而形成的团体，其平等、自治的组织氛围大大提升了参与者的自主感。当参与者通过志愿服务帮助他人和改善社会福利时，所获得的自主行动的自由给活动打上参与者的个人化印记，大大满足了参与者自由、自尊和自主的心理需要，极易唤起其主体意识的觉醒。

其次，公民身份首先是由积极参与公共事务来标示的。如迈克尔·沃尔泽所言："对公共事务的关注和对公共事业的投入是公民美德的关键标志。"① 志愿服务作为社会个体直接参与公共事务的组织化渠道，让志愿者在自主参与中培养其对公共事务的关怀，有效实现其参与公共事务的权利，同时也提升了其参与意识。克拉里和斯奈德等人（Clary and Snyder, et al.）在一项"强制性志愿服务"的研究项目中发现，未来的志愿服务意愿与曾经的志愿服务经历之间有很强的相关性：如果志愿者参与志愿服务过程中具有较高的自主性，那么其未来参与志愿服务的意愿就可能较高；反之，其未来参与志愿服务的意愿就可能较低。② 可以看出，自主、自愿的志愿服务可以有效地提升志愿者的参与意识。近年来，随着志愿服务事业的不断发展，志愿服务范围从传统的社区服务、扶贫助弱向当下的环境保护、政策参与等社会领域不断拓深，这不仅大大拓展了志愿者参与社会公共事务的广度和深度，同时也使参与者在广泛地参与社会公共生活中提升其权利意识和参与意识。

此外，志愿服务也是培育公民参与技能的最佳苗圃。公民精神仅仅停留在意识层面是不够的，有效的公民参与还有赖于参与公共生活的经验与技能。正如密尔所言，人类的智能与德性就像人的体力一样，必须经由锻炼才会有所增进。但公民参与技能绝不是偶尔选举投票所能养成的，而通过志愿组织日常性地参与公共事务"可以加强他们主动的才能，可以锻炼他们的判断能力，还可以使他们在留给他们去对付的课题上获得熟悉的知识"③。在志愿服务实践中，志愿组织培养了志愿者与他人合作与团结的习惯，体验相互依赖的社会情感，让志愿者在公共参与中懂得了对社会公益的守护和对社会规范的认同与遵守。正如阿尔门蒙和维巴对 5 个国家的公民文化调查所显示的，社团成员更有社会信任感，有更多的社会参与以及主观上有更大的公民行为能力。④

2. 志愿服务培养了参与者的共同体意识与公共责任意识

早在古希腊时期，雅典公民便在《雅典公民誓言》中宣称："不管是独自一人

---

① 转引自 [美] 罗伯特·D·帕特南：《使民主运转起来》，南昌，江西人民出版社，2001。

② Clary, E. G. and Snyder, M., "The Motivations to Volunteer: Theoretical and Practical Considera-tions," *Current Directions in Psychological Science*, 1999, 8 (5), pp. 156-159.

③ [英] 约翰·密尔：《论自由》，119 页，北京，商务印书馆，1959。

④ 参见 [美] 罗伯特·D·帕特南：《使民主运转起来》，南昌，江西人民出版社，2001。

还是与大家一起，我们都将为城市的理想和神圣的事业而努力奋斗；我们将永不停息地激发公共的责任"①。由此可以看出，在公民精神的原初含义中，共同体意识和公共责任意识就是其核心内容。所谓共同体意识，小而言之，就是公民对自己所在社区或社团的认同感和归属感；大而化之，就是公民对国家和民族的认同感和归属感，也就是爱国精神。具体而言，共同体意识就是公民珍视构成社会共同体的那些价值观念、制度或机构的态度和信念，它具体表现为公民对传统历史文化的认同、对法制规范与公序良俗的尊崇、对社会公益的追求与守护、与他人合作团结的意识以及对社会公共事务的责任感等等。总之，归属感和责任感是共同体意识的基础与核心。共同体意识和公共责任意识在我们民族性格中似乎付诸阙如。国学大师梁漱溟曾在《中国文化要义》一书中把"自私自利"看做国民性的一大痼疾，也就是"身家念重、不讲公德、一盘散沙、不能合作、缺乏组织能力，对国家及公共团体缺乏责任感，徇私废公及贪私等"②。在社会学家费孝通看来，国民共同体意识之萎缩根源于我们传统社会结构的"差序格局"特性。因为差序格局的社会关系是"以'己'为中心，像石子一般投入水中，和别人所联系成的社会关系……像水的波纹一般，一圈圈推出去，愈推愈远，也愈推愈薄"③。与此相对应的道德责任也"愈推愈薄"，到了公共领域，就几乎不存在了。这种"爱有差等"的观念使得我们难以产生对陌生人的关怀，而现代社会是一个陌生人社会，典型的社会关系就是陌生人之间的关系。这使得我们的民族性格中缺乏西方基督文化中博爱精神所具有的普遍抽象的公共品德。因此，个体所拥有的最主要的社会关系往往是亲缘关系、地缘关系和业缘关系，难以产生普遍意义的共同体意识和公共责任感，也不利于个体德性的完整生成和公民精神的培养。

改革开放以来，随着现代市场经济体系的发育，崇尚自由、平等的市场精神强化了社会成员的主体意识和权利意识，拓展了公共空间，为公民精神的生长提供了经济基础。但我们也应该看到，市场经济是法制经济，在社会主义法制尚不健全的情况下，市场机制所诱发的自利性动机极易助长个人原子化倾向，致使拜金主义、享乐主义和极端个人主义思想滋生蔓延，公共领域遂成为追逐个人利益的战场，同时个人机会主义也带来了集体行动的困境、社会公益的贫瘠，这实际上又从反向构成了公民精神的消解力量，引发公共精神的危机。对此，德国思想大师哈贝马斯也提出公共领域面临着"金钱和行政权力这两种'暴力'"④ 侵蚀的观点。可见，市场机制是难以培育出公民社会所需要的合作精神与公共责任感的。

---

① ［美］乔治·弗里德里克森：《公共行政的精神》，121 页，北京，中国人民大学出版社，2003。

② 梁漱溟：《中国文化要义》，22 页，上海，学林出版社，1987。

③ 费孝通：《乡土中国》，34 页，北京，北京出版社，2005。

④ ［德］哈贝马斯：《公共领域的结构转型》，22 页，上海，学林出版社，1999。

志愿服务最早源于西方的宗教慈善服务，因此，志愿精神承袭了西方基督教文明的"众生平等"的普世主义和博爱精神，而表现出对社会的关爱和公共责任的担当。实践中，志愿精神作为现代社会成员的新的精神能量，能将不同社会群体中具有志愿精神的个体凝聚在一起，促进社会不同阶层的交流与了解，进而有利于消弭社会分歧，增进社会凝聚力和社会认同感，并能培养志愿者的共同体意识，激发其参与公共事务的义务感和责任感。诚如密尔所言："由公民参与社会事务……他会从心里感受到他是社会的一分子，凡有益大家的事就对自己有益。在缺乏公共精神教育的地方，个人所处的社会地位既然无足轻重，他们除服从法律和听命政府外，也极少感到对社会负有什么责任。他们朝夕所想，无非是对个人或家庭的利益和责任，这种人从不会想到集体的利益，及和他人一起共同追求的某些目标。"①

值得注意的是，并不是所有的有组织的公民参与都会有利于社会共同体意识和公共责任意识的培育。那些旨在追求自身特殊利益的社会团体所组织的参与活动，只会导致社会不同群体之间的矛盾冲突加剧。这样的社会团体越多，追求的利益也就越来越狭隘和专门化，进而引发了整个社会的"碎片化"。

3. 志愿服务有利于培养参与者博爱、友谊、宽容等公民德性

人人独善其身谓之私德，人人相善其群谓之公德。社群主义者认为，作为一名合格公民，他不但要承担国家法定的义务，还要承担其所在社群的道德义务，具有良好的社会公德。社群主义所称道的美德主要是指诚实、奉献、友谊、博爱、宽容、爱国等品德。对于社会而言，公民美德是一种公共的善，而最高的美德就是对社群的利益作出奉献。作为一种个人品格，公民美德是在社会实践中生成的。② 志愿服务作为公民道德教育的一种实践形式，克服了传统的说教灌输式的知性道德教育难以有效体验道德情感、内化道德信念的局限性，转由一种实践性的生活教育模式，让志愿者在志愿服务实践中通过奉献社会、服务他人来了解社会，感受生活，身临其境地实现对道德价值的情感体验，在充溢爱心和善意的活动氛围中，实现情感和道德的升华。譬如，在扶贫助弱中，志愿者会产生"恻隐之心"和"心忧天下"的社会责任感；在与同伴的合作共事中懂得了友爱互助；在受助者感激的目光中感受了"送人玫瑰，手有余香"的欣悦，体会了尊重与信任的意义；在误解和挫折中，学会了宽容和忍耐。因此，志愿服务作为一种道德实践形式，大大提高了道德教育的实效性。此外，志愿服务在提升参与者社会公德意识的同时，也激发了受助者奉献爱心、服务社会的意愿，在社会上倡导了奉献、友爱的社会风尚。笔者的一项调查研究显示，志愿服务不仅可以提高志愿者对奉献、

---

① 转引自张福建：《参与和公民精神的养成：密尔〈代议制政府论〉的一种解读》，载《东吴政治学报》，2005（21），6～21页。

② 参见俞可平：《社群主义》，89页，北京，中国社会科学出版社，1998。

利他、责任等志愿精神的认识，强化其参与志愿服务的动机；同时，志愿精神也会感染受助者，使其产生较强的志愿服务参与意愿和较高的志愿服务参与频次。①

三、结语

在现代化进程中，公民精神是一个国家繁荣昌盛的内在持久的精神驱动力。毋庸置疑，民主政治和市场经济的发展是公民精神发育不可或缺的宏观社会环境，但我们也应该看到，志愿服务在培养参与者的共同体意识、公共责任意识和奉献、友爱等公民德性方面具有政府机制和市场机制难以替代的作用。党的十七大报告首次提出要"加强公民意识教育，树立社会主义民主法治、自由平等、公平正义理念"，可见公民精神培育已经引起中央高层的重视。在四川汶川地震救援和北京奥运志愿服务中，志愿者无私奉献的志愿精神见证了中国公民精神的茁壮成长。可以预见，在后奥运时代，随着志愿服务事业向日常化、组织化和规范化方向深入发展，志愿服务必将会成为公民精神培育的一种新典范。

---

① 参见魏娜：《北京奥运会志愿者读本》，75 页，北京，中国人民大学出版社，2005。

奥运会志愿者的管理与激励*

冯惠玲　徐拥军**

前任国际奥委会主席萨马兰奇先生说："奥林匹克运动是由富有丰富奉献精神的志愿者组织的，没有他们，要组织像奥运会这样的大型体育赛事是不可能的。"现任国际奥委会主席罗格先生说："志愿者是奥林匹克运动的基础"；"如果没有志愿者的承担义务和敬业奉献，组织奥运会和各层次的比赛都是不可能的"；"奥林匹克运动会不仅是运动员的盛会，也是志愿者的盛会"。[①] 奥运会志愿者所作出的巨大贡献和所获得的高度赞誉，主要源于志愿者个人无私奉献的精神和优秀的工作能力，也得益于奥运会组织者、志愿者领袖对志愿者的良好管理和有效激励。

一、奥运会志愿者管理与激励的重要性

1. 志愿者是重要的社会财富

过去一些人认为，志愿者作为一群自愿服务、不求回报的人，是不需要激励的。其实志愿者不求回报，并不是说志愿者没有任何需要。人人都有需要，只不过志愿者的需要主要属于较高层次的心理和精神方面的需要而已。如果志愿者的需要得不到满足，就会挫伤其参加志愿服务的积极性。

现在人们更加清楚地认识到：志愿者作为一群热爱社会、关爱他人、无私奉献的人，是社会的优秀分子和重要的人力资源；而他们的高尚品德更是人类重要的精神财富。例如，美国一年中志愿者行动相当于900万个全职工作，创造价值达2 250亿美元；加拿大志愿者一年内无偿贡献11.1亿小时的劳动，创造价值约110亿美元[②]；至于这些志愿者活动的社会价值则更无法衡量。因此，我们不仅要理解、认可和尊重志愿者，支持、关心志愿者，更要管理好、激励好志愿者，充分激发其从事志愿服务的热情，充分发挥其对社会的重要贡献，否则就会打击志愿

---

* 本文选自《北京高等教育》2008年增刊。

** 冯惠玲：中国人民大学人文奥运研究中心主任，教授。徐拥军：中国人民大学人文奥运研究中心研究员。

① Regge, J., "Volunteerism," *Olympic Review*, 2001, 42, pp. 1-3.

② Alan Dingle, Measuring Volunteering Toolkit, Volunteer \ IYUToolkit. pdf.

者的积极性，浪费志愿者资源。新华网和中智库玛在线调查系统联合对 1 508 人做的一项电子邮件调查表明，70%的人认为"应该"激励志愿者，只有 15%的人认为"不应该"激励。[①] 可见，越来越多的人认识到激励志愿者的重要性。

2. 志愿者是奥运会的重要支撑

志愿者自 1896 年雅典第一届现代奥运会举行时就出现了。1980 年普莱西德湖冬奥会上产生了由 6 703 名志愿者组成的历史上第一支正规奥运会志愿者团队，他们被列入此届冬奥会正式的人力资源管理计划，会后的正式报告中给予他们极高的评价："如果没有 6 700 多名志愿者组成的队伍，第 13 届冬季奥运会的成功举办是不可能的。"[②]

有数据显示：1984 年洛杉矶奥运会志愿者 2.9 万人；1988 年汉城奥运会志愿者 2.7 万人；1992 年巴塞罗那奥运会志愿者 3.5 万人；1996 年亚特兰大奥运会志愿者 6 万人；2000 年悉尼奥运会志愿者 4.7 万人；2004 年雅典奥运会志愿者 6 万人。[③]

据统计，悉尼奥运会志愿者付出了 5.45 万小时的劳动，如果将其折合成货币，相当于 1.1 亿澳元。如果将志愿者提供的服务由雇用职员或合同人员承担，悉尼奥运会的全部预算将提高 4.5%。因此，不少专家认为，奥运会志愿者的贡献可以与奥运会资金的主要来源相提并论。[④]

据估算，2008 年北京奥运会需要赛会志愿者约 10 万人、城市志愿者约 50 万人。只有有效组织这些数以十万计的志愿者，充分激发他们的热情，才能确保北京奥运会成为一届高水平的、有特色的奥运会。

二、奥运会志愿者管理与激励的挑战性

1. 志愿者管理与激励的挑战性

在所有组织管理中，志愿者管理是最具难度的。一位企业总经理把志愿者管理定义为："管不了，理还乱的非正式管理。"而一位从事多年志愿者管理的人士说："用正规的方式管理不正规的队伍，好像是秀才遇到兵。"[⑤]

2004 年 12 月 6 日，《南方都市报》报道，广州市青年志愿者协会的志愿者流失率估计超过 70%，一般志愿者的生命周期为 3 个月；北京惠泽人咨询服务中心

① 参见王斌等：《2008 年北京奥运会志愿者的激励问题研究》，见《中国首届体育博士高层论坛论文集》，武汉，2006。

② Ann Belen Moreno, et al., "The Evolution of Volunteer at the Olympic Game," Paper presented at the Volunteers, Global Society and the Olympic Movement Conference, Lausanne, 1999, November, 24-26.

③ Ann Belen Moreno, et al., "The Evolution of Volunteer at the Olympic Game," Paper presented at the Volunteers, Global Society and the Olympic Movement Conference, Lausanne, 1999, November, 24-26.

④ IOC, "Volunteers, Global Society and the Olympic Movement," International Symposium, Lausanne, 1999.

⑤ 翟雁：《参与式发展：民间非营利组织志愿工作动机管理初探》，见《"志愿服务与人文奥运"国际论坛成果集》，北京，2005。

121

的志愿者一年以上注册率也仅有40%。而美国早些年的一项调查也表明，志愿者的流失率达40%。[①]

为什么志愿者管理如此难呢？这是由志愿者的特征决定的。

志愿者"volunteer"一词来源于拉丁语"voluntas"，意为"意志"。简言之，志愿者就是不受私人利益的驱使、不受法律的强制，基于道义、信念、良知、同情心和责任感而从事公益事业的人或人群。或者说，志愿者是指那些具有奉献精神，能够主动承担社会责任而不关心报酬的人。1992年巴塞罗那奥运会官方报告的奥林匹克词典首次对奥运会志愿者的含义作出明确界定："志愿者是在举办奥运会过程中，以自己个人的无私的参与，尽其所能，通力合作，完成交给自己的任务，而不接受报酬或其他任何回报的人。"[②] 志愿者具有以下特征：

第一，自愿性。志愿服务是自愿行为，带有较强的随意性和个人倾向。志愿者满意时他可以自由地参加志愿活动，不满意时他又可以自由地退出志愿活动。而志愿组织不能像政府、企业等正式组织那样以强大的行政权威、严格的规章制度约束志愿者的行为。甚至一些志愿者参加志愿服务，正是因为他们厌恶了正式组织中那些高高在上的领导和循规蹈矩的工作风格。因而对志愿者的管理与激励完全不同于而且大大难于正式组织对员工的管理与激励。

第二，无偿性。志愿服务不追求物质报酬，因而不能像企业那样通过奖惩性质的经济手段来激励志愿者。人的行为是由动机支配的，动机是由需要引起的。志愿者奉献社会、关爱他人而不接受物质报酬，并不意味着志愿者没有需要，而只是说明他们大都具有社交需要、尊重需要和自我实现需要等高层次的需要。根据马斯洛的需要层次理论，越是较高层次的需要，越难以满足，因而激励志愿者难度越大。

第三，动机多元性。每个志愿者因其所处的环境、所接受的教育、所从事的职业、所拥有的经历不同，参加志愿服务的动机也呈现多元化的态势。管理和激励为数众多、动机各异的志愿者是相当复杂的一项工作。

2. 北京奥运会志愿者管理与激励的挑战性

相对于一般志愿者的管理与激励来说，奥运会志愿者的管理与激励又更具难度。1994年美国世界杯和1996年亚特兰大奥运会的志愿者，赛前平均流失率达30%，比赛期间平均流失率为10%。即便是备受好评的2000年悉尼奥运会志愿者，也有4%的人由于各种各样的原因，没有坚持在奥运会期间完成分配给他们的工作。[③] 对于北京奥运会来说，志愿者管理与激励的挑战性在于：

---

① 参见翟雁：《参与式发展：民间非营利组织志愿工作动机管理初探》，见《"志愿服务与人文奥运"国际论坛成果集》，北京，2005。

② IOC，"Volunteers，Global Society and the Olympic Movement，" International Symposium，Lausanne，1999。

③ 参见宋玉芳：《奥运会志愿者的特征及其管理原则》，载《体育与科学》，2004（1），20～23页。

第一，北京奥运会志愿工作责任重大。志愿者不仅是北京奥运会各种组织活动的主力军，更是中国的形象代表、中华文化的交流使者和北京的城市名片。他们担负着确保北京奥运会成功举办的重任，更担负着向全世界展现中华民族社会责任感、奉献精神与"公民社会"意识的光荣使命。奥运会一经开始，一切活动都是不可逆的，"成功和失败的机会都只有一次"！如果对志愿者组织不力、管理不当、激励失效，造成志愿者中途退出、服务低效、工作失误，必然会影响北京奥运会的顺利开展，也将损害国家和北京的国际形象。如何使志愿者保持高度饱满的热情，以一丝不苟的态度做好每一项服务工作，对于志愿者管理人员来说，是一个很大的挑战。

第二，北京奥运会志愿工作辛苦乏味。奥运会志愿者的工作，并不是许多人所想象的那种在比赛现场捡捡球、看看体育明星、做做翻译等轻松、有趣的工作。在比赛现场的志愿者只是众多志愿者中的少数，绝大部分志愿者从事的都是相当辛苦劳累、单调乏味的服务。例如，在 2000 年悉尼奥运会期间，有的志愿者在地下车库负责车辆调度，有的志愿者顶着炎炎烈日验收门票，有的在拥挤不堪的火车站疏导观众，有的在工作台不断跑上跑下递送比赛成绩，有的整天在奥运村打扫运动员房间。在 2001 年北京第 21 届世界大学生运动会期间，在工作人员餐厅服务的志愿者每天要收拾清洗几千套餐具、装卸大批货物、打扫卫生、分餐，以至于一些志愿者出现了身体不适、劳累过度的情况。远离场馆、远离赛事、远离明星，极不起眼的工作，很可能与许多志愿者最初的想象存在较大的心理落差。如何帮助志愿者克服这种心理落差，对于志愿者管理人员来说，无疑是一个极大的挑战。

第三，北京奥运会志愿者构成复杂。北京奥运会志愿者主要是北京地区 20 多岁的大学生，但也包括许多不同年龄段的公务员、企业员工、社会活动人士、自由职业者、退休人员，还有许多北京以外甚至海外的志愿者。这些不同年龄、不同职业、不同身份、不同兴趣爱好、不同语言文化的志愿者，在一起工作时难免会产生一些冲突或摩擦，如何使志愿者融洽相处、齐心协力，共同完成工作任务，对于志愿者管理人员来说也是一个不小的难题。

第四，缺乏管理和激励经验。2000 年悉尼奥运会、2004 年雅典奥运会志愿活动的困难之一都是缺乏奥运会志愿者管理与激励的经验。据调查，82% 的美国公民至少为一个公益组织提供过志愿服务，68% 的德国公民有过志愿服务的经历，加拿大为 65%，英国为 53%，法国为 39%，意大利和日本都为 36%。中国香港为 20%。而中国内地这一比例较低，连志愿服务比较发达的深圳市也仅为 2%。[①] 这意味着，相对外国来说，中国具有从事志愿服务经历的人比较少，至于具有从事志愿者管理与激励经验的人则更少。而且对于绝大多数中国人来说，奥运会志愿

① 参见胡蓉：《我国志愿者的激励机制探讨》，载《成都教育学院学报》，2006，20（10），70～72 页。

第三章 志愿精神与志愿服务

服务、志愿者管理与激励更是第一次。如何克服经验不足的问题，也是摆在北京奥运会志愿者管理人员面前的一大难题。

三、奥运会志愿者管理与激励的主要原则

1. 动机管理为主，道德宣讲为辅

志愿服务是一项高尚行为，因此从道德层面来鼓励志愿者是重要的，但这不是唯一的，也不是最重要的。尤其是中国传统的道德宣讲式激励应该注意程度与方式的适当问题。在某项较大规模的志愿活动中，整个志愿活动只有一个下午，但活动的组织者在活动之前的动员大会上用了将近一个小时大肆宣传志愿活动的重要性，反复赞扬志愿者的高尚品质。一位志愿者讲述他的这次亲身经历时说："作为志愿者，我们都有较高的思想道德水平，再进行如此说教式的动员没有任何意义，只会使人感觉到形式主义、空洞，甚至虚假。"

总体上，志愿者一般属于具有高层次需要的人。但具体而言，志愿者参加志愿服务的直接动机是多种多样的。根据奥组委官方报道，2000 年悉尼奥运会志愿者参与志愿服务的主要动机包括："感到被需要"，"分享运动员的高超技能"，"了解社区"，"展示对一项事业或一种信念的承诺"，"获得领导技巧"，"将某种幻想付诸实施"，"履行自己的公民义务"，"由于来自朋友或亲人的压力"，"从成就中得到满足"，"保持忙碌"，"为了被承认"，"还债"，"因为没有其他人做这件事"，"学习新的东西"，"为了逃避"，"可以变成某团体的成员之一"，"因为有内疚感"，"接受挑战"，"有自豪感"，"结交新朋友"，"探索某种事业"，"帮助他人"，"做一些与自己工作不同的事"，"为了娱乐"，"表达宗教信仰"，"因为与奥运会的场地在地理位置上接近"，"获得一个理由去做自己爱做的事"，"为了使自己感觉良好，感到自己很重要"，"因为被要求"，"检验自己"，"建构自己的履历"，"为了新的经历"，"运用现有的天赋和技能"，"获得影响力"，"获得专业经历或联系"，"获得进步，增强自尊"等等。[①]

北京惠泽人咨询服务中心对志愿者动机的调查显示：90％以上的志愿者希望能够"奉献爱心、专业所长、业余时间"，"能够为社会做点有益的事情"；70％的人因为"学习新知识"，"获得工作快乐和个人成长"，"结识新朋友，扩大社交范围"；50％的人"想了解社会"，"做些有兴趣的事情"，"尝试新的生活方式"，"想增加人际交往能力"；还有 30％的人是因其他原因，比如"想解决自己的心理问题"，"闲得无事，想散散心"，"好奇，想来试试做志愿者"，"想改变自己的处境"，"想销售企业产品"，"想赚钱谋生"，"想寻找就业机会"等等。[②]

---

① 参见殷小川、田惠芬：《大型体育赛事志愿者的动机分析与 2008 北京奥运会志愿者的管理对策》，载《首都体育学院学报》，2006，18（1），29～31 页。

② 参见翟雁：《参与式发展：民间非营利组织志愿工作动机管理初探》，见《"志愿服务与人文奥运"国际论坛成果集》，北京，2005。

就这些动机本身而言，并无好坏善恶之分。因此，我们应该接纳、理解任何参加志愿服务的动机，无论它在道德上看来是否高尚，是否完美，关键是志愿者的行为活动确确实实有利于社会，有益于公众。

因此，对于奥运会志愿者的管理应该是基于动机的管理，其理想模式如图1所示。从人的内心出发建立起来的动机管理模式，符合人的本性，能发挥最大的激励效果。

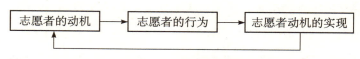

图1　奥运会志愿者动机管理模式

也就是说，志愿者管理人员应该主要对志愿者进行动机管理，了解志愿者的动机，尊重他们合理的动机，帮助他们实现合理的动机，以使得他们在实现自己合理的动机过程中，积极工作，尽力奉献。例如，对于出于"结识朋友"动机的志愿者，可以安排其一些能与更多人接触、交往的工作任务；对于希望"获得工作经历"的志愿者，可以安排他一些与其将来就业意向相符的工作内容；对于出于"提升领导技能"动机的志愿者，可以赋予其更多的管理权限。

2. 自我管理为主，被动控制为辅

所谓"自我管理"是指让志愿者参与团队管理，自己管理自己，自己调整自己的行为，自己激发自己的潜能。奥运会志愿者作为一群品质高尚、专业能力较强的人，一群具有较强烈的社交需要、尊重需要和自我实现需要等高层次需要的人，欢迎运用以Y理论指导的管理。Y理论主张人性本善，认为要求工作是人的本能，人们追求承担责任、能够自我控制，人的潜能都没有得到充分发挥。因此，志愿者管理人员应该鼓励志愿者参与团队管理，赋予他们更多的责任，相信他们能自觉完成任务，引导而不是命令他们开展工作。志愿者管理人员应该将管理的重点放在创造适宜的工作环境，发挥志愿者的潜能上。

当然任何事物都不是绝对的，"自主管理"并不意味着"无为而治"、"放手不管"。在志愿者自我管理能力较差，或者出现不遵守规章制度的情况下对志愿者的行为进行比较严格的控制也是相当重要的。

3. 柔性管理为主，刚性约束为辅

由于奥运会志愿服务属于自愿行为，以严格的规章制度约束志愿者是不可行的；而且作为具有高层次需要的人，志愿者适用于柔性管理。柔性管理意味着管理的人性化、人情味、灵活性。

2001年北京大学生运动会上有一名海淀走读大学国际语言文化学院的志愿者，她曾出国至挪威、丹麦、瑞典，对这些国家的人文很了解，而且其男友为丹麦人。这名志愿者积极报名参加志愿服务，并主动向组委会群众工作部要求接待挪威、丹麦和瑞典的代表团。但得到的答复是：要服从统一分配，不能因为特殊情况就打乱整体计划。结果她始终未能出任全程陪同翻译，对此，她一直耿耿于怀，称自己特别想参与社会公益活动，也特别希望能够发挥了解挪威、丹麦和瑞典这些国家的优势，但偏偏一直没有机会。① 组委会这一做法，就显得缺乏人性化、灵活性和人情味。作为志愿者管理人员（志愿者领袖），不应该仅仅为了自己管理工作的方便，而置其他志愿者的专长而不用，置其他志愿者的特殊要求而不顾。只有充分理解、满足志愿者的要求，才能极大地激发他们的工作热情。

4. 内部激励为主，外部激励为辅

内部激励是指让志愿者从志愿活动本身获得满足，从而产生工作积极性。外部激励是指让志愿者获得来自外部的满足，从而产生工作积极性。"工作报酬的本身就是工作"，这句话反映了内在激励的重要性。志愿者管理人员（志愿者领袖）应该以志愿活动本身为导向，使志愿者更多地体会到参与志愿活动的乐趣与意义，以及活动本身带给自己的满足与收获。例如，美国学者保罗·杰·伊尔斯利指出，在美国这种个人主义至上的国家，却有那么多的人热心志愿服务事业，其中一个重要原因是"志愿者从这些活动中获得了更多的东西"，如获得锻炼机会，增加工作经历，提高就业能力等。② 通过内部激励，可以使志愿者体会到"自己不仅是奉献者，同时也是受益者"，从而产生内在的、持久的激励效果。

5. 精神激励为主，物质激励为辅

奥运会志愿服务是一项行为高尚、意义重大的活动，加上志愿服务是无偿的，因而对于奥运会志愿者应该以精神激励为主。例如，2000 年悉尼奥运会组委会首先对志愿者非常尊重，把他们和带薪工作人员同等看待，把他们视为奥运会组织工作中不可缺少的一分子，对他们的工作给予认可，这在精神上就是对志愿者的一种鼓励。悉尼奥运会结束后，志愿者进行了盛大的游行，人们向志愿者致意以感谢他们在奥运会期间所作的贡献；奥运村为 4.7 万名奥运会志愿者树立了 290 根柱子，并把他们的名字一一刻上。2001 年澳大利亚出版了两部有关志愿者的书，一本是《志愿者——平凡的澳大利亚人带来了 2000 年悉尼奥运会的非凡成功》，该书在附录中以令人惊叹的方式列举了所有悉尼奥运会志愿者的姓名，体现了独特的人文关怀；另一本是《志愿者的经历——生活被赋予意义》，大量的图片生动而鲜活地展示了悉尼奥运会志愿者"微笑的和专业的"风采。这些都比丰厚的物质酬劳更让志愿者感到激动和难忘。

当然在精神激励的同时，悉尼奥组委也保证了志愿者从事志愿服务所必需的

---

① 参见唐钧：《志愿者状况研究——第 21 届世界大学生运动会志愿者状况调查》，载《青年研究》，2001 (11)，21～34 页。

② 参见王斌等：《2008 年北京奥运会志愿者的激励问题研究》，见《中国首届体育博士高层论坛论文集》，武汉，2006。

基本物质保障。例如，悉尼组委会为每名志愿者在培训、服装、休息场所、食品饮料、交通等方面平均支付了大约 700 美元。在 2001 年北京大学生运动会期间，组委会没有给一些在亚运村值夜班的志愿者安排休息场所，也没有给加晚班的志愿者报销坐出租车回家的费用，使得一些志愿者必须自负一笔较大的开销，从而挫伤了他们的工作积极性。

对于基层志愿者管理人员来说，给予志愿者精神激励的最简单又最实用的方法是，不时地、发自内心地对志愿者微笑，并说："谢谢!"、"辛苦了!"、"你干得真棒!"、"你太有才了!"等。至于物质激励，基层志愿者应该确保组委会为志愿者提供的物品与经费能发放到每一个志愿者手中，以免没有收到物品与经费的志愿者产生不公平感。例如，2005 年南京"十运会"期间，一位志愿者没有领到交通补助，于是抱怨说："我参加志愿服务目的不是为了钱，但本属于我的应有待遇，却扣留不发，我不服气!"

6. 正向激励为主，负向激励为辅

正向激励是指正面地、积极地评价志愿者的工作，给予表扬、鼓励。负向激励是指负面地、消极地评价志愿者的工作，给予批评、惩罚。正向激励可以给人一种满意和愉快的刺激，能给人带来更多的激励信息，例如赞扬一个人的工作做得好，这不仅意味着说他的工作是正确的，还意味着对他的尊重和承认，也许还会使他产生领导者对自己偏爱的感觉。这些愉快的刺激使人们产生一种强大的进取效应，作出更大的贡献；相反，负向激励给予人们的是不愉快的刺激，而人们对不愉快的刺激往往天生就具有一种抵触情绪。事实上，当人们第一次接受负向激励时，可能会认真分析自身的不足，进而改进；而当人们多次接受负向激励时，便往往不从自身找原因，而可能认为自己本来没有错，是管理者在故意刁难自己。这时便会极力为自己辩解、开脱责任，甚至有的人会想办法学会逃避负向激励的方法和途径，如逃离、装病，等等。

负向激励有其不足，但这并不是说在激励过程中就不能使用负向激励了，只要注重运用方式，负向激励仍然是一种很有效的激励措施。例如，有的领导在批评下属之前，往往是先对他的优点表扬一番，使对方消除心理不快，然后再委婉地指出下属的缺点，并帮助他分析原因，鼓励他改进，进而收到了很好的激励效果。美国女企业家玛丽·凯在《掌握人性的原理》一书中反复强调"赞美使人成功"。她建议说，即使批评他人也应像三明治一样，把批评夹在两层赞美之间，或者像中国人对待不愿吃药的病人那样在药里加糖，或者把药放在饭里，这样病人更易于接受。

四、奥运会志愿者管理与激励的艺术

管理不仅是一门科学，更是一门艺术。奥运会志愿者管理人员不仅应遵循管理工作的基本原理、主要原则，更应该提高管理工作的创造性、艺术性。

1. 正确认识自己的角色

志愿者管理人员首先应该将自己定位为一个普通的志愿者，而不是管理者；是其他志愿者的朋友，而不是其他志愿者的领导。北京惠泽人咨询服务中心的志愿者中曾经有一名富有管理经验的企业经理，后来她离开了。她在志愿活动中多次向管理者提出意见和建议，但是管理者都未能有效地倾听和采纳。她说："我很失望，机构管理者自以为是，志愿者只是被调动的棋子，而下棋的人又不懂棋术。"惠泽人主任翟雁女士对此说：当我们将自己与其他志愿者分别定位于"管理者"与"被管理者"时，二者即成为一个不平等的、相对立的矛盾体；"管理者"常常将自己挂在居高临下的位置上，满目是工作任务，心中难有志愿者，遇到是非或面子问题时，自然是打肿脸充胖子。[①] 将自己定位为一个普通的志愿者，志愿者管理人员就可能更多地理解普通志愿者的需要与体会普通志愿者的感受，从而采取更为适当的管理与激励措施。

2. 帮助志愿者正确认识自己的价值

某人路过一个建筑工地时问一位工人："你在做什么呢？"这位工人无精打采地说："在搬钢材。"又问另一位工人："你在做什么呢？"这位工人十分愉快地说："在建造教室，明年小朋友们就可以在新教室里上课了！"这个小故事启示我们，人们如何看待自己工作的性质与价值，会极大影响工作的自豪感与成就感，从而极大影响工作的积极性和热情。

同样，奥运会志愿者认为"我仅仅是一名志愿者"与认为"我是一名志愿者"的感受与效果截然不同。前者将自己定位为一个普通的服务者，后者将自己定位为一位重要的贡献者。前者难以使志愿者充分调动自己的积极性，后者可以使志愿者极大激发自己的热情。因此，优秀的志愿者管理人员应该帮助志愿者正确认识志愿活动的意义，正确认识自己的价值，树立"我是一名志愿者"的观念。

3. 帮助他人正确认识志愿者的价值

历届奥运会和其他志愿活动的经验表明，运动员、正式工作人员（带薪工作人员）以及社会公众对志愿者的轻视与不尊重，会极大挫伤志愿者的积极性。尤其是某些正式工作人员将志愿者作为免费劳动力、廉价服务人员看待，随意给志愿者摊派职责范围之外的杂活，极大伤害了志愿者的自尊。遇到此类情况，志愿者管理人员应该出面与对方进行交流和沟通，策略性地帮助他们改变错误观点，正确认识志愿者的身份与价值，为志愿者创造一个良好的心理环境。

---

① 参见翟雁：《参与式发展：民间非营利组织志愿工作动机管理初探》，见《"志愿服务与人文奥运"国际论坛成果集》，北京，2005。

4. 防止过度激励

凡事过犹不及，在北京奥运会志愿者管理与激励过程中，也要防止出现过度激励的现象。对于绝大多数志愿者来说，北京奥运会是他们人生中第一次，甚至极有可能是他们人生中唯一一次参与奥运会志愿活动。因此，如果过分强调这其中的意义与责任，可能使得部分志愿者工作热情过高和责任感过强，极度兴奋，导致在奥运会前夕和工作期间出现过度的紧张和焦虑，精力和热情消耗过多，而出现一些不应有的失误，甚至无法胜任或坚持完成自己的工作。

后奥运的志愿服务思考*

——志愿服务与学校教育

魏娜**

奥运会已经结束了，它留给我们太多的感触与感动，其中给所有运动员、教练员、观众、市民留下深刻印象的是活动在运动场、媒体村、奥运村以及城市大街小巷交通路口、地铁公交站点的志愿者们，他们以坚强的毅力、微笑的服务保障了奥运会的顺利进行，得到了人们的赞誉。在这170万志愿者中80%以上是在校大学生，他们中有很多是"80后"青年。

奥运会结束了，志愿者也回到了各自的学校，回到了课堂，人们不禁要问："奥运志愿精神能不能带回学校？能不能再持久下去？用什么样的机制来保障志愿服务的持久性？"对这些问题的研究与探讨关系到志愿服务的长久发展，同时也关系着这些青年未来的成长。

第一，志愿服务是大学生个体发展中的一个重要组成部分。大学生的个体成长与发展受很多因素的影响，包括学校、教师的引导，同时也包括同伴、家长、朋友的影响。志愿服务为大学生的成长提供了学校所不能提供的社会教育的机会，他们在这种服务中体会到了奉献与责任，懂得了尊重与分享。当被问到这次奥运会最大的收获是什么时，许多大学生都回答："在平凡和琐碎工作中体会到了艰辛和收获"，"在团队中体会到了沟通、协调的重要，结交了朋友，收获了友谊"，"在为残疾人服务中感受到了生命的坚强与健康的可贵，懂得了尊重与平等"。这些收获和感悟是志愿服务给他们留下的人生最宝贵的财富。他们表示，奥运志愿服务的经历是他们志愿服务的开始，志愿服务会成为他们未来生活的一部分。他们是传播志愿精神的"火种"，在他们的感染和带动下，会有越来越多的人投入到志愿活动中来。

第二，倡导一种"服务学习"理念，把志愿服务纳入到学校教育中。奥运会使志愿服务的理念在大学生中得到广泛的认同，奥运会结束了，如何使这种热情保持下去，使志愿服务真正成为他们人生成长的一部分，其中一个重要的途径就是把志愿服务贯穿到学校教育之中，使之成为一项重要的学习内容。

　＊　本文选自《现代教育报》2008年12月13日。

　＊＊　魏娜：中国人民大学人文奥运研究中心副主任，教授。

"服务学习"概念最早是美国教育学家罗伯特·西蒙和威廉·拉姆齐在 1967 年共同提出的，即通过有意识的教育学习以帮助青年学生成长。1968 年美国南部地区教育委员会正式将服务学习定义为社区与学校的结合。1993 年美国《国家和社区公益服务信托法案》为各州将服务学习纳入学校课程提供资金来源及保障。这是美国传统的社会服务（community service）走向服务学习（service-learning）的重要转变。服务学习成为美国学校教育中的重要内容，应用在各级教育及各个领域中。服务学习是通过有系统的设计、规划、督导及评价来达成设定的学习目标，服务学习可以增进传统课程的学习、促进个人发展、培养公民意识与责任感。现在，服务学习在美国、英国、新加坡、印度、韩国等许多国家得到推广。在我国台湾和香港地区也有具体的实施。我国广东省非常重视在全市各大专院校及中学推行青年学生志愿服务活动，并将其纳入学校的德育课程，学生须在毕业前修满指定的服务时间和学分，才能毕业。让学生进行服务的同时，也从中获得学习的成果，体现服务学习的精神。目前在我国，服务学习的理念还没有被大多数人认识，也没有普遍纳入到学校教育之中。建议学习西方国家以及香港、台湾地区的经验，并与我国学校教育的实践相结合，制定出我国学校教育中"服务学习"的具体措施，使广大青年学生在志愿服务中学习。

第三，把志愿服务与公民教育结合起来，倡导一种"全人"教育。随着 21 世纪的到来，志愿服务（volunteer service）成为新世纪的一股重要风潮，美国趋势专家费斯·波普康（Faith Popcorn）曾预言 21 世纪将是志愿服务的新世纪，联合国 2001 年"国际志工年"的"全球志工宣言"指出：现在是"志工和公民社会的年代"，志愿服务在全球已普遍成为公民参与和实践公民责任的重要途径。教育的最终目的是促进人的身心和谐发展，这就是一种"全人"教育，而志愿服务为这种"全人"教育提供了丰富的土壤，学生们通过参加 NPO 组织、社区等志愿活动，真正理解了什么是"公益"、"责任"、"信任"、"合作"，这也是现代公民所必需的素质。把学校教育与公民教育结合起来，是学校教育的重要责任。

第四，通过切实有效的措施，保障志愿服务制度化、普遍化。学生在奥运会志愿服务中表现的极大热情能不能持久，志愿服务能否成为一种普遍化的服务方式，都需要用切实可行的制度来保障。（1）加强志愿服务的立法。在西方国家，为志愿服务立法已经成为其国家法律体系中的重要组成部分。目前，我国一些城市也出台了志愿服务的法律和有关规定，北京市在奥运会前 2007 年 12 月颁布了《志愿服务促进条例》，这无疑对保护志愿者的权益、促进志愿服务的发展起到重要的作用，但是目前还缺乏一部全国性法规。同时，对志愿服务的具体保障措施如志愿组织的登记、经费来源等没有具体规定，这无疑不利于志愿服务的长久发展。（2）把志愿服务真正纳入到学校教育中，通过记入学分、纳入学生评价体系等具体措施鼓励学生参与志愿服务。（3）为志愿服务搭建一个社会支持平台。在社会中倡导志愿服务的理念，提供志愿服务的岗位，建立志愿服务的社会评价系统。尤其是对青年学生开展志愿服务活动制定必要的社会支持和社会激励措施。例如，德国规定，一些企业和部门在招录人员时，在同等的情况下要优先录用参加志愿服务时间长的青年学生，美国、韩国等国家也有类似的规定。这无疑在社会中形成了一种尊重和倡导参加志愿服务活动的氛围和风气，从而在社会导向上引导青年学生从事更多的志愿服务活动。

志愿服务长效机制总体建设的探讨[*]

廖菲　陈杰[**]

志愿服务的长效机制建设着眼于未来的管理和运作过程，从总体上主要包括两个部分：一是长效的管理机制建设，二是长效的工作机制建设。长效管理机制建设包括对目前建立起来的硬性设施和软性设施的建设，而长效工作机制建设则是常态性机制的进一步延伸，包括未来日常的领导、管理、财务、活动等方面。[①]本文以 2008 年 3 月在北京实施的"北京青年志愿者调查"[②]为基础，从志愿精神的培养、志愿工作的培训与实施的规范化、志愿者权益保障等方面探究北京市青年志愿服务长效机制建设中存在的一些问题，提出一些思考与建议。

一、青年对志愿服务精神缺乏深刻、全面的理解

志愿服务精神是志愿服务工作的核心，它指导并制约着青年志愿服务者在志愿服务工作中的行为表现。调查显示，青年在志愿精神的培养方面，存在着两个比较突出的问题。一是不少青年对志愿服务精神核心内涵理解不全面，将志愿服务简单地看做爱心、奉献、互助，而不是公民的社会责任与社会义务。二是在志愿服务的活动中，被动地由单位组织参与的比较多，而不是自觉、自主性的参与。志愿服务参与者虽然需要有一种比较强烈的仁爱之心、公益之心、奉献之心，但是，更需要有一种社会责任感与公民义务感。调查发现，被调查者在参加志愿服务活动前对志愿服务的直接认知是：43.5%选择"奉献"，31.1%选择"爱心"，15.0%选择"责任"，分列前三位。而参加志愿活动之后对志愿服务的认知是：43.0%选择"奉献"，依然排第一位；25.7%选择"责任"，上升到第二位；22.3%选择"爱心"，位列第三。对"责任"的选择提高了 10 多个百分点，排序上升一位。这种变化至少可以说明两个方面的问题：一是志愿者参加志愿活动之后，对志愿服务精神中的责任内涵认识提高了。对于志愿者来说，"责任"是志愿精神

---

　　[*]　本文选自《当代青年研究》2009 年 8 月。
　　[**]　廖菲、陈杰：中国人民大学人文奥运研究中心研究员。
　　[①]　参见黄翘云：《和谐小区长效机制的探讨》，载《武汉学刊》，2006 (1)，43～45 页。
　　[②]　此次调查，青年志愿者是指 14～28 岁之间的志愿者。调查的全部有效样本为 3 011 份，其中青年志愿者样本为 1 656 份，占到了总体样本的 55.0%。

的核心内涵之一。二是对于志愿者而言，在参加志愿服务活动之前，对志愿服务的深层内涵理解不够全面、深刻。

志愿服务作为一种帮助他人、改善社会环境的活动，具有较强的自愿性、自主性特征。调查显示，在参加志愿服务活动的原因中，有27.4%的人选择了"所属组织要求下参加"，排在原因之第二位。第一位是"提升自身能力，实现自我价值"，占37.7%；第三位是"奉献社会，履行社会责任"，占19.0%；第四位是"曾经接受过志愿者帮助，故自己也想去帮助他人"，占10.7%。从这样的排序看，目前，青年志愿者参加志愿服务的主体性与自主性不高。因此，培育青年志愿者的自主性参与是非常重要的，使青年志愿者从组织、单位、学校"要我做志愿服务"，向"我要做志愿服务"转变，在志愿服务中实现青年的主体性、自愿性与自主性。当前，在青年志愿服务中还夹杂着一定的功利性色彩，虽然绝大多数青年做志愿服务的动机不是为了功利。在访谈中发现，一些大学生志愿者组织的学生领导就这样和我们说，在他们看来，当前大学生志愿服务工作具有一定的功利性色彩。例如：一些大学生在参加志愿服务时，常常要问活动是否会给证明、证书，是否会发衣服、纪念品等等。而现实中一些奖励政策也常常将志愿服务活动与学生保研加分、担当学生干部、获得学分综合加分优势等结合起来。激励的关键在于能够将志愿精神深化，将志愿服务持久化。对于青年来说，即时的激励效果显著，而对志愿精神的深化、志愿服务的持久化则效果略显不足。多数大学生参与志愿服务工作只有一年半载，持续两年或三年的就比较少。对志愿精神缺乏深刻的理解与认知，青年志愿者志愿服务缺乏自愿性与自主性，还或多或少具有一些功利色彩，都将影响青年志愿服务长效机制建设。

二、青年志愿服务培训制度缺乏系统化

对青年志愿者进行系统培训是志愿服务长效机制建设的重要基础之一。它不仅能够使青年志愿者更深刻地了解志愿精神内涵，内化志愿精神的价值观，而且还可以保障青年志愿者在志愿服务中的科学化运作，建立起规范化的志愿服务工作管理体系。对于青年志愿者而言，志愿服务培训无论理念培育，还是知识储备，抑或实践指导都具有重要的作用。但是，在现实社会实践过程中，青年志愿者的培训机制不够健全，缺乏系统化，问题主要表现在这样两个方面：一是时间不够，二是重视程度不够。

（1）从培训时间看，有50.7%的青年志愿者表示没有接受过相关的培训，77.1%的青年人认为培训时间不够，11.8%的人对于培训时间是否够表示说不清楚，只有11.0%的青年人认为培训时间足够了。认为培训时间足够的青年人比例非常之低，足以说明对青年志愿者的培训不够充分，培训缺乏系统化。此外，在49.3%接受过培训的青年志愿者当中，有30.0%的人接受了1～5小时的培训，

23.8％的人接受了 6～10 小时的培训，也就是说，青年人中接受 10 小时以内的培训的人数刚过半。相比之下，中老年人中有 35.3％的人接受过 10 小时以内的培训，其余 64.7％的人接受培训时间在 11 小时以上。中老年培训均值高于青年培训均值两倍多。青年志愿者在接受培训时间方面也少于中老年志愿者。由此可见，青年志愿者的志愿服务的培训远远不够，显然无法满足提高志愿者素质、改善志愿服务的需要。虽然青年志愿者文化程度相对较高，但是，志愿服务是一项专业性要求较强的工作，并不仅仅是爱心、热心所能做到的，需要系统化、专业化的培训做保障。2008 年的四川汶川地震，就是对志愿者专业知识、专业技能的全面考验。而在香港，培训不仅注重对从事不同类别服务的专业知识和服务技能的培训，而且更注重对领袖义工的义工管理培训和领导力培训，且培训形式活泼多样，包括为义工举办义务工作持续培训课程、义工专才特约培训、具体服务项目技巧培训等，还制作及出版以义务工作为主题的影音教材。[①] 在台湾，志愿者的培训课程包括基础训练和特殊训练，基础训练包括"志愿服务"的内涵、志愿服务伦理、自我了解及自我肯定或快乐志工就是我（这两项任选一课）、志愿服务经验分享、志愿服务的法律认识、志愿服务发展趋势等 6 门课程，每课 2 小时，共 12 小时。特殊训练包括社会福利概述、说话艺术、人际关系等 6 门课程，每课 2 小时，共 12 小时。[②] 特殊训练还常常要因服务内容的不同而不断地开展。

（2）对于培训的重视程度不够。无论是志愿者本人，还是志愿者组织方面，就目前情况看，对培训都存在着一定程度的不重视。有一部分青年志愿者不愿意接受一定的培训，认为培训浪费时间，自己的素质较高，应该能够胜任志愿服务工作。还有些青年志愿者表现出了"急躁"，他们一方面急切盼望能够早点投入到志愿服务工作中去，另一方面却不能够对自己是否能胜任该工作作出较为理性的评估，由此导致他们不太愿意参与相关的培训。还有一些志愿组织认为有一些工作是不需要培训的，而诸如教育服务等又需要长期培训才能产生效果，况且培训需要一定的成本投入，有的组织难以承担这项工作的投入，因此，不重视志愿服务工作的培训，忽略给志愿者提供相关培训。一些志愿者组织的工作人员表示，他们不提供培训的原因之一就是现在有些青年志愿者觉得培训"太烦"，如果他们提供相关的培训，反而会间接地"赶走"一些志愿者。于是，这种对培训普遍的不重视，导致青年志愿服务培训不到位，无法确保志愿服务长效机制的发挥。

三、青年志愿服务实施缺乏规范化与持久性

志愿服务工作实践过程中的规范化与持久性同样是志愿服务长效机制的重要

---

① 参见王颖：《内地志愿者与香港义工制度的比较分析》，载《中大研报》，2008（42），1～2 页。
② 参见朱希峰：《遍地是志工——台湾社会福利服务中的志愿服务》，载《社会福利》，2007（2），2～3 页。

基础之一，无论是组织管理、组织发展、志愿服务项目的选择，还是志愿服务参与者的持久性参与，都是确保志愿服务工作实施规范化、持久性的重要因素。调查表明，在北京青年志愿服务的建设中存在着以下几方面问题：

（1）青年志愿者志愿服务的时间较少、频率较低。保证志愿服务的充足时间是提高志愿服务水平的一个重要前提。很多国家的平均志愿服务时间都非常长，比如：美国是世界志愿服务率最高的国家，美国的全民志愿服务参与率达50%，成年人平均每周有4.2小时的志愿服务时间；以色列志愿者平均每月服务16小时。[①] 在中国，以这次调查为例，北京市青年志愿者志愿服务的时间不仅相对较少、频率较低，而且少于中老年志愿者。青年志愿者每年志愿服务时间累计不足50小时的人占到了70.1%，而每年志愿服务时间不满50小时的中年志愿者和老年志愿者分别只占59.1%和46.1%，青年志愿者每年志愿服务时间不足50小时的比例分别高出中年、老年志愿者11、24个百分点，这说明青年志愿者的服务时间不如中老年志愿者多。每年服务不足50小时，意味着平均每周服务时间不足1小时，可以看出青年志愿者参与志愿服务的时间是非常少的。

在参与志愿服务的频率上，有79.4%的青年志愿者表示每年参与志愿服务的次数在10次以下，这说明绝大多数青年志愿者参与志愿服务的频率一个月不到一次，而中年和老年志愿者每年参与志愿服务次数在10次以下的只有55.4%和37.8%。青年志愿者每年志愿服务次数低于10次的比例分别高出中年、老年志愿者24、41.6个百分点，差距是比较突出的。从这些数据可以看出，青年志愿者参与志愿服务的时间、频率不仅比较少，甚至还少于中老年志愿者，作为志愿服务的主力军，这样的现状很难满足社会的需要，也无法建立起青年志愿服务工作的长效机制。

（2）青年志愿服务的持续性不强。调查发现，很多青年志愿者参与志愿服务的"临时性"特征较为明显，缺乏持久性。在"您参加志愿活动多长时间"的一项调查中，33.8%的青年志愿者表示在6个月以下，有55%的青年志愿者表示在1年以下。这一现象在北京高校青年志愿者中体现得尤为明显，很多高校青年志愿者参与志愿活动不到一年，甚至不到半年后就脱离了志愿组织。在国外，学生从中学，甚至从小学开始就一直参与志愿活动，而且相当多的人都是终身坚持志愿服务活动。这种"临时性"的志愿活动虽然能够在某个时点上起到一些作用，但从长期来看非常不利于我国志愿服务的长期发展。只有长期、持久地参与志愿服务活动，才能不断地加深志愿者对志愿活动的认同，积累实际经验，提高志愿服务的水平。

（3）青年志愿服务范围不够广泛，优势没能够充分发挥。中国的青年志愿者

---

① 参见若枚：《志愿服务在国外》，载《东北之窗》，2008（12），30～31页。

工作发展近 20 年了，在这 20 年中参加志愿服务的青年逐渐增多，文化等综合素养逐渐提高，但是，青年志愿者服务还多局限在对弱势群体的帮助上，而在协调社会关系与社会结构方面的作用有限，使青年志愿者的优势没有得到充分发挥。调查结果显示，目前北京市的青年志愿者从事的志愿服务活动大多数仍是环境保护等工作，而在咨询、教育等方面则相对较少。有 50.1% 的青年志愿者表示从事过环境保护志愿服务工作，50.0% 的青年参加了帮助老、弱、病、残等工作。而从事教育服务和咨询服务工作的青年志愿者比例分别为 37.0%、39.0%。一位街道社区主任告诉我们，其实在北京的很多小区里从事替老人打扫卫生等工作的志愿者是非常多的，但是小区现在更需要的是能够替老人、残疾人等弱势群体排解心理压力的"心理咨询师"。这就需要具有比较扎实的心理学知识和实际经验，而一般的志愿者是无法胜任这些工作的。可见，如何充分发挥青年志愿者在志愿服务中的知识、眼界、乐观等优势素养，不仅有利于青年志愿服务长效机制的建设，还可以凸显青年志愿者优势，突出青年志愿者服务价值，使青年志愿服务者能够持续地投入到志愿服务工作之中。

（4）青年志愿者的权益保障体系尚不健全。中国的志愿服务活动起步较晚，志愿服务的制度也不健全，与志愿者相关的法律、法规非常少，因此，志愿者的权益还不能得到相应的保障。1999 年广东省人大通过了国内第一部青年志愿者服务条例后，至今很少有省区制定青年志愿者服务条例。而国外一些发达国家对于志愿服务有明确的规定，比如德国的《奖励志愿社会青年法》、美国的《志愿服务法》、加拿大的《志愿工作法》等。[①] 在我国，志愿服务的权益保障问题时常成为制约青年志愿者参与志愿服务工作的因素之一。访谈发现，不少青年志愿者表示有时候自己想参与某项志愿服务活动，但又担心给被帮助者或自己带来损失，一旦出现这种情况就会带来很难解决的责任承担主体问题。此外，志愿者作为一个群体在社会上本应具有良好的形象，受到很多人的尊敬，但是，具体到志愿者个体时却并非全然如此。不少志愿者表示，他们在参与志愿服务活动时都受到不同程度的委屈，有些志愿者甚至受到了一些"非人的待遇"，甚至遭遇暴力袭击。这与社会上很多人对志愿者性质认识不清有关系，有的甚至将他们看成是"免费的劳动力"，也与志愿者的相关权益没有保障机制有关联。这种状况自然会在很大程度上打击志愿者的自愿性和主动性。因此，志愿者的权益保障建设迫在眉睫。

四、志愿服务工作长效机制建设的建议和思考

从目前中国志愿服务现状看，青年志愿服务的长效机制建设确实存在着一定的问题，从对志愿服务精神核心理念的认知与理解，到志愿服务培训的系统化，

---

① 参见陈素文：《比较与借鉴：中外青年志愿服务现状透视》，载《山西青年管理干部学院学报》，2008 (8)，5～7 页。

志愿服务实践的规范化与持久性，再到志愿服务者的权益保障等等，无一不关系着青年志愿服务的长效机制建设。针对这些问题，笔者认为应重点着手推进以下几方面工作，尽快完善志愿服务的长效机制建设，以便于全面、有效、广泛地开展志愿服务工作，提升中国国民的现代公民意识，提高我国公民尤其是青年人的志愿服务参与率，实现北京市政府制定的三年内全市参与志愿服务的人员达全市人口的30%的目标。①

（1）加强志愿服务精神内涵的宣传。联合国前秘书长安南认为："志愿者精神的核心是服务、团结的理想和共同使这个世界变得更加美好的信念。"志愿精神可以说是没有国界的，这一精神内涵在很多国家被当作激励青年人参与志愿活动的重要动力，因此，加强对志愿服务精神内涵的全面、细致的宣传，促进青年志愿者对志愿精神内涵的深刻、全面的认知就显得尤为重要。鉴于中国社会宣传教育的传统与特色，对于志愿服务精神的培养和宣传当从中小学校开始，从小培养、认识志愿服务理念，形成良好的志愿服务社会化环境。同时，加强媒体对志愿服务精神、权益、法律的相关知识的宣传，引导社会公众对志愿服务精神、志愿服务活动、志愿服务权益的关注与认知，形成一种积极参与社会志愿服务的环境场，促使更多的公民形成一种志愿服务的习惯。中国台湾地区对志愿服务的宣传与认知结果非常值得我们借鉴。在中国台湾地区有高达86%的青少年认为花时间参加志愿服务活动，对社会、对个人都很重要②，这足以说明在中国台湾地区青少年心目中已经树立起较强的服务社会的观念。

（2）建立志愿服务培训体系。培训体系的完善包括两个部分：一是要制定好培训的制度，二是要完善培训的内容。从某种程度上来说，志愿者肩负着改善社会环境的"重任"，志愿者自身的素质对于志愿活动的质量起到关键性的作用。因此，对志愿者的培训也就显得尤为重要。针对目前北京市志愿组织提供培训和志愿者接受培训的现状来看，志愿者组织首先要用长远的眼光看待培训的重要性，尽可能为志愿者提供相关的培训，同时，还要根据当代青年人的特点努力完善培训的形式和方式。当然，事前对青年志愿者进行宣传，使其认识到实际工作的复杂性、接受培训的重要性也是非常重要的。

（3）健全志愿服务实施的规范化、持久性管理。借鉴发达国家志愿服务的经验，吸取中国传统活动的运动式、形式性的教训，建立、健全志愿服务实施的规范化、持久性管理体系。为此，一方面要将志愿服务常态化、持久化，另一方面，要将志愿服务范围扩大化、深层化，充分发挥青年志愿服务者的自身优势，尊重他们的个性与发展需求，确保更多的人长期、持久地投身于志愿服务工作之中。

---

① 参见《三年内参与志愿服务市民将达 30％》，载《北京青年报》，2008 - 11 - 10。

② 参见朱希峰：《遍地是志工——台湾社会福利服务中的志愿服务》，载《社会福利》，2007（2），2～3页。

（4）切实保障青年志愿者的权益。保障青年志愿者的权益可以说是一件刻不容缓的事情，它对于改善目前和未来志愿服务活动都有着非常直接的作用。青年志愿者为社会、他人付出了自己的时间和精力，如果他们的权益得不到保障，将严重打击他们参与志愿服务的积极性与主动性。目前，关于志愿者的法律法规几乎处于"空白状态"。而中国台湾地区在 2001 年颁布了"志愿服务法"，是全球第二个颁布志愿服务法的地区。在"志愿服务法"出台以后，还颁布了一系列相关规定，诸如"志愿服务奖励办法"、"志愿服务证及服务记录册管理办法"、"志工理论守则"、"志愿服务绩效认证及绩效服务证明书发给作业规定"等 9 项相关规定[①]。不仅有"法律规定"做保障，还要求志愿服务运行单位为志愿者办理意外事故保险、特殊保险等，甚至在必要时还给予志愿者交通、就餐补助等费用。这些规定不仅保障了志愿者权益，客观上还发挥了激励作用。因此，中国大陆首先必须尽快出台、完善关于志愿者的法律、法规和政策，明确志愿者的权责，使青年志愿者在志愿服务活动时能够得到基本的保障。其次，媒体应该对侵害志愿者权益的一些过分的行为进行监督和报道，引导人们关注志愿者权益，并对志愿者服务行动予以尊重和支持。

（5）建立多样化的志愿者组织体系。当前，以党或政府某一个部门为依托的志愿者组织是中国志愿服务发展的一大特色，也是主要的形式之一。虽然这种形式在志愿服务活动中发挥着重要的作用，但是，未来会呈现出一种社会各种组织形式积极介入的多元并存、百花齐放的组织发展态势。余逸群 2005 年做的调查结果显示，49.1% 的青年志愿者认为青年志愿组织机构应该是"独立于政府外的非营利性组织"，15.9% 的青年志愿者认为青年志愿者组织机构应该是"半民间半官方的组织"，13.3% 的青年志愿者认为青年志愿组织机构应为"政府的一个部门"[②]。因此，无论是政府、党团组织，还是独立性的非营利组织，都能在志愿服务舞台上发挥积极作用，使中国志愿服务越来越活跃、越来越繁荣。建立多样化的志愿者组织体系，不仅利于吸纳更多的人加入到志愿者队伍中去，而且也有利于志愿服务水平的提高。

（6）建立有效的激励机制。有效的激励机制可以为青年志愿者从事志愿活动提供一个动力机制，改善仅靠志愿精神支持略显"单薄"的状况。目前，北京市虽然有一些激励机制，如天桥街道实施的时间储蓄制度，但是，这些措施从总体上看还比较少，周期也比较短。中国台湾地区的"志愿服务法"明确规定，志愿服务满 3 年，服务时数达 300 小时以上者，可以向地方主管机关申请核发志愿服务

---

① 参见朱希峰：《遍地是志工——台湾社会福利服务中的志愿服务》，载《社会福利》，2007（2），2～3 页。

② 参见余逸群：《青年志愿服务的组织建设和保障机制》，载《北京青年政治学院学报》，2005（3），17～20 页。

荣誉卡，该卡可以在一些收费的公立风景区、娱乐场所、文教场所等享受免费待遇。而对志愿服务时数达 3 000、5 000、8 000 小时以上者举行公开仪式，分别颁发志愿服务绩优铜质、银质、金质奖牌及证书。此外，各业务主管机关或运行单位也都有相应的奖励办法。如"内政业务志愿服务奖励办法"规定，对在"内政"等方面从事志愿服务时间达 1 500、2 000、2 500 小时以上者分别颁授"内政业务志愿服务"铜质、银质、金质徽章及获奖证书①。在中国台湾地区，无论是行政当局的部门，还是志愿服务运行单位，规定的志愿服务奖励大多以精神奖励为主。但是，不容否认的是，客观上都发挥着非常好的激励作用。因此，在中国大陆，要促进青年志愿者的长期发展，必须建立长效的激励机制，还要保证这些激励措施能够较好地实施。这样，既可以激励青年长期持久地参与志愿服务，弘扬志愿精神，而且可以减小一些功利性动机对青年志愿者志愿服务的影响。

---

① 参见朱希峰：《遍地是志工——台湾社会福利服务中的志愿服务》，载《社会福利》，2007（2），2～3页。

首都大学生参与志愿服务现状的调查分析[*]
——兼论其对奥运志愿服务意愿的影响

魏娜　毛立红[**]

随着北京奥运会的日益临近，首都大学生参与奥运志愿服务的热情空前高涨。为深入了解首都大学生参与志愿服务的现状，把握其参与奥运志愿服务的意愿、动机和阻滞因素，以及首都大学生先前的志愿服务经历对奥运志愿服务参与意愿的影响等基本情况，以期为奥运志愿者组织管理工作和后奥运时期我国志愿服务事业发展提供现实依据和政策建议，中国人民大学人文奥运研究中心"志愿精神与奥运志愿服务"课题组于 2008 年 3 月对北京高校大学生进行了一次关于首都高校志愿服务与奥运志愿服务基本情况的问卷调查。

本次调查采用简单随机抽样的方法，抽取了中国人民大学、北京外国语大学、北京理工大学、北京医科大学、首都师范大学、中国地质大学、北京体育大学等七所北京高校，然后在每所高校采用偶遇抽样法抽取 50 人作为研究对象，共发放问卷 365 份，有效回收 350 份，有效回收率为 95.9%。在有效回收问卷中，男性占 45.7%，女性占 54.3%，男女比例大致相当，女性稍多。年龄在 20 岁以下（含 20 岁）的占 25.4%，21~25 岁的占 67.4%，25 岁以上的占 7.1%，基本符合受访群体的年龄结构。受访者有 45.4% 来自农村或集镇，有 54.6% 来自城市，其中独生子女占 56.6%。本文运用志愿服务相关理论，以 SPSS 应用统计软件整理出来的数据和相关访谈资料为基础，对首都大学生参与志愿服务与奥运志愿服务的现状进行分析和探讨。

一、大学生参与志愿服务的基本情况

首都高校志愿服务近年来发展迅速，大学生志愿服务体系日渐完善。本次调查从大学生是否接受过志愿服务、是否参与过志愿服务、参与志愿服务的范围、参与志愿服务的形式与时间、志愿组织的类型，以及大学生对志愿服务的心理认知等几个方面，来考察首都大学生志愿服务发展现状。

---

　　* 本文选自丁元竹、魏娜、谭健光：《北京奥运志愿服务研究》，北京，北京出版社，2009。
　　** 魏娜：中国人民大学人文奥运研究中心副主任，教授。毛立红：中国人民大学公共管理学院博士研究生。

1. 接受志愿服务的情形

一个社会接受志愿服务帮助的人数的多寡和频次的高低直接反映着这个社会志愿服务的发展水平。本次调查结果表明（见表1），有近一半（48.6%）的受访者回答在生活中较少受到志愿者的帮助；有42.5%的受访者回答在生活中几乎没有受到过志愿者的帮助；仅有不到一成（8.9%）的受访者在生活中经常受到志愿者的帮助。受访者来自全国各地，其所感受到的志愿服务发展情形大致可以反映出目前我国志愿服务仍处于初步发展阶段。这一现实是研究和探讨我国志愿服务问题的基本出发点。

表1 　　　　　　　　　　　　**生活中，您被志愿者帮助过吗**

选项	频数	频率（%）
经常有	31	8.9
比较少	170	48.6
几乎没有	149	42.5
合计	350	100.0

2. 参与志愿服务的情形

是否参加过志愿服务活动，在很大程度上会影响个人对志愿服务精神的体会、对志愿服务社会形象的感知，以及未来参与志愿服务的意愿。从调查数据可以看出（见表2），有57.7%的受访者参加过志愿服务活动；有近四成（39.1%）的受访者从来没有参加过志愿服务；还有3.2%的受访者没有作出回答。可见，志愿精神在首都高校虽已扎根发芽，但尚未充分彰显，高校志愿服务发展仍不尽如人意。

表2 　　　　　　　　　　　　**您是否参加过志愿服务活动**

选项	频数	频率（%）
参加过	202	57.7
没有参加过	137	39.1
合计	339	96.8

3. 参与志愿服务的领域

目前，高校志愿服务领域日趋多元，而个体志愿者参与志愿服务领域却相对单一（见表3）。高校志愿服务在环境保护领域最为活跃，回答参加过志愿服务的受访者中，有近一半（49.5%）参加过环境保护志愿服务；其次是扶贫助弱（32.2%）和支教、助学（31.2%）；再次是大型活动（27.7%）；奥运志愿服务虽然只是在申奥过程中和新近的"迎奥运"活动中才兴起的志愿服务项目，但有志愿服务经历的受访者中，参与比例高达25.7%，大学生的奥运热情由此可窥一斑；最后是海外志愿服务，仅占2.5%。可见，在现阶段中国的志愿服务事业还主要在国内发展，但我们相信随着中国更多地参与各种国际事务，越来越多的中国志愿者将参与到海外志愿服务事业中，并推动其进一步发展。此外，本题是一道多选题，在作答的 202 名受访者中，各项志愿服务项目的入选频率总和为 179.7%，平均而言，每个人参加过的志愿服务项目不到两项。

表 3　　　　　　　　　　**曾参与过的志愿服务的领域（多选）**

选项（多选）	频数	频率（%）
扶贫，帮助弱势群体	65	32.2
环境保护	100	49.5
大型活动	56	27.7
海外志愿服务	5	2.5
奥运志愿服务	52	25.7
支教、助学	63	31.2
其他	22	10.9
合计	363	179.7

4. 参与志愿服务的形式

志愿服务并非全副精神的投入，而是余时余知的奉献。[1] 因此，志愿组织很难要求每个志愿者都持之以恒，或有规律地参加志愿活动。这一点从调查数据中可以很清楚地显示出来（见表 4）：24.7% 的受访者是集中一段时间参加；23.2% 的受访者参与时间不规律；仅有一小部分受访者（9.8%）表示参与志愿服务的时间比较规律；40.2% 的受访者表示只是偶尔参与志愿服务。在访谈中，我们也了解到大学生虽然对志愿服务充满热情，但由于课业负担较重，就业压力日益沉重，课外时间又忙于复习准备各种证书考试等多种原因，致使他们参与时间很不规律，而很大一部分人只能是偶尔参加，也有一部分是利用节假日集中参加志愿服务活动。在下面的调查数据中（见表 11），我们也可以看出，时间压力是影响受访者志愿服务参与动机的首要障碍。

表 4　　　　　　　　　　**您参加志愿服务的形式一般为**

选项	频数	频率（%）
集中一段时间参加	48	24.7
时间比较规律	19	9.8
时间不规律	45	23.2
只是偶尔参加	78	40.2
其他	4	2.1
合计	194	100.0

5. 参与志愿服务的时间

志愿者参与志愿服务时间的长短，对于他们体会志愿服务的价值，感悟志愿

---

① 参见陈武雄：《志愿服务理论与实务》，26 页，台北，扬智文化事业股份有限公司，2004。

精神无疑有很大的影响；同时，志愿者参与志愿服务时间的长短，也是衡量一个国家和地区志愿服务发展水平的重要指标。调查数据显示（见表5），在近一年中，42.2%的受访者参加志愿服务活动的时间在5天以内；志愿服务时间在半个月以内的占调查样本量的78.3%；志愿服务时间超过半个月的有21.7%；仅有8.8%的受访者在近一年内志愿服务时间超过了一个月。

表5　　　　　　　　　近一年中累计参加志愿服务活动的天数

选项	频数	频率（%）
5天以内	82	42.2
6～15天	70	36.1
16～30天	25	12.9
30天以上	17	8.8
合计	194	100.0

6. 志愿组织类型

现代志愿服务是一种有组织的公益服务，志愿组织在动员社会力量参与志愿服务、推进志愿服务日常化和制度化方面发挥着至关重要的组织保障作用。调查结果表明（见表6），在大学生志愿者参加的志愿者组织类型中，主要是学校（73.3%），其他依次是志愿者协会（38.6%）、政府（14.9%）、民间团体（8.4%）和社区（7.9%）。值得一提的是，自发性志愿服务行为出现的频率（14.4%）竟高于社区和民间团体组织的志愿服务，可见，生活中还有很大一部分志愿服务供给和需求没有被志愿组织纳入自己的服务项目。因此，志愿者组织尚需进一步提高其志愿服务项目策划能力、宣传动员能力和组织管理能力，以准确把握社会对志愿服务的需求，有针对性地开展服务项目，并有效组织动员志愿者参与其中。

表6　　　　　　　　参与的志愿服务主要由谁来组织（多选）

选项（多选）	频数	频率（%）
政府	30	14.9
志愿者协会	78	38.6
慈善组织等民间团体	17	8.4
社区	16	7.9
学校	148	73.3
自发性行为	29	14.4
其他	2	1.0
合计	320	158.5

其实，这种自愿服务组织格局的出现与北京市志愿服务体系发育现状密切相关。北京志愿者协会2006年普查数据显示，在北京市青年志愿者组织体系中，共青团系统的组织（包括学校共青团委、企业共青团委和其他共青团委），总共有

106 家，占北京市志愿者组织总数的将近四成；其次为民政系统的组织，共有 40 家，占总数的 14.8%；再次为其他体制内系统或单位，有 37 家组织，占总数的 13.7%；然后是民间组织，共有 29 家，仅占总数的一成多。[①] 可见，学校、共青团系统的组织（包括学校共青团委和各级志愿者协会）和其他官方组织在青年志愿者组织体系中仍占据绝对主导地位，而民间组织发起的志愿服务却只占很小比例。

从志愿服务发展历程来看，这种官方主导的志愿者组织模式是志愿服务发育尚不成熟的一种表现。从本质上讲，现代志愿服务是一种民间性、自主性、非营利性和志愿性的公益服务。不可否认，在志愿服务发展初期，政府主导的自上而下的发展模式有动员能力强、组织管理便利、发展迅速等优势，但随着志愿服务的进一步发展，这种单一的组织模式已不利于志愿服务全方位、多层次、宽领域的普及与拓展。此外，过高的官方干预容易导致志愿服务含有政策导向性与强制性色彩，难以彰显其社会回应性、经营灵活性等优势。长此以往，将不利于志愿服务事业的可持续性发展。因此，政府主动让渡社会管理职能，大力培育民间志愿组织，推进志愿服务事业的社会化，应成为进一步促进志愿服务发展的政策选择。

7. 参与志愿服务的意愿

在参与志愿服务的意愿方面，调查发现（见表 7），七成多（72.6%）的受访者表示非常想做，这意味着北京高校志愿服务的进一步发展具有深厚的社会心理基础。但值得注意的是，有 24.5% 的受访者对志愿活动持无所谓的态度，还有近 3% 的受访者表示不想做志愿服务，这些消极的志愿服务意向表明，在大学生这一社会道德责任感较高的群体中，志愿精神尚未深入人心，仍需进一步宣传普及。此外，有参与志愿服务的意愿，只是表明受访者有从事志愿服务、奉献社会的心理需要，这并不一定会产生志愿服务行为。管理心理学告诉我们，一定的内在心理需要诱变为行为动机，进而化为行动，需要一定的外部环境的刺激。就志愿服务而言，让潜在志愿者感兴趣的服务项目、具有移情效果的志愿者招募宣传、良好的志愿组织管理以及有效的志愿者激励措施等都可能会诱发并激励出持久性的志愿服务行动。

表 7   您对参与志愿服务的态度

选项	频数	频率（%）
非常想做	254	72.6
不想做	10	2.9
无所谓	86	24.5
合计	350	100.0

① 参见北京志愿者协会：《北京市志愿服务调研报告》，2006。

8. 对志愿服务社会形象的认识

良好的志愿服务社会形象是保障志愿服务健康发展的社会心理环境，也是推动志愿服务发展不竭的力量之源。志愿服务良好社会形象的塑造，需要志愿精神的大力宣传与普及，需要政府对志愿服务的有效管理，更需要志愿者无私奉献的志愿行为对社会的榜样作用。同时，志愿者在志愿服务中身体力行也会加深对志愿服务的认识。调查显示（见表8），当问及社会对志愿服务的看法这一问题时，有77.1%的受访者感受到社会对志愿服务的积极评价（51.1%的受访者认为志愿服务是倡导人们互帮互助的有意义的活动，26.0%的受访者认为志愿服务有利于社会和谐、进步），但也有5.4%的受访者对志愿服务持有负面评价。此外，还有17.5%的受访者对志愿服务的社会形象缺乏明确认识。

表8　　　　　　　　　您感觉社会各界怎样看待志愿服务活动

选项	频数	频率（%）
纯粹是做宣传、搞形式	13	3.7
是琐碎而没有意义的活动	6	1.7
是倡导人们互帮互助的有意义的活动	179	51.1
有利于社会和谐、进步	91	26.0
不知道	61	17.5
合计	350	100.0

二、大学生对奥运志愿服务的认识与看法

1. 参与奥运志愿服务的动机与阻凝

首都大学生对奥运志愿服务的热情在奥运志愿者申请报名的踊跃行动中得到了充分体现。数据显示（见表9），有62.3%的受访者报名参加奥运志愿服务。事实上，不仅是大学生踊跃参与奥运志愿服务，奥运会也点燃了全民参与志愿服务的热情。人民网的调查数据显示，将近95%的受访市民在调查中表示希望或愿意成为奥运会志愿者，而其中有80%以上的人是从来没有参加过志愿者活动的。[①]

表9　　　　　　　　　您是否报名参加奥运志愿服务

选项	频数	频率（%）
是	218	62.3
否	132	37.7
合计	350	100.0

志愿者动机一直是志愿服务研究的一个焦点性问题。意大利学者马尔塔和波

① 参见《北京'08奥运志愿者社会形象调查报告》，http：//2008.people.com.cn/GB/22180/22193/94175/7080449.html。

兹（E. Marta and M. Pozzi）研究认为，青年志愿者参与志愿服务的动机模式是复合多元的，既有利他的因素，也有自利的因素。[①] 台湾学者曾华源等人也研究指出，志愿者参与志愿服务最希望得到的是"自我成长"，其次是"帮助别人，贡献个人力量给社会"，再次是"看到需要协助的人得到协助及生活改善"。显然，志愿者参与动机是以社会性取向及个人成长的需要为主，其中交杂着个人内在心理满足因素与外在人际、情景互动的结果，参与志愿服务同时兼有利他与利己的因素。[②]

我们的调查数据与上述观点明显具有一致性。表 10 中的数据显示，在考察参与奥运志愿服务的主要原因的这道限选三项的题目中，入选频率最高的是"锻炼自己"（88.1%）；其次是"社会责任"（65.6%）；再次是"感到光荣"（58.3%）和"多结识朋友"（31.2%）；入选频率较低的是"可以近距离接触体育明星"（11.5%）和"免票看比赛"（5.5%）。各选项入选的频率总和为 263.0%，可以看出受访者参与奥运志愿服务的动机明显具有复合多元性。依马尔塔和波兹的观点，多元动机激励的志愿行为，是与心理满足和良好的组织整合相关联的。而且，多元动机驱动的行为比仅受经济刺激的行为可能更具有持久性和坚韧性。

表 10　　　　　　报名参加奥运志愿服务的主要原因（限选 3 项）

选项	频数	频率（%）
社会责任	143	65.6
锻炼自己	192	88.1
感到光荣	127	58.3
多结识朋友	68	31.2
可以近距离接触体育明星	25	11.5
免票看比赛	12	5.5
其他	6	2.8
合计	573	263.0

参与报名的受访者有各自的动机模式，不愿报名的受访者也有各自的原因。根据调查结果（见表 11），受访者不愿参加奥运志愿服务的首要原因是怕占用太多的时间（37.1%）；其次是担心自己的能力有限，怕做不好（25.8%）；担心岗位分配不符合自己的兴趣也是受访者不愿参与奥运志愿服务的一个重要方面（20.5%）；另有7.6%的人害怕自己身体吃不消；仅有 3.0%的受访者回答不愿参加奥运志愿服务的原因是怕别人不理解或有偏见；其他原因占 22.0%。在访谈中笔者了解到，其他原因主要是暑假有其他事情，如参加考研辅导班、参与课题调研等，怕时间上有冲突。此外，在回答其他原因的同学中，还有一些人认为奥运志愿者选拔竞争激烈、条件过于苛刻，即使报名参加，被选中的可能性也很小，因此没报名参加。

---

①　E. Marta and M. Pozzi，"Volunteerism During Young Adulthood：An Italian Investigation into Motivational Patterns，" *Voluntas*，2006（17），pp. 221-232.

②　参见曾华源、曾腾光：《志愿服务概论》，212～214 页，台北，扬智文化事业股份有限公司，2003。

表 11　您不愿参加奥运志愿服务的主要原因（限选 3 项）

选项	频数	频率（%）
怕占用太多的时间	49	37.1
怕别人不理解或有偏见	4	3.0
担心自己的能力有限，怕做不好	34	25.8
怕身体吃不消	10	7.6
担心岗位分配与自己的兴趣不符	27	20.5
其他	29	22.0
合计	153	116.0

社会心理学认为，志愿服务是一种由利他主义激发的亲社会行为。所谓亲社会行为，就是以利于他人为目标所采取的行动。亲社会行为理论认为，在时间压力较大的情况下，人们作出亲社会行为的可能性会降低。[①] 这一理论观点在上述调查数据中得到了有力的证明：怕占用太多时间仍是受访者不愿参加奥运志愿活动的首要原因。此外，在其他原因中很大一部分也是时间冲突，受访者因此而放弃了参加奥运志愿服务。

此外，奥运会在 8 月份举行，时值北京天气炎热、酷暑难耐的时节，因此，有 7.6% 的受访者回答怕身体吃不消也在情理之中。然而有两成多的受访者因为兴趣的原因而不愿参加奥运志愿服务颇耐人寻味。可以看出，志愿者参与志愿活动并不仅仅是出于纯粹的利他动机，还有不少利己的因素在里面。

2. 对奥运志愿服务的组织承诺

组织承诺（organizational commitment），也就是组织成员对组织的认同与忠诚，体现了个人与组织之间的一种"心理契约"。加拿大学者迈耶和艾伦（Meyer and Allen）将组织承诺定义为"体现员工和组织之间关系的一种心理状态，隐含了员工对于是否继续留在该组织的决定"，具体体现为个人对组织的感情依赖、认同和投入，个人对离开组织所带来的损失的认知，个人对继续留在组织的义务感等三个方面。[②]

希望成为奥运志愿者的受访者对奥运志愿者组织的组织承诺程度如何呢？调查数据显示（见表 10），在受访者参与奥运志愿服务的动机模式中，除了基于社会责任的利他动机之外，还混合着锻炼自己、结识朋友，甚至近距离接触明星、免费观看比赛等利己动机。如果志愿者被录用，而志愿服务岗位的分配又未能如愿，他们会持什么样的态度呢？统计数据显示（见表 12），在 218 名报名参加奥运志愿者招募的受访者中，有九成以上（91.3%）的受访者选择会接受组织岗位分配（其中 76.6% 的人表示服从分配，14.7% 的人表示勉强接受），有 8.7% 的受访者会

---

① 参见［美］戴维·迈尔斯：《社会心理学》，376～377 页，北京，人民邮电出版社，2006。

② Meyer, J. & Allen, N. J., "A Three-Component Conceptualization of Organizational Commitment," *Human Resource Management Review*，1991 (1)，pp. 61-89.

申请调剂，没有人因为服务岗位不理想而拒绝组织岗位安排。可以看出，绝大部分参加奥运志愿者招募报名的受访者因能参与到奥运志愿服务中，而充满了强烈的自豪感和荣誉感，具有很强的大局意识和责任意识，对奥运志愿服务具有较高的组织承诺。当满足兴趣、锻炼自己或结交朋友等利己动机与服从组织安排的利他动机发生冲突时，利他动机具有优先性。无疑，这种利他优先的动机模式对奥运志愿者管理具有重要的意义，它会大大降低奥运志愿者的离岗率，便于奥运志愿者管理工作顺利进行，是保障奥运志愿服务有效供给的心理契约。

表 12　　　　　　　如果您没被分配到想要参加的服务项目中，您的态度

选项	频数	频率（%）
服从分配	167	76.6
勉强接受	32	14.7
申请调剂	19	8.7
不服从	0	0.0
合计	218	100.0

3. 关于物质补助

萨弗瑞特和梅里尔（Safrit and Merrill）认为，志愿服务的一个重要内涵就是不包含经济报酬获取动机；美国志愿者协会也认为没有报酬是志愿服务的一个重要特征。[1] 台湾"志愿服务法"则明确把志愿服务界定为不以获取报酬为目的，以提高公共事务效能及增进社会公益所为之各项辅助性服务。[2] 总而言之，不支酬已被学界公认为志愿服务的一个重要特征。调查数据显示（见表 13），在问及参加奥运志愿服务是否应该给予相关补贴时，近一半（49.1%）的受访者回答应补贴相关的开支；22% 的受访者表示没必要给补助；但也有 20.3% 的受访者表示除相关补贴外，还应给予适当奖励，另有近一成（8.6%）的受访者对于这一问题缺乏明确认识。可以看出，虽然志愿服务不是以获取报酬为目的，但大部分受访者还是认为应该给予补助。

表 13　　　　　　　您认为参加奥运志愿服务，是否应该给予相关补贴

选项	频数	频率（%）
没必要给补助	77	22.0
应该补贴相关的开支	172	49.1
除相关补贴外，还应给予适当奖励	71	20.3
不知道，无所谓	30	8.6
合计	350	100.0

---

① Mary Merrill，LSW，"Global Trends and the Challenges for Volunteering，" *The International Journal of Volunteer Administration*，Volume XXIV，Number 1，July 2006，pp. 9-14.

② 参见江明修：《志工管理》，89 页，台北，智胜文化事业有限公司，2003。

参考访谈资料，本文认为产生这些认识的原因可能有以下几个方面。（1）经济原因。从本调查受访者基本情况部分的分析得知，绝大部分受访者家庭经济情况处于能够维持生活（44%）或小康水平（47.4%），经济条件相当宽裕的仅占3.1%，另外还有5.4%的受访者来自经济条件比较困难的家庭。此外，受访群体作为在校生缺乏经济自主性，除家庭供应外，基本没有其他经济来源。由此看来，参加奥运者招募报名的受访者希望能获得一定的补助也是无可厚非的。（2）心理满足感。适当的经济补助和物质奖励，不仅体现了志愿组织对志愿者的关怀与体贴，不致使其产生"自己是'廉价劳动力'"的误解，同时，也会增强志愿者对志愿组织的认同感，提高其组织承诺度。（3）就希望获取相关补贴和适当奖励的受访者以及对此缺乏明确认识的受访者而言，可能因为我们对志愿精神的宣传还没有完全到位，导致受访群体对志愿服务的无偿性还有不同理解，一部分人虽然认识到志愿服务的无偿性，但认为志愿者不应支付志愿服务的相关经费。

针对上述情况，除应大力宣传普及志愿精神之外，在志愿者管理过程中，志愿组织在满足志愿者荣誉感、成就感等精神层面需求的同时，还应辅以适当的经济补助和物质奖励，不致因经济上的原因而挫伤志愿者的积极性。但值得注意的是，经济补贴一定要适度，否则会适得其反。布鲁诺·S·弗雷和洛伦茨·戈特（Bruno S. Frey and Lorenz Goette）的实证研究表明[1]，就志愿者激励而言，外在刺激和内在动机之间存在着负相关关系，具体而言，外在的经济补贴可能会产生"挤出效应"，减损志愿者内在的服务动机，影响志愿者服务的积极性。

4. 关于奥运志愿服务对我国志愿服务发展的影响

1998年汉城奥运会以来，几乎每届奥运会结束后，在奥运志愿服务的影响下，都会在举办国掀起一股志愿服务的高潮。可以预见，北京奥运会志愿服务也必将对我国的志愿服务事业产生广泛而深远的影响。从调查数据得知（见表14），近一半（46.9%）的受访者认为奥运志愿服务会提高全民的志愿意识；近三成（28.3%）的受访者认为通过奥运会可以提高志愿组织的管理水平；还有两成多（20.3%）的受访者表示奥运志愿服务会引起政府对志愿服务的重视，进而促进志愿组织的发展；只有极少数人（4.5%）认为奥运会志愿服务对我国志愿服务事业的发展影响不大。

事实上，早在奥运会筹办过程中，在各级政府的大力倡导下，为营造全民迎奥运的浓厚社会氛围，普及奥林匹克运动和志愿服务理念，全国各地就开展了各式各样的"迎奥运"志愿服务活动，在全社会持续掀起了参与奥运会志愿服务的热潮。这从奥运志愿者招募报名情况就可以反映出来，北京奥运会、残奥会赛会志愿者预计招募10万人，而最终申请人数竟高达112.5万余人。此外，本调查数

---

① Bruno S. Frey and Lorenz Goette，*Does Pay Motivate Volunteers*? Downloaded from：http://ideas. repec. org/p/zur/iewwpx/007. html.

据也显示，在参加过志愿服务活动的受访者中有近 26% 参加过奥运志愿服务。不可否认，这份参与热情主要是由参与奥运会的自豪感和荣誉感所点燃，但奥运志愿服务对志愿服务的助推作用不可低估，人民网 2008 年 3 月的调查显示[①]，当问及受访者是否有参与其他志愿活动的意愿时，42.6% 的受访者明确表示愿意参加奥运会之外的志愿者活动，仅有 8.1% 的人表示不太愿意。

表 14　　　　您认为 2008 年奥运会志愿服务对我国志愿服务的发展最大的影响是

选项	频数	频率（%）
提高了全民的志愿意识	164	46.9
提高了志愿组织的管理水平	99	28.3
引起政府重视，促进志愿组织发展	71	20.3
影响不大	16	4.5
合计	350	100.0

三、几项相关性分析

1. 接受过志愿者的帮助与参加志愿服务活动之间的相关性分析

在设计调查问卷时，笔者有这样一种理论假设：接受过志愿服务的人更倾向于参加志愿服务，奉献爱心，回报社会。

运用 SPSS 统计软件对"生活中被志愿者帮助过"与"参加志愿服务活动"之间的相关性进行 Chi-Square 检验，分析结果显示 Pearson Chi-Square 的 Sig. 值 0.000＜0.05，表明二者之间具有强相关性。

数据显示，在生活中经常被志愿者帮助的受访者中，有九成多（90.3%）的人有过志愿服务经历，只有近一成的人没有志愿服务经历；在生活中较少受到志愿者帮助的受访者中，有 66.5% 的人表示有志愿服务经历，有 33.5% 的人表示没有志愿服务经历；在生活中几乎没有受到过志愿者帮助的受访者中，有 40.9% 的人表示有志愿服务的经历，有 59.1% 的人没有志愿服务经历。一句话，受志愿者帮助的频度与参与志愿服务的可能性之间具有正相关关系，简言之，接受过志愿服务的人更倾向于参加志愿服务。这一相关性检验有力地支持了笔者的理论假设。

从社会心理学角度讲，亲社会行为理论认为，利他主义社会化是增加志愿服务等亲社会行为的一个重要途径，而树立利他主义榜样则是利他主义社会化的一个重要方法。[②] 上述数据分析有力地证明了这一论断，也就是说，受助者在志愿者利他主义的感染熏陶下，习得社会互惠规范和责任规范等道德规范，也会产生较

---

①　参见《北京'08 奥运志愿者社会形象调查报告》，http：//2008. people. com. cn/GB/22180/22193/94175/7080449. html。

②　参见［美］戴维·迈尔斯：《社会心理学》，376～377 页，北京，人民邮电出版社，2006。

强的利他动机，进而激发出利他行为。换言之，志愿精神具有很强的传递性和感染性，对于经常接受志愿服务的人来说，他们极其愿意奉献自己的力量来回馈社会。

由此，我们可以看出，志愿服务对于一个社会来说具有良性循环之功效。随着志愿服务的影响力、涉及面不断扩大，越来越多的人会参与其中，越来越多的人也会以同样的方式来回馈社会，这对建设社会主义和谐社会无疑具有重大意义。

2. 志愿服务经历和对志愿服务社会形象认识之间的相关性分析

基于对调查访谈资料的分析，笔者的第二个理论假设是，参与过志愿服务的人更倾向于对志愿服务作出积极的评价。运用 SPSS 统计软件对志愿服务经历与对志愿服务社会形象的认识之间的相关性进行 Chi-Square 检验，分析结果显示 Pearson Chi-Square 的 Sig. 值 $0.010 < 0.05$，表明二者之间具有强相关性。从数据可以看出，有志愿服务经历的受访者中，有 93.4% 的人对志愿服务持有积极的评价，仅有 4.2% 的人对志愿服务持消极评价，有 2.4% 的人对志愿服务的社会印象缺乏明确认知；在没有志愿服务经历的受访者中，有 87% 的人对志愿服务持积极评价，有 9.2% 的人对志愿服务持消极评价，有 3.8% 的人对志愿服务的社会印象缺乏明确认知。也就是说，有志愿服务经历的人比没有志愿服务经历的人更倾向于对志愿服务持积极的评价。

分析其原因，可能是因为没有志愿服务经历的人对志愿服务理念和志愿服务现状缺乏全面的认识和深刻的理解，因此，有较高比例的人对志愿服务的社会印象缺乏明确的认知或持消极的评价；相反，有志愿服务经历的人对志愿服务有深刻的体会和感悟，因此，更有可能作出积极的评价。但值得注意的是，在参加过志愿服务的受访者中也有 4.2% 的人认为志愿服务是纯粹做宣传、搞形式，有2.4% 的人对志愿服务的社会印象缺乏明确的认知，这也反映了在目前的志愿服务实践中还存在着形式主义和志愿服务理念宣传不到位等问题，值得政府有关主管部门和志愿组织管理者思考。

3. 志愿服务经历与报名参加奥运志愿服务之间的相关性分析

克拉里和斯奈德等人（Clary and Snyder, et al.）在一项以大学生为研究对象的"强制性志愿服务"的研究项目中发现，未来的志愿服务意愿与曾经的志愿服务经历之间有很强的相关性：如果志愿者参与志愿服务过程中具有较高的自主性（也就是感受到较少的外部控制），那么未来参与志愿服务的意愿就可能较高；反之，如果志愿者在较大的外部压力的情况下参与志愿服务，那么未来参与志愿服务的意愿就可能较低。[1]

---

① Clary, E. G. and Snyder, M., "The Motivations to Volunteer: Theoretical and Practical Considerations," *Current Directions in Psychological Science*, 1999, 8 (5), pp. 156-159.

根据克拉里和斯奈德等人的观点，我们可以得出推论：曾经的志愿服务经历与报名参加奥运志愿服务之间具有强相关性。运用 SPSS 统计软件对志愿服务经历与报名参加奥运志愿服务之间的相关性进行 Chi-Square 检验，分析结果显示 Pearson Chi-Square 的 Sig. 值 0.000＜0.05，表明志愿服务经历与报名参加奥运志愿服务之间具有强相关性。通过数据，我们可以清楚地看出，在有志愿服务经历的人群中，报名参与奥运志愿服务的概率高达 73.8%，而没有志愿服务经历的被访者中只有 46.6% 的人报名参与奥运志愿服务。也就是说，有志愿服务经历的人对奥运志愿服务有更高的参与热情。本文认为有两种可能的原因：（1）曾经的志愿服务经历使他们对志愿服务理念有了较为深刻的体悟，因而产生了较强的志愿服务意识与责任观念，同时志愿服务实践也培养和提高了其服务技能。此外，以往美好的志愿服务经历往往会激励其下次继续参与。（2）与没有志愿服务经历的受访者相比，有志愿服务经历的受访者往往具有较高的利他精神，因此，在此次奥运志愿者报名人数中，有志愿服务经历的受访者所占的比例较高。

这一论断启示我们，在目前我国的志愿服务主要是以官方或准官方志愿组织为主的动员模式下，一定要重视志愿者参与志愿服务的自主性与自愿性，杜绝"强制性的志愿服务"，唯此，才能保证志愿服务的健康发展。

四、结论

基于以上分析，本研究可以总结出以下几项结论：

（1）首都大学生志愿服务尚处于初步发展阶段。与发达国家相比，首都大学生志愿服务主要表现出参与志愿服务的偶发性、短时性，参与志愿服务项目的单一性，以及组织模式的行政化，民间志愿组织发育迟缓等特点。

（2）非强制性的志愿服务具有自我发展的良性循环机制。志愿服务的这种良性循环机制主要体现在以下两个方面：1）自主自愿的志愿服务有利于志愿者对志愿精神的体悟，提高其对志愿服务的认识，进而强化了志愿者未来参与志愿服务的动机；2）随着志愿服务事业的发展，越来越多需要帮助的人会受惠于志愿服务，而大多数受助者在志愿精神的感召下，也会积极投身于志愿服务事业。

（3）大学生参与奥运志愿服务的动机模式是复合多元的，对奥运志愿服务的组织承诺度较高，有利于奥运志愿者的组织管理。一般而言，大型活动志愿服务具有较高的效率导向和任务导向，而较高的效率导向可能会削弱志愿者的自主性，影响其利己动机的实现，不利于志愿者的组织和管理。本调查数据显示，有参与意愿的大学生对奥运志愿服务具有较高的感情承诺，这无疑为奥运志愿者的有效管理提供了良好的心理基础。

（4）奥运志愿服务将会大力促进我国志愿服务事业的发展。奥运志愿服务在我国掀起了空前的志愿服务热潮，以此为契机，政府有关部门、志愿组织和学界应积极推进志愿服务理论研究，大力宣传普及志愿服务理念，改革志愿服务管理体制，强化志愿组织建设，以提升公众对志愿服务的认知水平和参与热情，引导社会各界关注、支持和参与志愿服务事业，推动志愿服务事业向组织化、规范化、日常化的方向发展。

第四章

重要课题研究成果

一、奥运会总体影响（OGI）

项目来源：国际奥委会

首席专家：郑杭生、邹骥

立项时间：2002 年　结项时间：2011 年

课题成果简介：

"奥运会总体影响"英文全称为 Olympic Games Impact（缩写为 OGI），是指奥运会对举办城市乃至所在国家在环境、社会与文化、经济方面的综合影响。

国际奥委会认为，奥运会是一次持续时间不长的事件，奥运会的组织和举办将对举办城市产生影响。一般来说，举办地区的地理位置和社会文化特点将会影响到奥运会的形式，举办奥运会也会推动举办地在许多方面作出调整和改变，甚至对举办地区的发展产生一定的影响。因此，确定这个影响在不断丰富奥林匹克运动内涵的同时，也将为举办城市留下宝贵的遗产，而且对指导以后举办城市的筹办工作具有重要的现实意义。

鉴于此，国际奥委会决定，自 2004 年雅典奥运会开始，各届奥运会的总结报告将由过去的三个部分，即申办文件及分析、奥运庆典、筹办情况概述，扩充为四个部分。第四部分的内容为：全面描述奥运会对举办城市乃至所在国家在环境、社会与文化、经济方面的影响，要求在奥运会结束两年后提交。

由于评估奥运会总体影响的时间跨度是从申办开始直至奥运会结束后两年，因此雅典和都灵都不可能提供完整的报告。北京是第一个能够对奥运会整个阶段的全面影响进行评估的城市，时间从 2000 年一直延续到 2010 年，因此，北京奥组委的这个研究项目在现代奥林匹克运动史上具有开创性意义。

北京奥组委作为"奥运会总体影响"研究的组织单位，为了完成这项时间跨度长、涵盖面广、专业技能要求高的课题，专门委派奥组委职能部门负责领导、组织和协调工作（由奥组委新闻宣传部负责），并于 2003 年 6 月 20 日经过招投标程序选择中国人民大学为该项目研究工作的牵头执行单位，并与之签订了服务合同，协调和指导项目的研究进展和执行情况。

二、残奥会总体影响（PGI）

项目来源：国际残奥委会

首席专家：杜鹏

立项时间：2007 年　　结项时间：2011 年

课题成果简介：

2002 年以来，国际奥委会要求各举办城市系统地评估奥运会的总体影响。作为这一评估内容的重要组成部分，在国际奥委会和国际残奥委会的倡导与支持下，2007 年，北京奥组委、中国残联会同中国人民大学启动了"北京残奥会总体影响研究"（PGI）这一项目。目前项目组已经完成了中期报告。

在国际奥委会和国际残奥委会提出七个社会弱势群体相关指标的评估规划之后，北京奥组委即对该项目高度重视，经过慎重的思考和遴选，认定中国残联是承担该项目的合适组织和重要主体。而中国残联同中国人民大学的科研队伍、专家学者素有合作，加上中国人民大学在奥运会、残疾人研究方面的优势，所以该项目的研究很快就形成了由三方共同推进、各有分工、经常沟通、知识共享的格局。

在合作协议签订之后，项目组迅速搭建了以中国残联原理事长汤小泉为组长、中国残联副理事长程凯为执行组长的项目领导小组。项目组的研究人员则会聚了残联系统和中国人民大学冯惠玲教授领衔、杜鹏教授为代表的众多专家及青年学术骨干。

项目组搭建之后，在多个层面以多种形式进行了沟通和交流。2008 年 6 月，北京奥组委、中国残联、中国人民大学项目组三方成员召开碰头会，杜鹏教授、王水雄副教授代表项目组研究人员就项目的规划作了汇报，在北京奥组委新闻宣传部部长徐达同志的提议下，会议就将项目定位于专题性、探索性、开拓性研究达成了一致意见。

在北京奥组委、中国残联的积极配合下，中国人民大学的项目研究人员在2006 年残奥会期望调查（这次调查在中期报告中被当作基线调查）的基础上，迅速修改、制定访谈提纲与调查问卷。于北京残奥会结束不久的国庆节前后，通过严格的抽样，在北京市朝阳、宣武、西城、海淀 4 城区 10 街道 50 个居委会进行了残奥会总体影响调查。调查对象分为残疾人和健全人两部分，共收集到残疾人问卷 501 份及健全人问卷 505 份。此外，项目组研究人员还前往各个社区对典型案例进行了深入细致的访谈，最终整理出访谈记录 40 余份。这次调查在中期报告中被称作二次调查，它为报告的完成提供了翔实的第一手资料。

北京奥组委对 PGI 项目的进展高度重视，多次以各种途径了解项目完成情况，并为项目的推进提供多层面的便利。报告数易其稿，在多次修改中融入了北京奥组委、中国残联和北京市残联、中国人民大学各方面专家的建设性意见。2009 年 3 月，项目领导小组更是专门开会听取项目研究人员的汇报，针对报告的标题乃至具体标点和数字，都提出了建设性意见。目前提交的报告比较完善地吸纳了这些建设性意见。

总而言之，项目组中期报告的完成是项目领导小组和研究人员通力合作的结果。

项目定位于专题性、探索性、开拓性研究，坚持科学、客观、不夸大、不贬低的原则。在方法上，项目坚持了微观和宏观相结合、以宏观为主，纵剖面和横截面相结合、以横截面为主，定量和定性兼顾、以定量为主的方法。项目的中期报告在切实的问卷调查的基础之上，描述和说明了项目规定的七个指标，着重评估了残奥会的筹办和举办对中国残疾人事业发展多个方面的影响和促进作用。

值得说明的是，除了这个完成规定指标评估的中期报告之外（它被项目组看做中期报告的 A 版，用于提交给国际奥委会和国际残奥委会），项目组的中期报告还有另外一个版本，即 B 版。报告 B 版在规定指标的基础上，基于中国残联和中国人民大学专家的意见，增加了四个指标，而在这个版本中对七个规定指标的分析也更为精细。A、B 两个版本的实现，从一个侧面表明了项目领导小组和研究人员对该项目的重视程度。

三、人文奥运理念研究

项目来源：北京市哲学社会科学规划项目

主持人：冯惠玲、金元浦

立项时间：2004 年　结项时间：2006 年

课题成果简介：

"人文奥运"研究课题由人文奥运研究中心承担，中国人民大学副校长、人文奥运研究中心主任冯惠玲教授和人文奥运研究中心执行主任金元浦教授主要负责，课题开始于 2004 年，历时三年。"人文奥运"研究课题得出了以下几项研究成果：

第一，人文奥运是文化的奥运。文化是中国面对世界最为深厚的积淀。中国传统的"和合文化"观经过现代转换，对当代西方世界具有重要借鉴和启示意义。人文奥运，是世界不同文明的融汇，是各国文化进行交流的盛节。奥运会是全世界超种族、超文化、超等级、超地域的百姓的巨型狂欢节，它是世界各民族文化之间对话、交流、沟通的巨大的现实平台，让世界来到中国，让北京触摸世界。人文奥运的内涵中还必然地包含着教育的深刻内容。奥林匹克运动谋求体育运动与文化和教育相融合，教育是奥林匹克精神的核心内容，是奥林匹克主义的出发点和归宿。总之，人文奥运彪炳文化的伟力，呼唤中华文明的价值重构，推动中国文化走出去，给予我们重建中国国际形象的极好机缘。

第二，人文奥运是人本的奥运。人文奥运是以人为本的奥运，它关注人，热爱人，提升人，追求人的本质力量的自由实现、人的全面和谐发展，唤起人类对人自身可贵、不可轻的不断体认、无限珍视。人文奥运的重要意义在于对奥林匹克生活哲学的展开与发展。奥林匹克主义的精神核心是积极的、快乐的生活哲学。当代中国正处于快速发展中，我们比以往任何时候，都更强烈地感受到对积极健康的生活方式，以及对由积极健康的生活方式带来的人文精神的渴求。人文奥运的理念中自然包含着当下中国人民乐观向上、改革进取的精神风貌，开阔开朗的胸襟气度和对人类文明的崇尚与发扬。

第三，人文奥运是人民的奥运。它体现了当代中国的民间关怀，它是百姓的奥运、生活的奥运，是以民为本的奥运。人文奥运所蕴涵的以民为本、全民奥运、全民健身内涵，不仅是对奥林匹克精神的极大扩展与弘扬，也是对现代奥林匹克文化的创新与发展。

第四，人文奥运的灵魂是和谐。和谐是奥林匹克与中华文明的最佳结合点。三大奥运理念，反映了环境、科技、文化三大主题，深刻反思和探讨了环境、科技、文化与人的关系，倡导环境、科技、文化的和谐发展。人文奥运的宗旨，在于推进人与自然、人与人、人与社会、文明与文明以及人的灵魂与体魄之间的和谐发展。和谐的思想，既是奥林匹克与中华文化的最佳结合点，也是作为北京 2008 年奥运会理念的人文奥运与作为北京城市发展战略的人文奥运的最佳结合点。

四、2008 年北京奥运会的人文理念、社会价值与国家文化形象构建

项目来源：国家社科基金重大研究项目

主持人：冯惠玲

立项时间：2006 年 10 月　结项时间：2008 年

课题成果简介：

2006 年 10 月，人文奥运研究中心承担了国家社科基金重大项目"2008 年北京奥运会的人文理念、社会价值与国家文化形象构建"的研究工作，冯惠玲副校长担任首席专家。经过两年的努力，课题获得了一系列的成果，在社会上产生了重大影响。由课题组专家撰写的决策咨询报告得到了习近平、刘淇等领导同志的重要批示。课题在理论和实践上的成果可简要概括如下：

1. 理论上

第一，对"人文奥运"的内涵、原则有新的、更深入的认识，尤其是深入剖析了"人文奥运"与北京奥运会社会价值实现、与中国国家文化形象构建的关系。

第二，立足于中国社会的历史和现实，以及奥运会自身的历史和特征，结合国际奥委会、中国政府和民众等三个方面的关切，提出了一个评估和建构北京奥运社会价值的概念框架——迈向一个更加和谐、更加开放和更加康健的社会。报告中许多问题（例如，中华民族凝聚力，现代奥林匹克运动观念史，北京市民体育锻炼现状、健康和就医状况等）的研究在国内都处于前沿。

第三，在国内首次全面、系统地廓清了国家形象战略的目标导向与战略重心、要素排序与结构方式、表达主体与实践路径等核心问题。尤其是首次系统提出并实证检验了国家形象战略的目标导向——构建文化中国国家形象，拓展、创新了国家形象研究的学术范式，建构了文化中国国家形象战略的对话模型。在这一模型之下，报告提出了北京奥运期间国家形象战略的整合性表达体系：文化议题与多元社会议题相结合，以文化议题为主；意义输出与信息输出相结合，以意义输出为主；赛场内外结合，以场外为主；官方与民间相结合，以民间为主等。这一模型可以向政治学、社会学、管理学、传播学等诸多关联学科开放，可以向国家内部的社会认同、国家外部的和谐秩序同时开放。

2. 实践上

第一，基于大量的第一手数据和资料，对北京奥运社会价值建构的现状和方向进行了扎实和系统的分析，并提出了相应的政策建议，尤其对于在筹办、举办北京奥运会过程中以及后奥运时期如何增强社会凝聚力，推动中国政治生活开放和国民心态成熟，提升北京居民生活质量提出了具体的、可操作的政策建议。

第二，基于系统的实证调查与统计分析，创造性地对国家形象要素进行了排序，并对要素的整合建构方式进行了全面研究，使文化中国国家形象战略操作化；

全面梳理、论证了文化中国国家形象战略的实践路径。其中，一些重点结论和建议已经被后来的拉萨"3·14"事件、奥运圣火传递中的中外舆论纷争反复印证，被中央有关部门采纳，而且对于将来实施中国国家形象战略也有重要的启示作用与借鉴意义。

第三，研究报告完整地规划了北京奥运语境下的国家形象战略实施体系，描绘了国家形象战略的实践蓝图，提出了构建国家议题库、形成海外第三方话语同盟、开展国家游说、整合北京奥运与国家形象舆情监测系统等重要战略建议。成果中的一些重点结论，如建构文化中国国家形象，开展公众外交，防范"社会议题奥运会、奥运议题政治化"，构建国家议题库，建立第三方话语同盟，开展国家游说等具有较强的预见性和决策支持价值。

五、北京奥运会成功举办的重大意义和基本经验研究

项目来源：国家社科基金重大研究项目

主持人：冯惠玲

立项时间：2009 年　结项时间：2010 年

课题成果简介：

此项目是在北京奥运会成功举办之后，人文奥运研究中心竞标成功的又一项国家社科基金重大研究项目。以冯惠玲副校长为首席专家、以人文奥运研究中心研究人员为主体的项目团队，综合了来自中央宣传部、北京奥组委以及其他兄弟院校的奥运管理人士、专家学者。该项目的基本情况为：

北京奥运会，这场以"我和你"的名义拉开大幕的体育盛事和文化盛典，在全球化走向纵深、金融危机全面爆发、信息技术狂飙突进的"大时代"，不仅对中国自身的发展、中国与世界的交往具有重大意义，而且是中国对不确定性世界的一个杰出贡献。从一定意义上讲，总结北京奥运的意义与经验，就是对改革开放三十年特别是党的十六大以来中国社会发展的意义与经验，对在奥林匹克精神、和谐世界理念的指引下，对中国主流化建设性地融入世界的意义与经验进行梳理和开掘。同时，北京奥运会的一个重要特殊性在于，它是在全球化已然到来而非将至状态下成功举办的，因而对世界各国、不同族群如何超越具体文明形态进行对话、缔造合理的国际秩序提供了可资借鉴的范本。

总体来看，北京奥运会、残奥会能够取得成功，凝结了全国各条战线无数人的智慧和心血，靠的是改革开放三十年我国持续快速增强的综合国力，靠的是社会主义制度能够集中力量办大事的优越性，靠的是全国各族人民的团结奋斗，靠的是世界各国人民和国际社会的大力支持。北京奥运会、残奥会成功举办的事实再次向世人昭示：中国人民有能力为人类文明进步作出更大贡献。

基于上述判断，课题组围绕下述五大问题全面总结提炼北京奥运会成功举办的重大意义和基本经验：（1）北京奥运重大意义的具体内容及其指向是什么？（2）北京奥运宝贵经验的具体内容及其指向是什么？（3）如何在系统化总结、归纳的基础上，对北京奥运的意义与经验的内容、指向和现实转化作出选择和排序？（4）如何实现北京奥运重大意义与经验的双重开放性，并使之成为历史与逻辑相统一的体系？（5）如何以发展的和世界的眼光看待、对照和整合北京奥运的意义与经验？

六、北京奥运会志愿者工作成果转化研究

项目来源：北京市团市委、北京市志愿者协会、联合国志愿人员组织（UNV）

主持人：魏娜

立项时间：2008 年 7 月　结项时间：2009 年 12 月

课题成果简介：

北京奥运会志愿者工作成果转化研究，是建立在对北京奥运会志愿者工作全面总结和系统评估基础上的研究成果，是北京奥运会志愿者"6＋1"总体工作格局的重要组成部分，对推进北京乃至全国志愿服务事业发展意义重大。

研究旨在通过对北京奥运会志愿者工作的描述与总结，凝练出既具有中国特色、又具有普遍参考价值的北京奥运会志愿者工作模式，阐述北京奥运会志愿者工作的价值与影响，提出进一步推动北京乃至全国志愿服务事业发展的建议。

课题采取定性研究和定量研究相结合的方法，通过资料分析、问卷调查、深度访谈、个案整理等不同方式进行研究。

课题研究报告共分为五部分。第一部分"北京奥运会志愿者工作总体概况"，首先对奥运会志愿服务的发展历程进行了梳理，接着从客观、理性的角度对北京奥运会志愿者组织体制、工作运行机制及工作内容进行了描述；第二部分"北京奥运会志愿者工作的价值与影响"，在客观描述的基础上，分别从经济价值、社会价值、人文价值和精神价值四个角度对北京奥运会志愿者工作的价值进行深层次分析，研究了北京奥运会志愿者工作对志愿者个人、志愿者组织和社会公众的影响；第三部分"北京奥运会志愿者工作经验"，通过对近三届奥运会志愿者工作的分析对比，挖掘出北京奥运会志愿者工作的独特经验；第四部分"结论"，总结和提炼出奥运会志愿者工作的"北京模式"；第五部分"展望与建议"，对如何进一步促进北京志愿服务事业发展提出了建议。

七、人文奥运与和谐社区建设

项目来源：北京市哲学社会科学规划项目

主持人：魏娜

立项时间：2005 年　结项时间：2006 年

课题成果简介：

人文奥运与和谐社区建设都以和谐为根本追求，社区的发展和建设需要"和谐"的发展观。积极运用"人文奥运"所蕴涵的"和谐"理念指导社区建设，对于社区和谐、全面和可持续发展具有重大的理论价值和实践意义。

人文奥运行动计划的推进对和谐社区产生了积极影响，主要体现为：社区硬件设施的改善为居民文体活动提供了较好的条件；北京奥运环境整治工程使社区环境得到了一定的改善；丰富多彩的迎奥运活动调动了居民参与的热情；促进了志愿精神的传播和志愿者队伍的壮大。

在人文奥运推进与和谐社区建设中仍然存在着一些不和谐因素，诸如：社区居民文明素质和公德意识有待提高；社区安定仍存在很多不稳定因素；社区参与程度参差不齐，社区凝聚力有待提高；社区成员之间还存在一定的矛盾，影响到社区的和谐；社区硬件设施仍需进一步改善等。

要进一步推进人文奥运与和谐社区建设，应采取如下措施：把人文奥运理念落实到和谐社区建设的实处，全面提升社区的凝聚力；借奥运之机促进社区共建，实现社区资源共享；建立社区矛盾有效预防和解决机制，维护社区安定；通过宣传教育以及实际措施的完善，进一步提高居民的文明素质。

八、志愿精神与奥运会志愿服务研究

项目来源：北京市哲学社会科学规划项目

主持人：魏娜

立项时间：2008 年　结项时间：2009 年

课题成果简介：

我国志愿者行动的格局是行动先行、理论滞后，因此目前的研究大都偏重于对志愿服务实践经验的一般性总结以及活动纪实，多是通过调查、个案等实证性方法去探讨具体问题的解决途径，较少对志愿精神与志愿服务的理论进行探讨。本课题将实证研究与理论研究有机地结合起来，既注重对志愿者管理模式及志愿者状况的调查研究，也对志愿精神的理论框架进行了构建。

课题首先分析界定了志愿者、志愿精神、志愿服务等基本概念的内涵和外延，从第三域理论、利他主义理论、社会资本理论和奥林匹克主义等方面阐释了志愿精神与奥运志愿服务研究的理论基础，并分析了志愿服务的价值。

其次，从比较与借鉴的角度介绍了奥运会志愿服务的发展历程，并从招募、培训和激励三个方面分析介绍了历届奥运志愿服务管理的经验。在此基础上，系统研究和分析了北京奥运会志愿服务的总体情况，尤其是对北京奥运会志愿者工作中体现出的特色：尊重国际惯例与中国实际相结合的指导理念、组织动员与社会广泛参与的机制、高效的组织和运行机制、人文关怀与有效管理的方法等进行了系统的总结和提炼，使之成为能够为国际社会分享的奥运会志愿服务的"北京模式"。

最后，课题报告对我国志愿服务的发展进行了展望，并对后奥运时代促进我国志愿服务发展提出了建议。如把志愿服务纳入"十二五"经济社会发展规划；健全志愿服务组织协调体系，发挥枢纽型组织的作用；强化政府对志愿服务的资源支持，弱化政府的具体管理；完善志愿者组织的监督评估体系；完善志愿服务立法，倡导"服务学习"理念，把志愿服务纳入到学校教育中，与育人相结合。

九、北京奥运会人文遗产研究

项目来源：北京市哲学社会科学规划项目

主持人：金元浦

立项时间：2006 年 9 月　结项时间：2008 年 12 月

课题成果简介：

神奇与梦幻的北京第 29 届奥运会和残奥会落下了帷幕，而它宏大的规模、瑰丽的色彩、辉煌的竞技、万众的欢乐，则永久地留在世界奥林匹克史上，成为人类集体记忆中的一座高耸入云的山峰，它向世界昭示：这是中国，这是北京，2008 年 8 月。

北京奥运会是奥运史上一届无与伦比的奥运会，它所提出和展开的人文奥运的理念和实践，意义深远，它所弘扬的和谐世界、和谐奥运的人文精神，是北京对于奥林匹克主义的独特贡献；它所弘扬和彰显的东方文化、东方气派、东方风骨和东方意境，给以西方文化为主的奥林匹克文化以生动的对比与补充，展示了辉煌悠久的中华文明，也体现了多元文化交融互补的奥林匹克精神。它所实现的独具特色的天人合一的绿色奥运实践，为北京留下了生态平衡的宜居环境，泽被后世；它所推重的奥运文化与奥运经济协调发展，建立奥运文化创意产业的尝试，也是奥运史上最具挑战性的理论与实践的探索。北京奥运会所积累的经验教训，将成为奥运史上弥足珍贵的文化遗产。

十、人文奥运理念与实践的深入研究

项目来源：北京市哲学社会科学规划项目

主持人：金元浦

立项时间：2006 年　结项时间：2007 年

课题成果简介：

2000 年 10 月 15 日，在中国人民大学命名组建 50 周年纪念大会上，时任北京市市长的刘淇同志给中国人民大学师生下达了研究"人文奥运"的光荣任务。2002 年初，在长达一年多的研讨和论证的基础上，中国人民大学人文奥运研究中心向北京市政府和北京市奥组委递交了《北京"人文奥运"战略实施规划——中国人民大学建议稿》。2002 年，在"中国社会科学论坛 2002"第五分论坛——"人文奥运"论坛上，中国人民大学副校长、人文奥运研究中心主任冯惠玲教授代表中国人民大学，向社会发出了《人文奥运行动倡议》，其后，人文奥运研究中心研究人员又组织编写了《人文奥运》一书。上述这几个成果或文件，都对北京"人文奥运"理念的内涵作了概括和阐释，主张将"人文奥运"提升为一个促进北京市全方位和可持续发展的综合战略，并从成功举办奥运会和促进城市发展两方面阐述了人文奥运的意义、内容和具体实施。它们系统地表述了中国人民大学人文奥运研究中心对人文奥运和人文奥运战略的理解与策划，表述了中心向北京市和奥组委系统地提出的对策建议。

人文奥运研究中心在总结前一阶段研究成果的基础上，学习了政府方面有关领导同志的最新讲话精神，吸收了学界最新研究成果，充分考虑了奥运会的实际筹办和北京市整体工作两方面对人文奥运的需要，也考虑到当前人文奥运理解和实施中存在的问题与难点，力图将理论研究与对策研究紧密结合。

课题报告的性质，属于包含对策研究内容的研究报告，区别于政府工作报告，也有别于北京市未来几年的全面工作的整体规划，而力图将人文奥运放在一定的范围之内来考察。报告本着"献其否以成其可"的中国传统学术精神，在充分考虑市委、市政府和北京奥组委工作需要的前提下，独立地提出一些思考、见解和忧虑，供有关决策部门参考。

167

十一、人文奥运与北京市民文明礼仪素质培育

项目来源：北京市哲学社会科学规划项目

主持人：葛晨虹

立项时间：2004 年 12 月　结项时间：2006 年 12 月

课题成果简介：

课题总体思路。探索如何通过生活方式的改造使市民养成文明的行为习惯，如何激发市民对文明生活质量和方式的主动需求，如何从管理中要素质，如何开发出新的教育资源和培育途径，如何在有限时间里使公民文明礼仪素质获得更普遍更有实效的提高。

1. 转换培育思路：启动社区对市民文明礼仪素质的培育功能

调研表明，市民文明素质"重灾区"表现在公德领域，但根源在于市民文明行为习惯不到位。解决公德领域的文明失范问题，必须寻根到日常生活文明素质培育问题研究中，而现代社会日常生活主要落在社区生活中。市民文明素质及行为习惯相当程度上是在社区日常生活中养成的，社区是最直接的文明素质培育基地。课题就运用社区平台有效提高市民文明素质探讨了新的培育思路。

2. 开掘新资源：开发公众明星在市民文明礼仪教育中的作用

课题还对影响社会风气形成以及公众文明素质的因素作了考察研究，并在其中锁定了"公众明星对大众文明素质的影响作用"这个专题进行研究，挖掘并提出了公众明星除了商用价值、新闻价值之外的第三种价值——社会教育价值。鉴于目前社会上下对公众明星产生的社会影响和引领作用这种教育资源并没有一种理性把握和自觉的、有规划的利用，课题首次明确提出"开发文明礼仪素质培育中潜存的来自公众明星的社会教育资源"这一任务。同时这也是该课题在市民文明礼仪素质培育模式探索中给出的新的途径建议。

3. 侧重关注：重点人群文明礼仪素质问题研究

在对北京市民进行整体普遍文明礼仪素质培育的基础上，课题认为要对重点人群的文明礼仪素质状况进行关注研究。课题重点对奥运会志愿者、窗口服务行业、来京务工经商人员等重点人群的文明素质方面作了相关状态、问题和对策研究。

4. 以管促教：从管理中要公民文明素质

管理对于市民规则意识、文明习惯的养成有着至关重要的规导作用。要真正解决市民文明素质方面的"知而不行"问题，在现阶段要加强管理这个"硬"环境建设。课题研究了一些国家已经积累见效的经验做法，对外国目前在社会管理中存在的一些问题作了对策研究。

十二、奥林匹克文化普及与奥运培训规划研究

项目来源：北京市政府和北京奥组委

主持人：冯惠玲、王粤、魏娜

立项时间：2006 年 9 月　结项时间：2008 年 12 月

课题成果简介：

"奥林匹克文化普及与奥运培训规划研究"项目包括两部分内容，一是"奥林匹克文化普及"，主要涉及奥运宣传和奥运培训的教材编写工作，二是"奥运培训规划研究"。

"奥运培训规划研究"，作为相对独立的课题内容，课题组为此投入了大量的研究力量。在一年多的时间里，经历了收集资料、撰写初稿、修改和定稿四个阶段，最终成果包括一个主报告和四个分报告，即《2008 年北京奥运会奥运培训规划研究》，《奥运志愿者培训规划研究》、《奥运体育管理人才培训规划研究》、《奥运专业传媒服务类人员培训规划研究》、《国外奥运培训工作研究》。

主报告《2008 年北京奥运会奥运培训规划研究》主要阐明了开展奥运培训的意义，当前奥运培训工作的状况、主要任务、指导思想和工作原则、组织和管理措施，培训的承担和实施机构，培训工作的保障条件等内容。

四个分报告分别从不同角度对培训规划进行研究。

分报告之一《奥运志愿者培训规划研究》主要研究奥运会志愿者培训。在对志愿者意义、价值和特征进行分析的基础上，提出了明确的培训目标、相应的组织机构以及培训开展的具体设计。

分报告之二《奥运体育管理人才培训规划研究》针对不同的体育管理人才进行了有针对性的培训规划，设计了不同的培训课程。

分报告之三《奥运专业传媒服务类人员培训规划研究》的研究对象是专业传媒服务人员，根据其专业要求和工作性质，对其培训作了较为全面的规划研究。

分报告之四《国外奥运培训工作研究》主要介绍了 2004 雅典奥运会的培训计划（包括奥林匹克教育计划、志愿者行动计划两部分内容），"都灵 2006 奥林匹克教育计划"和盐湖城 2002 年冬季奥运会志愿者培训计划，以此作为 2008 年北京奥运培训工作的参考。

十三、北京市民公共行为文明指数研究

项目来源：首都精神文明建设委员会办公室

主持人：沙莲香、廖菲

项目时间：2005—2009 年，每年追踪研究

课题成果简介：

2005 年 9 月至 2009 年 10 月，受首都精神文明建设委员会办公室委托，课题组开展了连续五年的"北京市民公共行为文明指数研究"。课题研究分两个部分，一个是问卷调查研究，由沙莲香教授主持；一个是现场实地观察研究，由廖菲教授主持。该研究课题采用问卷调查和现场实地观察调查两种相互结合、互为印证的方法。问卷在对主评、客评和住京外国人评价的分析基础上确定以客观评价为准。每年研究发行问卷 11 000 余份。实地观察覆盖了北京主要的车站、街道、路口、天桥、广场、商业中心、社区、体育场馆、文化剧场、旅游景点等 54 个地区，花费时间 8 000 多个小时。每年都形成一份北京市民公共行为文明指数研究总报告，两份分报告。

该研究的主要成果是，提出了一个核心概念，即市民"公共行为文明"，并将公共行为文明细分出五个一级指标，它们分别是公共卫生、公共秩序、公共交往、公共观赏、公共参与。五项指标之间相互关联，由面及里，由浅入深，客观地反映出市民公共行为的层次与内涵。经过五年的实践与反复验证推敲，北京市民公共行为文明研究形成了一套相对完整的指标体系，很好地完成了对北京市公共行为文明的动态性观察与评价。每次研究成果，均以新闻发布会形式发布，得到了媒体的高度关注与报道。不仅获得了北京市委及刘淇书记的高度认可与评价，而且也获得了中央领导李长春和中央文明委的认可。

十四、北京市志愿服务策略研究

　　项目来源：首都精神文明建设委员会办公室

　　主持人：廖菲

　　立项时间：2008 年　结项时间：2008 年

课题成果简介：

　　随着我国社会主义市场经济建设的推进，志愿服务作为补充政府职能和市场职能的社会行为，在培养公民社会、加强和改善社会服务、促进社会进步、建立和谐社会等方面发挥着重要的作用。北京是我国政治、经济和文化中心，志愿服务一直是全国志愿工作的一面旗帜。2008 年又是奥运会年，这对于志愿服务工作来说是一个难得的契机，也是一个重大的挑战。受首都精神文明建设委员会办公室委托，课题组进行了"北京市志愿者调查"。该调查采取问卷调查法、座谈会等方法，以整群抽样方法抽样，即根据参与志愿服务的情况分三次进行抽样。第一次对北京市行政区县进行抽样，采用三阶段抽样方法，即从北京市 18 个行政区县中抽出 4 个区，再从这 4 个区中抽取一些志愿者组织，然后对这些组织中的志愿者进行抽样调查；第二次针对志愿者协会组织进行抽样，即抽取了 5 个有特色的志愿者组织，然后在组织成员中进行抽样；第三次对比北京市志愿服务人群的总体分布情况，抽取了 9 个高校，再在各高校内的志愿者中进行抽样。调查实际发放问卷共 3 100 份，有效问卷 3 011 份，有效率为 97.1%。调查了解到现阶段北京市志愿者的招募、培训、动机、工作、感受等多方面的情况，发现了现阶段志愿者工作中的一些问题或特点，提出了对进一步发展或完善志愿者工作的建议。

十五、奥运会比赛欣赏与赛场礼仪

项目来源：北京市哲学社会科学规划项目

主持人：冯惠玲、李树旺

立项时间：2005 年　结项时间：2007 年

课题成果简介：

奥运会赛场是展示主办国公民民族精神、民族文化、民族素质、体育素养以及对奥林匹克运动的理解水平的一个窗口。然而，时任北京市市长的王岐山同志在谈到自己对北京奥运会最困扰和最担心的问题时曾坦言："最困扰的问题，最难做到的，就是到那（北京奥运会）时候，我们参差不齐的市民素质。"最担心的是"奏别国国歌时中国观众能不能起立"、"没有赢得金牌的选手能不能赢得同胞的掌声"。王岐山市长的担心表明，我国国民的体育欣赏水平距离文明观众还有相当的距离。

在这种背景下，2005 年人文奥运研究中心向北京市社会科学规划办申请"奥运会比赛欣赏与赛场礼仪"课题并获立项。该课题由冯惠玲副校长主持，体育部副主任李树旺副教授组织了一批体育、文学、艺术、社会等学科的年轻教师共同完成。课题研究的目的在于挖掘奥运会赛事的欣赏点，为观众提供一个文明观看奥运会赛事的欣赏视角，从而在奥运会赛场阐释"人文奥运"的精神和内涵。

课题的主体内容是对北京奥运会 28 个比赛项目的历史、项目特点、规则、欣赏点、观赛礼仪等方面逐一进行挖掘和整理，其中不少项目的欣赏要点是首次提炼阐述。研究报告内容丰富，图文并茂，文字清新，可读性强，具有很强的知识性，在奥运项目竞技知识普及化方面进行了有益的探索。课题希望引导观众用欣赏的眼光，将观赛与审美融于观赛过程，从而沉浸、陶醉于对力量与美的欣赏之中，自然而然地走进文明观赛、高雅观赛、享受赛事的境界。

在研究过程中，课题组考察了南京第十届全运会的赛场、北京各体育职业联赛的赛场以及"好运北京"测试赛的赛场，在介入性观察的基础上，发放了体育观众调查问卷，以实证的研究方法对体育观众进行了深入研究。课题于 2007 年完成结项报告，顺利结项。在结项会上，课题研究成果受到了评审专家的一致好评，认为这是一项理论性与实效性俱在的研究，研究成果具有较高的社会效益，有望为北京奥运会、为文明赛场的构建作出重要贡献。

在该课题结项后，李树旺副教授又主持完成了北京市哲学社会科学规划项目"中国体育观众研究"。如果说"欣赏"课题聚焦的是奥运会比赛，那么，这项研究的着重点就是奥运会赛场内的活性元素——体育观众。这两项课题囊括了奥运会赛场的三个基本元素——比赛、观众和管理，它们共同搭建了关于奥运会赛场的研究体系。

十六、中国体育观众研究

项目来源：北京市哲学社会科学规划项目

主持人：李树旺

立项时间：2006 年 9 月　结项时间：2008 年 12 月

课题成果简介：

该课题基于中国人民大学人文奥运研究中心专家团队对中国国内赛场、国际赛场、北京奥运会赛场的长期关注与研究。课题组认为，对体育观众的研究不能局限于体育观众单个方面，而应该将其放在由"体育比赛、体育观众、赛场组织者、社会"四个元素组成的整体氛围中，研究才能更加全面而深入。

2005 年，中国人民大学副校长冯惠玲教授主持了北京社科规划办委托的"奥运会比赛欣赏与赛场礼仪"课题，课题研究表明，体育比赛是体育观众在体育赛场内的互动对象，是体育欣赏的欣赏客体，各体育项目的欣赏点是观众与体育比赛的沟通桥梁，对体育欣赏的研究是研究体育观众的基础。2006 年，中国人民大学人文奥运研究中心副主任李树旺副教授承接了北京社科规划办的"中国体育观众研究"课题，课题组对中国体育观众的结构、组织形式、赛场管理等群体特征进行了实证研究，并根据国内外体育观众的特点，对中国体育观众群体进行了整体性描述。2008 年北京奥运会前，中国人民大学人文奥运研究中心在冯惠玲教授的领导下，对上述两个课题的研究成果进行了社会转化，发起了"北京奥运会文明观赛的倡议活动"，活动得到中央领导习近平和北京市委书记刘淇同志的肯定，中央电视台、北京电视台、新华社、中央人民广播电台等新闻媒体对此次活动给予了充分的报道。从这个角度讲，课题研究是对包括我国体育观众在内的体育赛场的整体性研究。

另外，在 2008 年，课题组对我国国内专项体育赛场和"好运北京"测试赛的赛场进行了考察和研究；在北京奥运会期间，课题组对北京奥运会的赛场观众以及比较有代表性的观众组织"北京职工文明拉拉队"观众进行了研究。这些研究都夯实了课题研究成果的实效性和应用性基础。

十七、北京职工文明拉拉队研究

项目来源：北京市工会

主持人：李树旺

立项时间：2008 年 5 月　结项时间：2008 年 12 月

课题成果简介：

该课题是从北京奥运会人文奥运理念的视角，对北京奥运会文明赛场构建的一项实证研究。研究包括四个部分：理论研究，个案研究，对策研究，遗产研究。

在理论研究部分，课题对体育观众的概念、分类、特征以及奥运会赛场内人文奥运理念的实现以及北京职工文明拉拉队的核心理念进行了探讨。研究认为，体育观众的概念有广义和狭义之分：广义的体育观众是直接和间接体育消费者的结合体，是指以体育竞赛表演为欣赏对象，享受和消费体育竞赛表演这一精神文化产品的个体或人群聚合体，他们观看赛事的主要方式是通过电视媒体或亲临比赛现场。狭义的体育观众是指直接体育消费者，是亲临现场观赛的人群聚合体。他们观看体育赛事都具有一定的目的性。

在个案研究部分，课题对北京职工文明拉拉队的产生背景、历史使命，拉拉队的群体结构以及存在的问题进行了实证研究。

在对策研究部分，课题着重研究如何在决战之年，在塑造北京奥运会文明赛场的背景下，发挥职工文明拉拉队的核心观众的作用，包括典范作用、管理者的角色，等等。

在遗产研究部分，课题主要探讨如何在北京的后奥运时代，总结职工文明拉拉队的精神遗产，并在北京的和谐社会建设中继承和发扬这种精神遗产。

十八、决战之年奥运培训工作研究

项目来源：北京市教育委员会

主持人：曾繁文、徐拥军

立项时间：2006 年 9 月　结项时间：2008 年 12 月

课题成果简介：

"决战之年奥运培训工作研究"课题分为四个部分。

第一部分，北京奥运会市民教育研究，北京奥运会教育工作是 2008 年北京奥运会筹办工作的基础性工程之一，而其中的奥运市民教育工作显得尤为重要、突出，有必要对奥运市民教育工作中的重大问题加强研究。例如，开展奥运市民教育有什么重要意义？奥运市民教育与培训的关系如何？奥运市民教育工作的指导思想、工作原则和主要任务是什么？当前奥运市民教育工作进展的状况怎样？应当采取什么样的组织和管理措施，保证奥运市民教育工作的有效开展？或者说，深入推进北京奥运会市民教育有哪些对策与途径？等等。只有科学地回答了这些问题，才能为 2008 年北京奥运会的市民教育工作提供全面的、系统的指导，并促进这项重任的最终圆满完成。

第二部分，北京奥运会与大学生教育。纵观现代奥林匹克运动的发展史，我们可以清晰地看到，奥运会与大学生教育有着密切的相互关系，这种相互关系可以从两个层次进行理解：(1) 教育尤其是对青年的教育始终是现代奥林匹克运动的题中之义与应有内涵；(2) 北京奥运会对促进我国大学生教育具有非常重要的意义。

第三部分，残奥会培训需求分析。在中国举行残奥会，是中国的机会，同时也是中国的挑战。残奥会的举行，可以向全世界人民展现中国人特别是北京人的新风采、新面貌；可以向全世界人民特别是残疾人朋友展现我们的友好、善良和热情，让他们可以更全面深入地认识中国、认识北京，提高中国和北京在国际上的知名度。但同时，这也是个巨大的挑战。对于中国民众来说，残奥会是比较陌生的事情，要把 2008 年北京残奥会办成一届高水平、有特色的残疾人体育盛会，对各方都有很高的要求，包括窗口行业的服务接待能力、民众的参与程度、志愿者的服务水平等等。这就需要对不同的人员根据各自的特点进行全面系统的培训，加强观念、知识和技能的宣传教育。

第四部分，北京奥运培训遗产的积累与传承。奥林匹克运动会的发展历史清晰地告诉我们，每一届奥运会都不是一项简单的体育赛事，而是一个超大规模的、综合性的世界盛会。它给举办城市、举办国乃至国际奥林匹克运动都留下了丰富而宝贵的物质财富和精神财富。这些财富构成了奥运会独特的遗产，薪火相传，泽及后世。在东方古都北京举办的 2008 年奥运会也必将为世人留下一笔丰硕的遗产。奥运培训遗产是这笔丰硕的遗产中有分量、有价值、有特色的部分。积累和传承奥运培训遗产对中国和世界而言都意义重大、影响深远。

十九、对北京奥运会社会期待及社会心理研究

项目来源：国家社科基金重大研究项目

主持人：沙莲香

立项时间：2005 年 10 月　结项时间：2006 年 12 月

课题成果简介：

"对北京奥运会社会期待及社会心理研究"课题是国家社科基金"十五"规划重点项目。社会期待是对目标价值的一种心理诉诸与心理预期，目标价值作为主体诉诸与预期的对象，一方面有对象自身的价值规定是否为主体所注重，另一方面有主体价值偏好下的选择取向，因此，主体对目标价值的认知判断不仅是重要的，而且是社会期待赖以形成的基础，也因此，社会期待又包含着目标价值认同和责任感。社会期待与社会心理是相互关联的，二者相互关联体现出民众对北京奥运会的心声与心理动力。

课题研究从 2005 年 10 月到 2006 年 12 月，课题组先后进行了两次问卷调查，在北京 18 个区县随机抽样，样本分别为 3 000 份和 2 000 份。经过卡方检验、Cronbach α 系数检验和因子分析，验证了问卷的信度、效度，结构良好。

调查中社会期待包括四部分：奥运会"安全期待"、公共文明"素养期待"、公众奥运"参与期待"、公众奥运"金牌期待"，共 52 个问题构成一套调查问卷。

"安全期待"包括对政府安全措施期待、对公众应对突发事件能力和教育期待、对北京公共场所安全期待；

"素养期待"包括中国拉拉队风貌期待、观众当国外运动员拉拉队期待、环境保护与环保教育期待；

"参与期待"包括公众对奥运盛会的参与方式、地点选择，对促进全民体育活动和中国品牌机遇期待；

"金牌期待"包括对历届奥运会和中国运动员成绩的关注程度，对中国运动员奥运会金牌精神期待。

两次问卷调查结果揭示出，公众对北京奥运会的社会期待由情绪的高昂与奔放逐步趋于平常心与某种成熟。

二十、北京奥运创意内容文化产业研究

项目来源：北京市哲学社会科学规划项目

主持人：金元浦

立项时间：2006 年　结项时间：2007 年

课题成果简介：

以奥运为重大契机，推动北京文化创意产业发展。（1）北京文化创意产业具有高层推动、高端起步、高调介入、高速发展的重要特点。（2）2008 奥运产业与北京文化创意产业。从经济形态上看，现代奥运就是一种文化创意经济的实践。奥运已经成为当今全球文化创意产业发展的推动力量。北京承办 2008 年夏季奥运会，为北京文化创意产业提供了面向全世界的展示营销平台，它将有助于促进资本、技术和人才的引进，加快文化资源的开发利用，提高科技和文化的创新水平，扩大文化交流与合作，推动中华文化走向世界，有力提升北京的国际地位和影响力。（3）2008 奥运从十个方面全面推动北京文化创意产业的发展。奥运对北京影视与传媒产业、数字化内容产业、大型会展业、体育产业与游戏休闲娱乐产业、北京旅游观光产业、北京图书图片音像出版产业和版权贸易、动漫产业和网络游戏产业、表演艺术产业等产业的发展有促进作用，推动了艺术品、工艺品与奥运纪念品（特许商品）的设计与销售及古玩和艺术品交易，北京的工业创意设计、建筑创意设计、信息产品设计、内容产品设计和艺术品设计等将受到世界的广泛影响。（4）北京奥运与文化创意产业政策探讨。政府在产业发展中的作用主要体现为建构产业环境，对于产业的培育和升级通过政策进行推进与改善。

该课题详细分为五个分报告，分报告一为《奥运文化创意产业的概念与理论探讨》，分报告二为《数字时代的奥运与内容文化产业》，分报告三为《北京 2008 奥运会对北京的经济影响》，分报告四为《奥运文化创意与城市形象》，分报告五为《北京奥运与城市景观》。

二十一、如何界定和实施"最出色的一届奥运会"

项目来源：北京市哲学社会科学规划项目

主持人：金元浦

立项时间：2006 年　结项时间：2007 年

课题成果简介：

高标准、高质量、高水平地推进 2008 年奥运会的各项筹备工作，更加全面、深入地贯彻和实施绿色奥运、科技奥运、人文奥运的理念，以求真务实的精神，把完美的奥运会展现给全世界，这是北京 2008 年奥运会追求的目标。

（1）该课题概述了"完美的奥运"的含义，包含三个方面内容，即安全、创新和发展。也就是指"安全的奥运"、"创新的奥运"和"发展的奥运"。（2）该课题深入探讨了如何发挥奥运促进社会发展的作用，通过举办奥运，促进北京、中国以及中华民族的发展并通过举办奥运促进奥运事业的发展。（3）课题阐明了 2008 年北京奥运会的特色。2008 年北京奥运会在促进奥运事业发展方面的突出意义表现在：一方面，在北京以至全中国传播奥林匹克主义，引导 13 亿人民特别是广大青少年更好地理解奥林匹克精神，有利于推动奥林匹克运动的新发展，有利于更好地发挥奥林匹克运动在促进人类社会进步方面的作用。另一方面，奥运的内涵得到重新阐发，倡导绿色奥运、科技奥运、人文奥运，创造性地将奥运精神与以人为本的时代精神交融在一起，奥运的深层意义得到彰显。通过办奥运推动学习型城市建设，从而使奥运更加符合现代人的要求，更能够促进人的全面发展。

二十二、北京 2008 奥运会会徽内涵阐释

项目来源：北京市哲学社会科学规划项目

主持人：金元浦

立项时间：2006 年　结项时间：2007 年

课题成果简介：

2008 北京奥运会的会徽设计，充分体现了中国传统文化的魅力：东方神韵，妙在似与不似之间。

未定与多义，构成了会徽设计的主导特征；

追求象外之象、景外之景、言外之旨、韵外之致，把握了中国古代艺术的内在精蕴；

而静中求变、多义共生、激发想象、吁请参与又契合了当代世界文化发展的潮流。

2008 年北京奥运会会徽选择中国传统文化符号——印章（肖形印）作为标志性主体图案，这是奥林匹克会徽设计的一大突破与创新。方案既富于深厚的民族文化底蕴，极为鲜明浓郁的中国特色，又体现了现代奥林匹克"运动与人"的深刻主题和四海欢腾五洲同庆的热烈的狂欢节气氛。它应用了中国有悠久的传统的篆刻艺术，喜庆热烈、激情洋溢的中国色，也就是中国庆典的盛节之色、万民欢乐的喜悦之色。普天同庆，当红不让。

印信中的篆字"京"，恰如一位生气蓬勃并美丽舞动着的现代北京人，她像一位挥舞红绸铺展五环锦绣欢舞迎宾的少女。"有朋自远方来，不亦乐乎？"红绸旋舞，彩带飘飞，热情洋溢的青春北京，正张开双臂拥抱今日的世界，欢迎来自五湖四海的嘉客宾朋。

中国印——舞动的北京尽展东方神韵，给我们留下了无尽的遐思。

二十三、人文奥运与北京市民形象塑造

项目来源：北京市哲学社会科学规划项目

主持人：金元浦

立项时间：2006 年　结项时间：2007 年

课题成果简介：

该课题分为四个阶段来研究。

（1）北京市民形象与塑造"形象奥运"。如何展示、表现我们文化中国、文明北京的形象？如何把许多理念的、观念的东西变成可感知、可视的东西？可以通过许多方面，如城市景观的塑造等，但一个重要方面就是通过文明北京人的可感、可视的形象，展示文明北京和文化中国。当 2008 年世界各国宾客云集北京的时候，如果我们有些北京市民还不懂得怎样尊重他人和自尊，不知道怎样穿着是体面的，怎样的举止是文明的，甚至会随地吐痰，那我们就没有机会在世界面前证明我们是一个文明的、文化的中国。

（2）当前北京市民文明素质现状与重点。从调查情况看，北京人的公德意识和公德行为还存在许多不尽如人意的地方，有些问题还比较严重，要真正形成与国际现代化大都市相适应的高水平的公德素质，还有漫长的路要走。北京人的公德缺失主要表现在：第一，公德认识与公德实践之间存在较大差距。第二，对有可能损害自己切身利益的公德行为态度犹豫，甚至袖手旁观，见死不救。第三，学历偏低和年龄较轻者公德行为的判断能力和选择能力都比较差。第四，从日常生活观察，北京人在社会公德方面确实存在许多问题。

（3）借鉴国外公德教育经验，提高北京市民文明素质。全面提高北京市民公德素质是一项庞大复杂的社会系统工程，需通过宣传、教育、法规管理和营造良好的社会氛围等途径，调动社会各方力量参与合作才能最终得以实现。由于历史与文化的原因，我国缺乏公德传统，因此，研究借鉴国外公德教育的经验教训，总结分析改革开放以来我国在文明城市、文明地区建设过程中的经验和方法，对于我们解决当前北京市民社会公德素质不甚理想的现状具有很强的现实性和必要性。

（4）提高北京市民公德教育中需要注意的一些问题。首先，要注重对北京市民进行普遍整体的公德教育和素质提高培训。其次，在对北京市民进行整体普遍公德素质教育培养的基础上，对窗口行业人群的素质应该进行重点培训。

二十四、人文奥运与人的全面发展

项目来源：北京市哲学社会科学规划项目

主持人：金元浦

立项时间：2006 年　结项时间：2007 年

课题成果简介：

该课题分为两大部分来阐释。

人文奥运与人的全面发展之一：人在运动中的生成。人的自然属性的发展是指人的生理结构功能的发展，最为重要的是大脑神经系统组织结果和功能的发展，即人智力和能力的发展；还有诸如思想道德品质、个性等方面的发展。西方文化中独具特色的文化形态，民主、自由、竞争、拼搏、开拓、进取、重视个体、尊重科学的精神为奥林匹克的诞生和复兴提供了别的文明所无法替代的温泉和摇篮。尤其是近代以来由于经济的发展，人们逐渐摆脱了"以物为本"的概念，而把人的全面发展提高到更加重要的地位，使得奥林匹克运动逐渐超越了政治、宗教、肤色、种族和语言的限制，成为世界性的体育文化。

人文奥运与人的全面发展之二：奥林匹克主义与人的和谐发展——健全人格培养，奥运与文化教育从来都是紧密相连的。北京 2008 奥运会更提出了"人文奥运"理念，要以文化教育实现综合的奥运、人文奥运。具有五千年文明史的中华民族要在 2008 年举行奥运会，中华民族将在奥运赛场施展才华，更要借助奥运舞台振兴华夏民族精神。奥林匹克主义是指体质、意志和精神全面发展的一种生活哲学。奥林匹克主义谋求把体育运动与文化和教育融合起来，创造一种在努力中求欢乐、发挥良好榜样的教育作用并尊重基本公德原则的生活方式。在现代奥林匹克运动一个多世纪的发展过程中，人们早已认识到，离开了教育，奥林匹克主义就不能达到其崇高的目标。奥林匹克主义将体育运动同文化教育融为一体。

二十五、北京奥运会、残奥会培训工作效果综合评估

项目来源：北京奥运会培训工作协调小组办公室

主持人：杜鹏

立项时间：2006 年　结项时间：2007 年

课题成果简介：

为了给全世界留存本届奥运会、残奥会的文化遗产，分享北京奥运会、残奥会在志愿者和场馆工作人员培训工作方面的成功经验，中国人民大学课题组受北京奥运会培训工作协调小组办公室的委托，组织实施了"北京奥运会、残奥会培训工作效果综合评估"，以报告形式向全世界展示 2008 年北京奥运会、残奥会培训工作的成功经验，并作为今后中国大型综合性体育赛事培训工作的借鉴。

课题组本着客观、中立、实事求是的态度，从研究的角度出发，对本届奥运培训工作进行全方位的评价。评估工作以培训过程和培训结果为评估主线，对与培训过程和培训结果相关的主体进行调研，使用不同的调研方法和分析模型，获得不同主体对北京奥运会、残奥会培训工作的评价，从而最终评估北京奥运会、残奥会培训工作的效果。

该课题不仅对于丰富北京奥运会、残奥会非物质文化遗产具有重要意义，而且将对推动国际奥林匹克运动理论的发展和更新奥林匹克运动的精神遗产作出卓越的贡献。

这项评价活动和评价结果不仅是将北京奥运会、残奥会规模宏大的培训实施过程和效果首次进行归纳和梳理，并为培训工作圆满画上一个句号，而且会对今后国内甚至世界上其他国家和地区举办大型赛事、活动的培训工作提供极有价值的借鉴和宝贵的遗产。

第五章

2008 奥运国际论坛 *

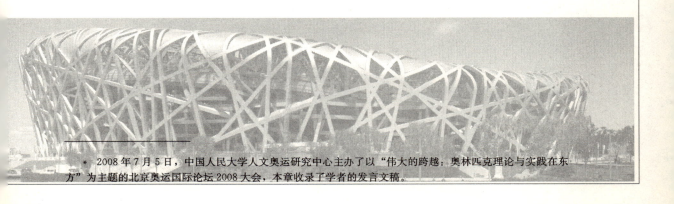

* 2008 年 7 月 5 日，中国人民大学人文奥运研究中心主办了以"伟大的跨越：奥林匹克理论与实践在东方"为主题的北京奥运国际论坛 2008 大会，本章收录了学者的发言文稿。

北京文化特点与 2008 奥运

李建平[*]

  北京是一座充满文化魅力的城市，第 29 届奥运会即将召开。距离我们越来越近的奥运会和残奥会，催促我们理论工作者必须认真考虑这样一个问题——北京如何迎接奥运盛会，如何实现"有特色、高水平"的目标。

  "高水平"好理解，比赛就是要比出高水平，要多拿奖牌，尤其是奥运金牌，这是展现奥运精神"更快、更高、更强"的所在，同时，也是展示一个国家、一个地区竞技体育活动实力、特色的标志。在筹备工作上我们要高水平，这是因为我们中华民族是礼仪之邦，北京人有好客的优良传统，中华文化讲"有朋自远方来，不亦乐乎"，是说中国人不仅好客，同时在接待客人的过程中，自己也得到愉悦，得到物质和精神上的享受。

  北京要高水平举办好奥运会和残奥会，还有一条，那就是中国人信守承诺，中华民族是一个守信誉、重承诺的民族。在申办 2008 年奥运会的时候，我们提出一个口号："世界给北京一个机会，北京给世界一个惊喜。"2001 年 7 月 13 日，世界给了北京一次机会，北京怎样给世界一个惊喜？责任和承诺都要求北京必须举办一届有特色、高水平的奥运会和残奥会。

  "有特色"是什么？很多专家学者都在探讨这样一个话题。有人认为，北京是社会主义中国的国家首都，应该突出展现社会主义制度的优越性，展现中华民族举国上下、团结一致办奥运的特色。由此，有的专家学者认为，2008 奥运，是中国的奥运，中华民族的奥运。还有人认为，中国人口众多，第 29 届奥运会首次在一个人口众多的国家举办，应该让奥林匹克精神或文化迅速在 13 亿中国民众中传播，为此，有专家学者提出 2008 年奥运应该是人民的奥运，全民的奥运。还有人认为，奥林匹克精神强调"更快、更高、更强"，而东方文化强调和谐、包容，这两种文化正好互补，应该加强东西方文化的交流，这种互动或互补也是一种特色。应该说这些探讨是有益的。但是，我们在把握举办奥运会的脉搏时，更应该清楚，奥运会是竞技体育活动，它的主旨是让参加这一活动的人感受到身体和心灵的愉

---

  * 李建平：北京市哲学社会科学规划办公室副主任、研究员，北京史研究会副会长兼秘书长，中国人民大学人文奥运研究中心特约研究员。

悦，而且举办地是不同的国家和地区的城市，也就是说奥运会是城市间的体育活动。由此，一些专家学者更赞成，2008 年奥运会和残奥会更应该充分展示北京城市文化特色，也就是展示古老的北京和现代北京的文化魅力。

高水平、有特色两者是相互联系的：只有高水平，才能有特色；只有充分展示了北京举办奥运会的特色，才能从一个方面说明是高水平。

北京的特色在哪里？多数人都认为是在文化。这是因为北京城在世界最知名的是文化，北京是历史文化名城。在讨论城市特点时，很多专家喜欢用排名或数字讲清问题。在世界城市排名中，北京有一项排名始终居中国城市和世界城市榜首，那就是历史文化名城。中国有六大古都：北京、西安、洛阳、开封、南京、杭州；世界有十大名都：北京、伦敦、巴黎、华盛顿、东京、柏林、罗马、开罗、新德里、莫斯科。在这些城市当中，以北京地区人类活动历史最悠久，而且连续不断线。北京有 50 万年前的"北京人"活动遗址，有距今 10 万年左右的"新洞人"活动遗迹，有距今 2 万～5 万年的"山顶洞人"遗址，有距今 1 万～2 万年的东方广场人类活动遗迹，有距今 1 万年前后东胡林人活动的遗迹，并出土了完整的古人类遗骨，这是人类活动的重要发现。因为距今 1 万年正是北京人类从旧石器转入新石器的时期，而且这一发现，把北京人类活动的历史链条清晰地连接起来。因为，北京还有距今 5 000～8 000 年的平谷上宅人类活动遗址、昌平雪山人类活动遗址等。

在同时期，中国也有历史悠久的城址，例如：河南安阳有 3 000 多年建城历史，但是以后衰落了；西安、洛阳、开封等城市在封建社会前期曾经辉煌过，但是以后地位下降了。古希腊、古罗马都曾经拥有过辉煌的历史和文明，但是，文明中断了。纵观历史，只有北京城市由小到大，不仅历史连续不断线，而且呈现不断上升的态势。以至一些专家评说北京：虽然历史悠久，时至今日，依然像个年轻的城市，依然充满活力。

了解北京历史有三个大概念：一是北京有 50 万年人类活动的历史，而且这种人类活动的历史是不间断的。二是北京有 3 000 多年的建城历史，从文献上看，最早的城市一个是"燕"，一个是"蓟"，"燕"和"蓟"的位置都可以寻到。"燕"的准确位置是在房山区琉璃河乡董家林村，那里建有商周遗址博物馆，还有古城遗址；蓟的位置在今日广安门外，在这个城址上逐渐演变成北方的重要都城——金中都。三是北京有千年建都历史，从燕都蓟城，到辽陪都南京城、金中都、元大都、明清北京城，作为都城，北京地位不断上升，城市建筑与文化灿烂辉煌。

北京文化的特点在哪里？从我个人研究体会，概括讲，北京文化具有下述特点：(1) 历史悠久，文化积淀厚重；(2) 吸收力强，文化内容丰富；(3) 高雅精彩，文化充满活力；(4) 信息量大，文化辐射力大。总之，北京文化充满魅力，在我们迎接 2008 奥运会和残奥会的时候，我们要大力宣传北京文化，充分展示北京文化。这是因为，我们在《北京奥运行动规划》① 文化环境建设专项规划中明确指出："要充分展示我国五千年传统文化的优秀成果和北京的历史文化名城风貌，使东方神韵与现代奥运完美结合，为奥林匹克精神输入新的内涵。"为此，我们要进一步突出北京走向世界的精华文化，这种精华文化就是"包容、和谐、中正、和平"。

1. "包容"是说北京文化具有海纳百川的魅力

首先，北京文化最大的特点是它是中华各种文化的集结点。这是由北京的地理位置确定的。北京文化在形成过程中是中原农耕文化、西北草原文化、东北山林文化，以及东南沿海文化的汇集点。历史上，北京民族交往频繁，经济社会文化发达，是中华民族最集中和最典型的散杂居聚居区。由此，北京文化丰富多彩。北京文化的一个显著特点，就是从来不拒绝外来文化。早在明末清初，就有北京文化通过商人、传教士传入欧洲，就有西洋文化传入北京；18 世纪，也就是中国清朝乾隆年间，在中国皇家园林圆明园中就修建了西洋楼和大水法。北京文化还有一个特点，就是能将外来文化吸收、提高、发扬光大。这个过程有专家作过生动比喻，就像酿酒，经过醇化。还有专家指出，北京就像一座大熔炉，各种文化到北京都要经过这座城市的检验和提升，清朝中叶进京的"徽班"是典型的民间文艺演出，经北京这座都市的醇化、提升，变成了地道的京剧，山东饭庄传来的烤鸭，变成了地道的北京烤鸭，西域的地毯变成了北京地毯，就连杭州西湖的美景也变成了北京的"三山五园"。清史专家戴逸在描述宣南文化时也有同感。他说，在清朝乾隆、嘉庆年间，南来北往的举子，住在宣南各会馆，带来的是各地文化，甚至包括口音和方言、饮食和穿戴，在京师这个大熔炉，经过锤炼和提高，成为京城文化的重要组成部分，然后又被举子们带回各地，从而完成了北京文化海纳百川又辐射全国的作用。这种作用既是北京文化的特征，又是包容文化的生动展现。

2. "和谐"是说北京文化具有凝聚的魅力

"和谐"是北京文化的显著特征，也是东方文化和中华文化最神奇、最具魅力的文化特征。无论是国外还是国内研究北京城市文化的专家都惊奇地发现，世界五大宗教（道教、佛教、伊斯兰教、天主教、基督教）在北京城市聚集，但是相对和谐。例如，荷兰学者施舟仁（译音）早就注意到，作为古代东方的大都市——元大都，城内各种宗教场所并存，而且神职人员之间和平相处，与西方一些城市中宗教的矛盾以及引发的战争相比较，元大都城和明清北京城却是另一番景色，这不能不说是中国"和谐"文化的魅力。无独有偶，北京市佛协在研究

---

① 详见 2002 年 3 月 28 日北京市人民政府和第 29 届奥运会组委会在人民网发布的《北京奥运行动规划》文化环境建设专项规划。

"宣南文化"时，惊奇地发现，在北京宣南地区，以北京建城纪念柱为中心的咫尺范围中，聚集着五大宗教的众多著名活动场所。这些场所有佛教的天宁寺、法源寺、长椿寺；有道教的白云观；有基督教珠市口教堂；有天主教宣武门教堂（俗称"南堂"）；有伊斯兰教牛街礼拜寺等。这种"宗教文化区"的现象在世界大城市中也是罕见的，充分体现了东方和谐的文化氛围，体现了北京城市文化的独特魅力，体现了中华民族的伟大凝聚力。

北京的和谐还体现在多元文化共存的现象上，元大都以后的北京文化就非常明显。元代给我们留下了一处非常宝贵的文化遗存，即居庸关云台。云台用大理石建造，上面雕刻有精美的佛像和图案。其中，门洞内用六种文字刻的经文在世界文化遗产中都是极为罕见的。这六种文字分别为梵文、八思巴蒙古文、藏文、维吾尔文、西夏文和汉文。在这当中，西夏文又是非常少见的。六种文字刻在一起，表明从元大都开始，北京多民族文化交流达到了空前的水平。而六种文字集中刻在由元大都城到西北的重要关口，也就是必经的道路上，表明大都城内的统治阶级在"和"的文化理念下，对多元文化交融的重视。

3. "中正"是说北京城市规划坐北朝南，不仅方位正，一条城市中轴线的确定，使北京旧城营建和新北京城市发展建设都堂堂正正，这正是东方文化和北京文化的又一独特魅力

今日的北京旧城源于元代大都城。大都城的特色是先有规划而后建成。大都城是怎样规划的？是按照中国传统文化规划的。北京城市中正的最大特点是城市中心明显，城市分阴阳、左右建筑对称。在大都城和明清北京城中间有一条贯穿城市南北的中轴线。这条中轴线把城市分成左右，分成阴阳。而且，顺着中华传统文化脉络，左为阳，右为阴；左为文，右为武；左为仁，右为义；左为春，右为秋；左为日，右为月；左为凸，右为凹；等等。无一不浸透着中华文化的精髓。正是元大都城的中正，奠定了今日北京城市街道正南、正北、正东、正西的方位，同时奠基了北京城棋盘式城市肌理。在北京城市现代化过程中，这种城市规划、肌理仍然发挥着作用，影响着新的街区和城市发展布局。这一切，正像美国建筑学家培根赞美的："在地球表面上，人类最伟大的个体工程，可能就是北京城了。"

中正还是一种文化理念，一种精神。这种文化理念或精神就是讲究事物"不偏为中"，讲究做人、做事要大气、公正。大气，就是光明正大，正气凛然。公正就是端正，坚持原则，按客观规律办事。

4. "和平"是讲北京人心地善良，追求平稳的生活

北京人追求平稳、宁静的生活，反对暴力和战争。北京老人爱讲，北京城是块风水宝地，战争一到北京城就停止了。这里面既有历史上的一些巧合，也反映出北京人厌恶战争、追求和平的美好愿望。尽管北京城历史上多次遭受过战争的洗劫，但是北京人始终坚持中华民族的美德，即"自强不息、厚德载物"，化腐朽

为神奇，用宽阔的胸怀、善良的心地对待一切困难、劫难，甚至包括痛苦和牺牲。在北京中山公园有一座石牌坊。这座牌坊源起是在 1900 年，北京出现了义和团活动，各帝国主义列强为了保护在北京城的利益和使馆区，调兵进城，对清政府进行恫吓，对老百姓进行屠杀，引起北京人的反抗。6 月 20 日上午，当德国公使克林德乘车经过东单牌楼西总布胡同向北京人挑衅时，被中国清军军官恩海击毙。这一下可捅了"马蜂窝"。帝国主义列强不仅要求清政府将恩海交给德国使馆，把他当作祭品残酷地杀害了，还进一步要求清政府在击毙克林德的马路上修建一座大理石牌坊，用英文、拉丁文、法文、中文刻上中国皇帝（光绪）的道歉上谕，把耻辱铭刻在北京人的脸面上。1918 年第一次世界大战结束，北京各界人士强烈要求拆除这座牌楼。于是在 1919 年牌楼被移至中央公园（今中山公园）正门内。到 1952 年这座牌楼要为人民服务，就要赋予其新的文化内涵。这个新的文化内涵就是北京人对和平的追求。于是，由郭沫若亲笔题写了四个大字"保卫和平"，铭刻在石牌坊上。这座牌坊已经成为北京"保卫和平坊"。北京的小街道被称为胡同，北京典型的民居是四合院，尽管北京城已经成为车马喧嚣的国际化大都市，但是，宁静的胡同，平静的四合院，仍然是老北京人挥之不去的美好记忆。

北京文化内涵丰富，很多专家学者爱用"博大精深"四个字来概括。经过多年对北京文化的研究，我也深刻地感受到北京文化的博大精深。"博"就是内涵非常丰富；"大"就是文化非常大气，北京人胸怀宽阔，视野辽阔，关心国家和民族命运；"精"就是精华，可以说北京文化是中华文化的精品；"深"就是深不可测，北京文化像一座宝藏，永远也探不到底。

说到北京文化与 2008 奥运，还有一个话题值得注意，那就是北京文化与奥林匹克文化的交融。一些专家认为，2008 年第 29 届奥运会首次在古老的东方北京举办，必将是一次中西文化的碰撞，是中外文化交流的盛会。何谓交流？交流是双向的，也就是说是相互的。如果只有奥林匹克文化的普及，没有北京文化的呼应，那就不是交流，而是一种文化的引进。2008 年北京举办奥运会最大的特点不是一种文化的引进，也不是一种文化的输出，而是北京文化与奥林匹克文化的交流，是北京与世界各个国家和不同地区的文化进行碰撞、进行交流，是相互借鉴、相互吸收。由此，中国人民大学人文奥运研究中心提出："世界给我十六天，我还世界五千年。"事实也将证明，文化的交流将是北京奥运会最大的特色、最丰厚的遗产，是北京"人文奥运"的主旋律。为此，我们要做好文化交流的准备。

奥运筹办与和谐北京

程惠丽[*]

一、和谐是奥林匹克运动和北京城市发展战略的最佳结合点

1. 和谐是奥林匹克运动思想体系的主旋律

奥林匹克运动是一种具有文化特质的社会活动。对人和社会的全面发展，特别是对于人自身发展的意义与价值是奥林匹克运动最为重要的人文价值。[①] 《奥林匹克宪章》里的"基本原则"部分指出，奥林匹克运动的宗旨是："通过开展没有任何形式的歧视并按照奥林匹克精神——以互相理解、友谊、团结和公平对待精神的体育活动来教育青年，从而为建立一个和平而更美好的世界作出贡献。"[②] 也就是说，奥林匹克运动试图通过体育运动与教育和文化的结合促进人的和谐发展，进而促进一个维护人的尊严的和平社会的建立。

人文奥运是奥林匹克精神的继承和发展。人文奥运是以人为本的奥运，它关注人、热爱人、提升人，追求人的本质力量的自由实现和健全人格的完善培养，追求人的精神和身体的全面和谐发展。以人文奥运为理念的第 29 届奥运会将是"东、西方文化的广泛交流和借鉴融合的盛会，奥林匹克精神、奥林匹克文化与中华文明相互丰富和相互发展的盛会，东、西方人文思想与和谐精神在体育领域以及整个人类生活中的充分贯彻和深刻体现的盛会，'更快、更高、更强'与'和平、和谐、友爱'统一的盛会"[③]。

作为一种文化理念，人文奥运理念包含了丰富的文化内涵和精神价值，其核心内涵在于"和谐"。"人文奥运的基本内涵包括：传播现代奥林匹克精神，展现中华民族灿烂文化，推动东西方文化的交流合作，促进人与自然、人与社会、人的精神与体魄的和谐发展。充分体现'参与奥运、得益奥运'，充分体现'中国风格、人文风采、时代面貌、广泛参与'的特点。"[④] 正如刘淇同志所指出的："实施

---

[*] 程惠丽：北京联合大学奥林匹克文化研究中心研究员。
[①] 参见孙葆丽：《奥林匹克运动人文价值的历史流变》，北京体育大学博士论文，2005。
[②] 国际奥林匹克委员会：《奥林匹克宪章》，9 页，北京，奥林匹克出版社，2001。
[③] 彭永捷：《试论"人文奥运"理念的内涵》，载《社会科学》，2002 (4)，4～7 页。
[④] 《人文奥运行动计划实施意见》，载《北京日报》，2005 - 02 - 24。

'绿色奥运'，就是以促进人与自然的和谐为目的，把可持续发展的思想贯穿于筹办奥运的始终；实施'科技奥运'，就是集成科技成果，促进科技创新和成果应用，让科技在促进和谐中发挥更加广泛的作用；实施'人文奥运'，就是使北京奥运会成为世界各民族文化竞相绽放、共建和谐的舞台，成为各国人民加深了解、增进友谊、共建和谐的盛会。"①

因此，可以说和谐是奥林匹克运动思想体系的主旋律，是人文奥运理念的核心内涵。

2. 构建和谐社会首善之区是北京城市发展的战略定位

2005 年，北京市委在构建和谐社会首善之区的意见中指出，北京是首都，是全国的政治、文化中心和国际交往中心。首都的社会和谐，在国家构建社会主义和谐社会的全局中占有重要位置，必须立足于国家首都、国际城市、文化名城、宜居城市的城市性质和功能，着眼于全党全国工作大局，着眼于举办一届"有特色、高水平"奥运会的紧迫任务，以更高的工作标准、更高的工作要求，努力使构建和谐社会的各项工作走在全国前列，着力构建社会主义和谐社会的首善之区。②

2007 年 5 月 18 日，刘淇在中国共产党北京市第十次代表大会上作了《全面贯彻落实科学发展观 为构建社会主义和谐社会首善之区而努力奋斗》的报告。报告指出"今后五年首都工作的指导思想"是，坚持以邓小平理论和"三个代表"重要思想为指导，认真学习和贯彻落实党的十七大精神，全面贯彻落实科学发展观，加快构建社会主义和谐社会，全力办好有特色、高水平的奥运会，开创首都经济建设、政治建设、文化建设、社会建设和党的建设的新局面，努力把北京建设成为繁荣、文明、和谐、宜居的首善之区。可以看出，构建社会主义和谐社会首善之区是北京城市发展的最终战略定位。

3. 和谐是奥林匹克运动和北京城市发展战略的最佳结合点

和谐的思想，既是奥林匹克与中华文化的最佳结合点，也是作为北京 2008 年奥运会核心理念的人文奥运与北京城市发展战略的最佳结合点。人文奥运具有推动奥运会和北京城市建设的双重功能，即对外和对内的两种功能。对外，北京奥运要展示中国文化，促进中外文化交流；对内，则要通过人文奥运带动北京市相关方面的工作和城市建设。

举办 2008 年奥运会是北京近几年工作的重点。北京成功获得 2008 年奥运会主办权后，奥运会既是北京市最重要的任务之一，也是成功带动北京城市发展的一个重要契机。奥运会的筹备工作情况和举办情况，就成为衡量北京市工作的一个

---

① http://gov.finance.sina.com.cn/chanquan/2007-05-22/37159.html.

② 参见《北京市委发布构建社会主义和谐社会首善之区意见》，载《北京日报》，2006-11-14。

重要指标。奥运会本身不是政治，但能否成功举办奥运会，对于北京市来说，却是一项非常重要的政治任务。从这个角度来说，北京市无疑一方面要"以发展办奥运"，积极为奥运会创造各种条件；另一方面又要充分利用办奥运的机会，来推进北京市各项工作，即"以奥运促发展"。

二、筹办第 29 届奥运会对构建和谐社会首善之区的推动和影响

构建社会主义和谐社会总的目标就是努力实现民主法治、公平正义、诚信友爱、充满活力、安定有序、人与自然和谐相处。和谐奥运的筹办与和谐北京的建设是一个有机整体，相互联系，相互促进，第 29 届奥运会的筹办已经对和谐北京的建设产生了一定的推动和影响。

1. 民主法治——北京法治进程逐步推进

"法治奥运是现代奥运会运行的模式。作为世界性的体育盛会，奥运会的举办是一项极其复杂的工程，在很多领域都将牵涉到法律问题。因此，如何从法律上做好准备，为成功举办奥运会保驾护航，具有非常重要的意义。"[1] 中国法学会体育法学会副会长、天津体育学院教授于善旭说。坚持现代奥运的法治内涵，建设法治奥运，在北京奥运会申办与筹备的过程中得到了全面的展现和深入的落实。

首先是北京奥运会申办中的法制承诺。北京申办第 29 届奥运会的过程中，法制方面的承诺是其中的重要内容。国务院总理亲笔签署《政府保证书》，《申办报告》和《陈述报告》中专门对加强法制保障的承诺予以阐述。

其次是北京奥运会规划中的法制部署。北京市政府和北京奥组委制定的《北京奥运行动规划》中，将"法制环境建设"作为重要组成部分。北京市体育局还在配套的《北京体育奥运行动规划》中提出体育法制建设措施，并制定了专门的《体育法制专项规划》。

再次是五年来北京的各类立法大都与奥运有关。为助力奥运，北京市人大常委会先后制定了《奥林匹克知识产权保护规定》、《无障碍设施建设和管理条例》、《全民健身条例》、《志愿服务促进条例》、《食品安全条例》等，还修订了《旅游管理条例》、《市容环境卫生条例》等地方性法规。

最后是北京奥运会筹办中的法制宣传。北京和各地进行了颇具声势的奥林匹克宣传教育活动，其中包括法治奥运的相关内容。先后编印了各种奥运法律读本、奥运法制宣传挂图，举办了奥运法制论坛、奥运法律知识展览。

2. 公平正义——筹办奥运成果惠及北京人民

公平正义层面，即是城乡、区域发展差距扩大的趋势逐步扭转，合理有序的收入分配格局基本形成，人民过上更加富足的生活；社会就业比较充分，覆盖城

---

① 《北京奥运立法进行时　法治奥运已现雏形》，载《人民日报》，2008 - 02 - 13。

乡居民的社会保障体系基本建立；基本公共服务体系更加完备，政府管理和服务水平有较大提高。即将迎来奥运盛会的北京，在奥运会的筹办工作中，坚持以人为本的原则，注重解决人民群众最关心、最直接、最现实的利益问题，努力使奥运成果惠及社会、惠及人民。

就业岗位大量增加。2006 年，北京市从业人数达到 919.7 万人，比 2001 年增加 290.8 万人，年均增加 58.16 万人，改变了 1997—2001 年从业人数低速增长甚至减少的局面。第三产业人员比重大幅度提高，第三产业人员的比重达到 68.9%，比 2001 年提高 14.5 个百分点。

城乡居民生活向全面小康迈进。2006 年北京市城市居民人均可支配收入达到 19 978 元，比 2001 年增长 72.6%，扣除价格因素，年均实际增长 11.1%。农民人均纯收入达到 8 620 元，比 2001 年增长 60.7%，扣除价格因素，年均增长 9.9%。

政府公共服务水平进一步提高，解决一大批涉及广大人民群众最关心、最直接的切身利益问题，包括教育、医疗卫生、住房等方面。2006 年，在校生人数达到 291 万人，高等教育入学率提高到了 56%，北京市卫生机构床位数达到 81 440 张，平均 4.44 人拥有一个职业医师，城镇居民人均住房使用面积为 20 平方米。

奥运筹办期间，社会保障水平不断提高。2006 年，北京市城市居民最低生活保障标准提高到 310 元/月，失业保险金提高到 392 元/月，企业退休人员基本养老金最低标准提高到 620 元/月，参加基本医疗保险的人数达到 679.5 万人。

3. 诚信友爱——北京城市文明水平整体提升

诚信友爱，即城市公民的思想道德素质、科学文化素质和健康素质明显提高，良好的道德风尚、和谐的人际关系进一步形成，知荣辱、讲正义、促和谐的社会风尚蔚然成风。为迎接 2008 年即将远道而来的各国朋友，"迎奥运、讲文明、树新风"活动在首都北京广泛深入开展，文明之风吹入每个人心中。

一项研究结果显示，2005 年底北京市民公共行为文明指数为 65.21，2006 年底北京市民公共行为文明指数为 69.06，指数上升了 3.85 分。这组指数反映了北京市民公共文明素养整体水平呈现上升趋势。[①]

扎实开展"排队推动日"活动，秩序文明取得明显成效。从 2007 年 2 月 11 日到 11 月 11 日，北京市开展了"排队推动日"活动。目前，广大市民自觉排队意识明显增强，排队看病、购物不仅成为广大市民的自身需求，也成为首都公共场所的良好风尚。在五环以内 1 805 个公交站台中，80% 实现了排队候车，30% 做到了没有乘车监督员也能自觉排队候车。

积极推进创建公共文明示范地区活动，环境文明得到深入发展。据北京市市

---

① 参见沙莲香等：《首都精神文明办委托 2005—2008 年项目：北京市民公共文明行为问卷调查及市民公共行为文明指数研究报告》（未刊稿）。

政管委统计，2007 年"五一"期间，天安门广场清除的垃圾比去年同期减少 61.43 吨，减幅达 30%。从北京环卫集团了解到，"十一"期间，天安门广场共清理各类垃圾 80 吨，与去年同期相比减少了 2/3。

大力实施窗口行业全员培训工程，服务文明展现出新的风貌。北京市积极开展"诚信微笑，优质服务"活动，大力推进窗口行业奥运培训工作。截至 2007 年 7 月底，全市 14 个窗口单位已有 104 万名员工参加了培训，评选出服务示范窗口 304 个，文明服务明星 481 个。

深化文明礼仪教育和行为引导，礼仪文明带动了社会新风尚。各级党政机关广泛开展了"带头做个好市民"礼仪教育实践活动，倡导言行优雅，提高办事效率，开展优质服务。

采取有效措施推进赛场文明行动，赛场文明出现新气象。以中超联赛为载体，连续开展文明赛场创建活动。举行"赛场排队推动日"活动，引导观众自觉排队购票、安检、入场、退场；做好赛场内外宣传环境布置，营造"文明观赛事、理智对输赢"环境氛围；组织文明拉拉队在赛场文明助威，引领赛场风气；开展"文明看台"、"文明球迷"评比活动，引导观众文明观赛。

4. 充满活力——北京自主创新逐步增强

充满活力是指全社会创造活力显著增强，尊重劳动、尊重知识、尊重人才、尊重创造的制度进一步完善，保护创新热情、鼓励创新实践、宽容创新挫折的社会氛围基本形成，各方面的创新相互促进，充满活力的城市创新体系基本建成。[①] 北京紧密结合国内外科技最新进展，集成全国科技创新成果，努力举办一届高科技含量的体育盛会，并以此为契机提高北京科技创新能力，推进高新技术成果的产业化和在人民生活中的广泛应用，使北京奥运会成为展示新技术成果和创新实力的窗口。

从 2002 年到 2006 年，北京市研究与试验发展（R&D）经费支出年均增长 21.3%，R&D 经费支出占 GDP 的比重提升了 1.1 个百分点，达到 5.7%；专利授权量年均增长 12.5%，2006 年达到 11 238 件；技术合同成交总额年均增长 29.6%，2006 年达到 697.3 亿元。[②]

在技术创新方面，一大批技术自主创新成果在数字奥运、建筑、材料、环保和生物医药等方面得到了开发应用。鸟巢的新型多面体空间钢架结构设计填补了世界建筑业上的空白，国家游泳中心克服各种困难，完成了 9 项重要的自主创新课题研究，克服了钢结构、膜结构和内部环境等诸多世界级难题。奥运会现场电视转播图文显示技术有望成为我国高清数字电视的标准。

---

① 参见《构建社会主义和谐社会党员干部读本》，48 页，北京，红旗出版社，2006。
② 参见 http://www.beijing2008.cn/news/dynamics/headlines/boon/s214200884/n214200887.shtml。

在产业创新方面，联想闪联标准已经成为国家行业标准并有望成为第一个 3C 国际标准。100 纳米刻蚀机与离子注入机通过科技部验收并签下亿元订单，龙芯 2 号增强型处理器芯片设计通过国家验收并与全球第四大芯片厂商意法半导体签订代工销售合作协议。

在服务创新方面，2008 年 1 月 9 日，北京发布《关于进一步促进服务业发展的意见》，抓住奥运会举办和国际服务业转移的重要战略机遇，坚持市场化导向和国际化引领，大力发展生产性服务业，加速形成生产性服务业主导的服务经济结构。

5. 人与自然和谐相处——北京生态文明建设显著提升

人与自然和谐相处层面即是要求资源利用效率显著提高，生态环境明显好转。北京奥运在建设过程中一大批生态改善与环境综合治理技术的推广应用，促进了北京环境建设与生态保护，显著加快了资源节约、空气清新、水质洁净、环境优美的北京生态型城市建设的步伐，促进了北京生态文明建设。

加大绿化投入，美化城市环境。近年来，北京的绿化美化工作以启动奥运重点地区绿化工程为切入点，进行了大规模的全市园林绿化建设。2006 年，北京城市绿化覆盖率达到 42.5%，城市人均公园绿地面积达到 12 平方米，北京市林木绿化率为 51%，比 2001 年末提高 7 个百分点。[①]

广泛使用节能减排技术，促进能源节约和高效利用。奥运工程中广泛使用了新能源和一批先进、适用的高效节能技术。在国家体育场等 7 个场馆建成的太阳能光伏并网发电系统，总装机容量达 480 多千瓦，发电量 58 万度/年，相当于节约标煤 384 吨/年，减少 CO_2 排放 1 113 吨/年。[②]

推广应用垃圾、污水处理技术，提高城市环境污染治理效率。奥运筹办过程中开展了北京城市垃圾污染控制及资源化控制技术研究、城市污水 SBR 处理设备成套化研究，相关技术成果的应用使奥运场区垃圾资源化率达 90% 以上，奥运场馆污水处理及再生利用率达到 100%。[③]

6. 安定有序——北京社会发展更加和谐稳定

和谐本身是一种有序状态，构建安定有序的和谐社会，就是要达到这样一种和谐的状态，即社会组织机制健全、社会管理完善、社会秩序良好、人民群众安居乐业、社会保持安定团结。良好的社会秩序、稳定的社会氛围是办好奥运会的前提条件和基础，是成功举办奥运会的根本保障。北京奥运会的筹办也会推动北京良好社会秩序、稳定社会氛围的建立，推动北京社会建设更加和谐稳定发展。

---

① 参见 http：//www. beijing2008. cn/news/dynamics/headlines/boon/s214200884/n214200919. shtml。
② 参见 http：//www. beijing2008. cn/news/dynamics/headlines/boon/s214200884/n214200919. shtml。
③ 参见 http：//www. beijing2008. cn/news/dynamics/headlines/boon/s214200884/n214200919. shtml。

北京市统计局、国家统计局北京调查总队以北京市和谐社会指数和北京市和谐社会建设居民意向调查结果为依据，对 2006 年北京市和谐社会发展状况进行了综合评价，对影响和谐社会发展的积极因素和值得关注的民生问题进行了深入分析。结果显示：2006 年北京市和谐社会总指数为 115.77 点，比上年上升 2.07 点，继续保持平稳略升态势；市民对建设和谐社会态度积极，基本认同度稳定。[①]

三、办好第 29 届奥运会，进一步推进和谐社会首善之区的建设

1. 依靠人民共建共享奥运，奠定构建和谐社会首善之区的物质基础

改善民生，是创建和谐社会首善之区的基础。社会主义和谐社会是人民群众共建共享的社会，要把一切积极因素充分调动起来，把一切创造活力充分激发出来，使一切有利于社会进步的创造愿望得到尊重，创造活动得到支持，创造才能得到发挥，创造成果得到肯定，努力使全体人民学有所教、劳有所得、病有所医、老有所养、住有所居。

北京奥运，已经初见"惠民"成果。如前所述，无论从城市发展等硬件建设还是从市民素质提高等软件建设方面，都对和谐北京的建设和发展产生了推动和影响。但是，值得注意的是，奥运"惠民"不仅要强调惠民以实，更重要的是惠及长久。也就是说，种种奥运"惠民"的措施，不能是权宜之计，给民众以短暂的惊喜，而应成为改革的起点，更新政府管理理念，提升公共服务品质，为城市未来发展创造更好的"软环境"。

筹办奥运，改善民生，共建共享奥运成果，必须长期坚持奥运为了人民，奥运依靠人民，奥运要惠及人民的理念，坚持以科学发展观指导奥运筹办工作。坚持以人为本，加强宏观调控的超前意识，充分估计奥运会对地方经济带来的影响，而不仅仅关注奥运会所带来的益处。充分重视"后奥运经济"的发展，适时出台相关措施防止"后奥运现象"的影响放大，保持经济平稳发展，甚至将"后奥运"的不利因素转化为有利条件。充分研究相关问题，适时出台相应措施，消除国民对"后奥运"时代各类民生问题重新浮现的疑虑。注重解决人民群众最关心、最直接、最现实的利益问题，努力使奥运成果惠及社会、惠及人民。

2. 构建政府、企业、公民参与管理格局，奠定和谐社会首善之区的政治保证

和谐社会是一种更为高级的社会治理结构，这种治理结构是政府、市场、公民三者互动形成的，要求责任主体要有较高的责任意识和行为自觉。

筹办奥运正确处理政府与市场的关系、充分利用市场机制优化资源配置、增强竞争性、充分发挥社会中介组织的作用、广泛发动群众参与并提供有效的参与渠道，这些做法使政府、市场、公民在筹办奥运中对自己构建和谐社会的责任也

195

① 参见 http://www.beijing2008.cn/news/dynamics/headlines/boon/n214213194_1.shtml。

有了较为明确的认识。

　　但是，由于我国社会中政府的职能转变、市场的完善和公民的成熟都还有欠缺，政府、企业、公民共同参与建设和谐社会的社会管理格局还未形成。一项关于北京市民公共参与的研究发现，北京市民对于维护国家形象的文明示范行为有很高的认同，但是参与程度不深。参与意识与参与行为之间存在很大差异，这一"知行不一"的背后是市民公民角色资源的欠缺和公民社会环境的欠成熟。公共参与既是一种共享亦是一种责任。①

　　培育公民、企业的公共参与意识，要从以下几个方面着手：首先，主流媒体不仅要大量报道奥组委的各项工作进展、奥运赛事的筹备、明星运动员的训练情况等，还应扩大对奥运志愿者和城市志愿者工作的宣传，同时也不能忽略奥运工作者、奥运志愿者之外的其他企业、民众为奥运所作的贡献。其次，在宣传中不仅突出欢乐共享，更要强调责任担当意识。"世界给我十六天，我还世界五千年。"这五千年的文化展示需要 13 亿中国人的同心协力。最后，将对奥运的满怀豪情落实到"身边小事"。一个微笑、一次明确的道路指引都是对"同一个世界，同一个梦想"的最好阐释；捡起遗落路旁的一小片垃圾也是对"奥林匹克精神"的最高礼赞。

3. 建设和谐文化，为构建和谐社会首善之区提供精神支撑

　　构建社会主义和谐社会，建设和谐社会首善之区既需要雄厚的物质基础、可靠的政治保障，也需要有力的精神支撑、良好的文化条件。和谐文化以崇尚和谐、追求和谐为价值取向，融思想观念、思维方式、行为规范、社会风尚为一体，反映着人们对和谐社会的总体认识、基本理念和理想追求。

　　2008 年北京主办奥运会，并提出"同一个世界，同一个梦想"的口号，意义非常重大。从文化学的意义上来说，是强调文化的共同性与互补性。② 这表明：中国与世界正在寻求沟通与互相认同，在继承弘扬传统与改革开放实现现代化的选择中，人们已经不耽于零和模式的此取彼弃，而是追求传统与现代的双赢，国人的精神资源正在迅速地扩大，我们追求的和谐社会与和谐世界正在成为一种普世的价值。当然，和谐并非易事，某些文化冲突与文化摩擦难以避免。对于中国的偏见与思维定式仍会长期存在。国人的某些狭隘与不文明现象的消除，也绝非一日之功。

　　为此，要培育和谐的文化精神，倡导和谐的价值理念。构建社会主义和谐社会就是正视矛盾、认识矛盾、解决矛盾、化解矛盾的持续过程。利益协调，统筹兼顾，就是和平发展时期解决矛盾的基本形式。要弘扬和谐的哲学思维。要强调

---

　　① 参见沙莲香等：《奥运文明环境与公共参与——有关北京市民公共参与的调查》，见《和谐之境：奥林匹克总体影响与全民参与》，北京 2008 奥运国际论坛 2005 大会论文集。

　　② 参见王蒙：《从文化紧张到文化和谐》，载《文汇报》，2008 - 04 - 09。

构建社会主义和谐社会是一个不断化解矛盾的持续过程，要更加积极主动地正视矛盾，着力于用和谐的方式化解矛盾，最大限度地增加和谐因素，最大限度地减少不和谐因素，不断促进社会和谐。要营造和谐的社会氛围。通过长期的不懈努力，使崇尚和谐、维护和谐内化为人们的思维方式和行为习惯，为构建社会主义和谐社会创造良好的人文环境和文化生态。

奥林匹克的伟大跨越： 北京理念与北京实践

金元浦*

北京奥运会是奥运史上一届具有独特风格的奥运会，它所提出和展开的人文奥运的理念和实践，意义深远，它所弘扬的和谐世界、和谐奥运的人文精神，是北京对于奥林匹克主义的独特贡献；它所弘扬和彰显的东方文化、东方气派、东方风骨和东方意境，给以西方文化为主的奥林匹克文化以生动的对比与补充，展示了辉煌悠久的东方文明，也体现了多元文化交融互补的奥林匹克精神。它所推重的奥运文化与奥运经济协调发展，建立奥运文化创意产业的尝试，也是奥运史上最具挑战性的理论与实践的探索。北京奥运所积累的经验教训，将成为奥运史上弥足珍贵的文化遗产。

一、北京口号：同一个世界，同一个梦想

北京奥运会提出了三大理念：绿色奥运、科技奥运和人文奥运。三大理念中，绿色奥运的主旨在于生态保护，就是要创造一个洁净的、充满绿色生机的自然环境，以保障人们生活在健康的环境中；科技奥运的主旨在于用现代科技推动奥运及整个人类社会的飞速发展，一方面，奥林匹克运动的发展对科学技术的发展有强大的推动作用，另一方面，科学技术的进步也对奥林匹克运动的发展产生有力的促进作用。人文奥运强调以人为本，它关注人，热爱人，提升人，追求人的全面和谐发展。这三个理念中，人文奥运是最为核心的理念，是北京奥运理念的灵魂。这三大理念紧紧抓住了当今世界关注的主题，提出了当今人类社会生存和发展中遇到的重大理论和现实问题，以敏锐的时代眼光和深切的人文关怀关注人类和奥运的命运，以促进人和世界全面、和谐的发展。

人文奥运的重要意义在于对奥林匹克生活哲学的展开与发展。奥林匹克主义的精神核心是积极快乐、均衡发展的生活哲学。它推动和呼吁公平、公正、公开的奥运竞赛，是以尊重基本公德原则为基础的生活方式。公平竞争源于古希腊城邦统治下的"公平立法"的政治理想，古代奥运会把它作为最基本的价值尺度，

---

* 金元浦：中国人民大学人文奥运研究中心执行主任，教授。

它也是现代奥运会孜孜以求的崇高理想。但是，现代奥林匹克运动在取得巨大发展的同时，也出现了一些严重的问题，如运动员异化、兴奋剂与运动伦理道德沦丧、赛场暴力、竞赛腐败、贿赂遴选等一系列问题。这些问题是与奥林匹克精神背道而驰的，极大地影响了奥林匹克运动的健康发展，引起人们对奥林匹克运动前途的忧虑和担心。北京人文奥运理念的提出，正是对世界奥林匹克运动出现的问题的积极回应，是对奥林匹克精神价值、人文价值的强调和发扬。

人文奥运，是以人为本的奥运。它关注人，热爱人，提升人，追求人的全面和谐发展，唤起人类对人自身可贵、不可轻的不断体认、无限珍视。这是同奥林匹克主义所蕴涵的基本理念——增强人的体质、意志和精神并使之全面发展，以及以互相理解、友谊、团结和公平对待精神的体育活动来教育青年，从而为建立一个和平而更美好的世界作出贡献的宗旨是完全一致的。正如国际奥委会前主席萨马兰奇先生所说，奥林匹克运动是"将身体活动、艺术和精神融为一体而趋向一个完整的人"。

奥运，是世界不同文明的融汇，是文化交流的奥运。奥运会是全世界超种族、超文化、超等级、超地域的百姓的巨型狂欢节，它是世界各民族文化之间对话、交流、沟通的巨大的现实平台。让世界来到中国，让北京触摸世界，2008 北京奥运会，是历史悠久的奥林匹克文化与源远流长的中华文明的伟大握手，是世界文化与中国文化的一次雄伟交汇。多元创造、对话交往，是新世纪奥林匹克文化精神的核心理念。

我们看到，人文奥运与北京城市的发展及北京市民生活质量的改善也有着密切的关系。从 2008 奥运举办城市北京来说，人文奥运是北京 2008 年奥运会成功举办与北京实现城市发展战略的最佳结合点。人文奥运具有推动奥运会和北京城市建设的双重功能：人文奥运除了要展示中国文化，促进中外文化交流，实现为世界留下独一无二奥运遗产的庄严承诺之外，还要带动所在城市相关方面的工作和城市建设，即"以发展办奥运，以奥运促发展"。人民的奥运，人民参与，人民付出，当然更应该使人民受益：更快的城市经济发展，更美的生活环境，更宽松的政治民主，更亮丽的城市形象。

二、北京记忆：文化北京，意蕴北京——世界给我十六天，我还世界五千年

文化是中国面对世界最为深厚的积淀。中国古老文化历经五千余年，是世界上唯一从未间断、绵延至今的人类文化的瑰宝，是人类童年时代便已产生的、不可企及也无法再造的世界文明的辉煌顶峰之一。

西方历史学家汤因比曾对世界四大文明作过这样的评判：在世界四大文明中，其他三大文明都已经中断或衰落，唯有中华文明傲立世界五千载而绵延不绝。

它弘浩博大，流丽万有；它克明峻德，修道以仁；它刚健有为，自强不息；它阴阳相济，追求神人以和。人文奥运体现了东方文化特别是中华文明对奥林匹克精神的开拓与发展。中国传统的"和合文化"观经过现代转换，对当代西方世界具有重要借鉴和启示意义。和平、和谐、和爱、和美所包含的天人合一、以天合天的和谐自然观是对奥林匹克更快、更高、更强的竞技文化的生动补充。所以，围绕人文奥运，我们可以充分开发中国传统文化资源，展示中华文明，尽显东方神韵，创造性地实现奥林匹克文化与中国文化的交流和融合。在奥林匹克文化造福中国社会的同时，积极地以中国文化精华来补充和发展奥林匹克文化，从而凸显北京 2008 年奥运会独一无二的历史价值。

五千年来，中国文化还孕育了丰富的传统体育文化与多样化的民族体育文化。中国传统体育文化种类繁多：它既有修身养性的五禽戏等各种气功导引术，又有防身健体的角抵、摔跤和武术；既有因时而作的清明秋千、端阳龙舟、重阳登高，又有娱乐表演的各种球戏和技巧；既有跑步、举重、嬉水、马术、射箭等夏季项目，又有冰嬉、滑雪等冬季项目。足球等现代体育中的许多运动，不少可以在中国古代找到自己的雏形。同时，中国各民族的不同体育文化丰富灿烂，56 个不同民族各有自身独特的体育游戏、健身方式和竞赛。这些都极大丰富了发源于西方的奥林匹克文化。

三、北京形象：创新中国　魅力北京——每天都有一个新的容貌

新北京，新奥运。奥运推动了北京的城市文化景观建设，创造了一个崭新的北京。它既具有现代化的主导型发展结构，又具有消费时代的后现代理念的相当介入；既具有全球化时代的开放胸襟，又具有有鲜明的本土特色的城市文化创造物。它具有"全球地方化"的显著特点。它既具有鲜明的中国特色、中国风格、中国气派和东方神韵，它又是全球理解的、世界关注的、国际制作水准的、高技术支撑的文化艺术精品。多元共生为它提供了思维碰撞、理念创新的广阔平台和艺术创新的最佳环境，而总体的趋向则体现出迥异于他人的主导风格。

北京的城市文化景观在艺术上既是有强烈的文化传统的历史流传物，又是具有生动多样、丰富多彩时代风格的创新之作。传统和时尚在这里融汇，历史和现实在这里碰撞。

北京奥运创作了精美而富有特色的奥运场馆建筑，将传统建筑文化与现代奥运景观设计融为一体，创造了以"鸟巢"、水立方为代表的一系列当代世界建筑艺术珍品。

四、北京课堂：人文奥运　化成天下——我学习，我文明，树新风

北京奥运开创了世界上最广泛的公民文明素质提升运动。北京奥运组织的全

国的"迎奥运、讲文明、树新风"活动，成为推进精神文明建设、提高公民文明素质和社会现代文明程度的有效载体，是促进社会和谐的重要举措。开展文明风尚宣传普及活动、实施赛场文明工程、实施窗口行业文明服务工程和中国公民旅游文明素质行动计划，是培植人文精神的重要手段。

北京奥运借助政府行政介入的有利条件，创造了世界上规模最大的举办城市的奥林匹克学校教育。奥林匹克运动特别彰显了它对青年具有的教育意义。榜样的力量是无穷的，为了参与到奥林匹克运动中来，青年将学习各种体育技能，运动将使他们的身心和谐发展。

人文奥运的内涵中必然地包含着教育的深刻内容。《奥林匹克宪章》提出，"奥林匹克主义谋求体育运动与文化和教育相融合"。教育是奥林匹克精神的核心内容，是奥林匹克主义的出发点和归宿。奥林匹克运动谋求体育运动与文化和教育相融合，创造乐于付出努力，发挥良好榜样的价值理想的共同生活。现代奥林匹克运动的创始人顾拜旦创立奥林匹克运动的目的就是为了传播奥林匹克理想，以一种新的角度、新的方式去教育青年，促进青年身、心的和谐发展。他认为：在现代人生活中最重要的是教育。从这一思想出发，他的基本目的不仅仅是用奥林匹克运动去推动竞技运动，还要把竞技运动纳入教育，进而把教育纳入人类文化和生活过程之中。因此，奥林匹克运动不局限于体育比赛，它更是一种学习活动。人文奥运秉承奥运精神，将奥林匹克运动与人的教育、公民素质的提高、社会文明程度的提升联系起来，努力提倡建设一个不断学习、不断创新的学习型社会。

青年人通过向世界冠军学习刻苦的训练精神，激发出不断超越自我、战胜自我的意志和毅力，这对于他们来说将是终身受益的。奥林匹克运动将使他们遵守规则，获得社会交往的能力，从而实现崇高的社会理想。奥林匹克精神奉守和平友谊的宗旨，团结鼓舞大众参与体育实践，以更快、更高、更强的进取精神和公开、公正、公平的法制原则激励世界各国人民特别是青年为建立一个和平的、更美好的世界而奋斗。

五、北京行动：爱心中国　志愿奥运——奉献一份力　让世界充满爱

北京奥运推动了世界上规模最大的奥运志愿者活动，志愿精神获得前所未有的发扬。总共达百万以上的各类奥运志愿者的服务活动，创造了奥运史上志愿者活动的新纪录。

奥运志愿者行动具有崇高而普遍的精神价值。《奥林匹克宪章》指出："增强体质、意志和精神并使之全面均衡发展"，"为人的和谐发展服务"，"建立一个维护人的尊严的和平社会"是奥林匹克主义的精神实质。志愿服务精神追求和谐、和爱、高尚、奉献、利他的人类文明境界，是新的历史条件下，改变和防止青年一代精神失范、信仰缺失的重要精神实践方式。

六、北京实践：全民奥运　全民健身——我锻炼，我健康

当代中国正处于快速发展中，我们比以往任何时候，都更强烈地感受到对积极健康的生活方式，以及对由积极健康的生活方式带来的人文精神的渴求。人文奥运的理念中自然包含着当下中国人民乐观向上、改革进取的精神风貌，开阔开朗的胸襟气度和对人类文明的崇尚和发扬。

北京提出的全民奥运、全民健身，是对奥林匹克主义的重要发展。北京奥运开创了世界上参与人数最多的文化体育活动。奥运会在 13 亿人口的中国举行，标志着一百年来的现代奥林匹克运动在历史的一个瞬间获得了巨大的飞跃。这是奥林匹克人文关怀的伟大实践，开启了奥林匹克运动的新起点，必将在奥运史上写下光辉的一页。顾拜旦提出的重在参与的理念，在 2008 北京获得了进一步的发展：人文奥运将之与中国当代体育文化实践结合起来，提出了全民参与、全民健身的响亮口号。北京创造出"阳光工程"、"人文奥运进社区"、"人文奥运神州行"等普及方式，它们广泛的群众性使奥林匹克运动焕发了新的光彩。

七、北京狂欢节：快乐奥运　艺术奥运——我参与，我快乐

人文奥运的重要意义在于对奥林匹克生活哲学的展开与发展。奥林匹克主义的精神核心是积极乐观的生活哲学。奥林匹克主义强调人通过自我锻炼、自我参与，而拥有健康的体魄、乐观的精神和对美好生活的热爱与积极追求。中国人文精神的宗旨，是对于生命的关怀。"仁者，生生之德"。生生便是中国文化中人文精神的血脉。

对于每个人来说，参与奥运会是人生体验中最难得的时刻。奥运说到底是一种节日，是一种 play，是玩，是一种游戏，是一种生命的运动、一次快乐的体验、一种美的愉悦和享受。这是奥运风行世界的根本。如果没有这个基点，奥运就会失去它夺人的风采。一个人一生有多少次机会能在家门口参与奥运、观赏奥运、分享奥运呢？所以，北京奥运给了我们生命中的一次少有的高峰体验，它值得去投入，值得去奉献。北京呼吁所有参与者都以快乐饱满的热情分享生命中的这次机遇，共同书写北京奥运的华彩乐章。

八、北京理念：和谐世界　和谐奥运

北京提出的人文奥运彰显了具有中国特色的奥林匹克新理念："和谐世界、和谐奥运"。和谐是人文奥运的灵魂。和谐思想，对中国、对世界、对奥林匹克运动，都具有重要的现实意义，也具有重要的资源性价值。当代世界，人类面临着巨大的困境与冲突。这主要表现为人与自然、人与社会、人与人、文明与文明以及人的灵魂与体魄之间的冲突。人文奥运的宗旨，在于推进人与自然、人与社会、

人与人、文明与文明以及人的灵魂与体魄之间的和谐发展。

　　和谐是奥林匹克文化与中华文明的最佳结合点。从西方文化来看，古希腊哲学早就关注对立中的和谐。赫拉克利特就认为自然界的一切事物都从对立中产生和谐，和谐是对立物的融合，相同的东西不会产生和谐。相反的东西结合在一起，不同的音调造成最美的和谐。另一位古希腊哲学家毕达哥拉斯则认为，宇宙中一切都存在和谐，和谐无时不有，无所不在。这种和谐便是宇宙秩序，是绝对的，是善和美。这一源远流长的西方传统造就了古代奥林匹克文化的灵魂，也滋养了现代奥林匹克精神。《奥林匹克宪章》明确指出："奥林匹克主义的宗旨是使体育运动为人的和谐发展服务，以促进建立一个维护人的尊严的和平社会。"古希腊的和谐更多强调个体和谐、人神和谐，现代奥林匹克运动则更多注重灵魂与躯体的和谐。

　　虽然奥林匹克文化起源于西方，但是奥林匹克文化交流却具有全球意义。奥林匹克运动是人类优秀文化遗产的一个组成部分，它不仅仅是体育运动，更是促进世界和平、社会进步、人类团结友爱和提倡公平、公正的一项国际社会文化运动。从这个意义上讲，奥林匹克运动和奥林匹克精神是世界人民的共同财富。因而，从文化交流的角度看，人文奥运的内涵与奥林匹克文化精神是和谐一致的。

　　在当代世界，人类共同面临着人与自然的严峻冲突，环境污染、生态危机、自然灾害等时刻威胁着我们，如何在人与自然之间寻找冲突中的平衡，达到天人合一的和谐状态就成为人文奥运探索的目标。国际奥委会对此也给予高度关注，在他们新设立的《奥运会总体影响评价》报告中，就设立了举办奥运对举办国和举办城市在环境、社会文化和经济的和谐发展上所产生的巨大影响的内容，表明了国际奥委会推动当代社会和谐发展的新动向。当代中国，和谐具有更为重要的意义。

　　和谐的思想是中华文化与奥林匹克文化的最佳结合点。博大精深的中华文明传统，为我们提供了深厚丰富的和谐思想资源。中国传统文化中的和合观念，是中华文化的核心理念。虽然历经五千年的演变，至今仍然焕发出勃勃的生机。和、和合的观念源于中国上古的风俗、仪式。其宗旨在于追求一种人与神（天道、自然），人与人之间的和合。中国古代的儒家文化和道家文化都追求人天和合，但其主张各自不同。儒家文化关注社会的治理，强调积极有为，追求由自我到天地自然的和谐，故而以人道为核心，推己及人，成己成物，尽心而知天。而道家则畏于乱世，鼓吹无为，心斋坐忘，寄情自然，直接与自然合一，以天道为核心，由天道推向人道。人道效法天道，即效法自然。儒、道两家虽然在人与自然、人与社会的和谐进路上各有不同，但殊途同归，相反相成，互补互济，相得益彰。[①] 它

---

　　① 参见张立文：《和合学概论》，541页，北京，首都师范大学出版社，1996。

们深刻地影响了中国文化的形成和发展，构成了传统文化的核心理念。

中华传统文化所包含的天人合一、以天合天的和谐自然观与政通人和、和为贵、和气生财、贵和尚中的社会观，亲仁爱人、协和万邦、善邻怀远的国际关系观念等都是对西方文化理念的挑战与补充，而和平、和美、和爱则是对奥林匹克更快、更高、更强的竞技文化的矫正和补充。

九、结语：微笑北京　福娃北京——把最灿烂的笑容奉献给你

一位国际奥委会的朋友对我们说，在北京看奥运会，除了体育比赛，最想看到的就是中国人幸福的笑脸。这是一个多么令人感动的要求和祝福。那么，就让我们满足朋友们的企盼：

把中国最灿烂的笑容呈现给世界。

北京奥运与大学教育

孔繁敏[*]

奥林匹克运动的本质是教育，而教育的重点是青年。《奥林匹克宪章》"基本原则"第6条中明确提出："奥林匹克运动的宗旨是，通过开展没有任何形式的歧视并按照奥林匹克精神——以互相理解、友谊、团结和公平对待精神的体育活动来教育青年，从而为建立一个和平而更美好的世界作出贡献。"在第4章"国家奥林匹克委员会"中规定其第一位的使命和职责是："在全国体育活动范围内，宣传奥林匹克主义的基本原则，尤其是在学校和大学体育教学计划中促进传播奥林匹克主义。"我国奥委会根据《奥林匹克宪章》要求，结合自身实际情况，与负责体育教育的管理部门和高等院校密切配合，大力开展奥林匹克教育活动，既为成功举办北京奥运创造了良好条件，又促使学校教育发生了深刻变化。本文着重就我国大学教育如何以"抓机遇、作贡献、促发展、留遗产"为基本指导方针，主动参与、服务奥运，形成具有北京特色的奥林匹克教育模式与文化遗产进行初步总结与探讨。

一、建立奥运研究与教育机构

现代奥林匹克运动经过一个多世纪的发展，本身已经形成了一个庞大的知识体系，积累了大量的宝贵经验，成为凝聚着人类社会体育思想和体育实践经验精华的知识宝库。不仅如此，奥林匹克运动还构成了现代社会中特有的社会文化景观，与社会的各主要方面结合在一起，成为现代文明生活的一个显著标志。因此，需要人们在更高的层次上去认识、总结和传播。我国的奥林匹克运动主要伴随改革开放发展起来。2001年，我国取得第29届奥运会的举办权以后，奥运的教育及传播工作加快，并适应工作需要在大学新建了几个重要的奥运研究与教育机构。

北京体育大学早在1994年就创立了我国第一个"奥林匹克研究中心"机构，随着我国奥林匹克运动的快速发展，该中心承担了大量基础和应用研究课题，参与了北京2008年奥运会的许多筹办和宣传工作。2006年11月北京体育大学成立了全国首家"奥林匹克文献信息中心"。主要从事奥林匹克研究及继承奥运文化遗

---

[*] 孔繁敏：北京联合大学应用文理学院党委书记，北京联合大学奥林匹克文化研究中心主任，北京奥运经济研究会副会长。

产等提供文献信息服务工作。

2000 年 10 月在中国人民大学成立"人文奥运研究中心"。该中心重点研究人文奥运相关理论并参与奥林匹克实践活动，尤其是聚集和组织大批优秀学者参与北京"人文奥运"的研究。2004 年 9 月，中心被北京市哲学社会科学规划办公室、北京市教育委员会联合授予"北京人文奥运研究基地"称号。

2001 年 12 月在北京联合大学成立"奥林匹克文化研究中心"。该中心重点研究奥林匹克文化及北京体育文化的形成与发展，并与高校的奥林匹克教育紧密结合，开设有关奥林匹克文化教育课程。2007 年 12 月该中心成为国家体育总局体育文化发展中心下属的体育文化研究基地之一。

2006 年 10 月成立"北京市奥林匹克教育研究中心"。该中心由北京师范大学、北京市教育委员会联合组建，办公地点设在北师大体育与运动学院。其主要目的是发挥首都高校人才、智力优势，为北京市奥林匹克教育提供科学的方案，对北京市的学校奥林匹克教育实践工作进行总结，丰富国际奥林匹克教育宝库。

首都体育学院在体育教育方面具有丰厚的资源和优势，近年学院与澳大利亚悉尼科技大学合作，先后成立了"北京—悉尼高级体育人才培训中心"和体育赛事管理硕士班，多次开展奥运培训工作，为北京和全国培养高水平的赛事管理人才。学院还积极参与"北京市奥林匹克学院"的筹办工作。

自北京成功申办 2008 年奥运会以后，多所大学相继成立的奥林匹克研究与教育机构，形成了基础性和应用性研究相结合的综合研究优势，为丰富和发展奥林匹克理论体系提供了实践经验，为开展奥林匹克教育提供了科学指导和持续的智力支持。

二、设置比赛及训练场馆

场馆设施是开展体育运动必要的物质条件。2005 年曾选取北京市 13 所高校作为场地设施建设现状的研究对象。13 所高校分别是：清华大学、北京大学、北京航空航天大学、北京科技大学、中国地质大学、北京林业大学、北京语言文化大学、中国农业大学、北京邮电大学、中国人民大学、北京建筑工程学院、北京青年政治学院以及北京师范大学。在调查的 13 所高校中，有 9 所学校至少有 1 块 400 米跑道的标准田径场，占 69%。其中清华大学、北京大学、北京科技大学、北京师范大学 4 所高校有 2 块 400 米跑道的标准田径场，占 31%。有 8 所学校拥有体育馆，占调查总数的 62%；有 5 所学校的体育场地在筹划建设中。课外体育馆对学生的开放都不是免费的，有些学校采取对本校学生适当降低费用的办法。在对场地设施中游泳馆（池）的调查中，只有 8 所学校有游泳馆（池），占调查总数的 62%，在所有体育设施的调查中，这一项是最不尽如人意的。① 由此表明，高校对

---

① 以上数据采自北京师范大学体育与运动学院 2002 级耿洁同学的调查资料。

于场馆设施的建设还有待进一步改善。

北京奥运为高校场馆设施的改善带来了机遇。早在规划奥运场馆的时候，北京奥组委就特别重视借鉴举办过奥运会的各大城市面临奥运场馆赛后利用问题，注意充分贯彻节俭、实用的原则。规划设置在北京的奥运场馆共计 31 个，其中有 11 个是新建场馆，有 11 个是改建现有的场馆，还有 9 个场馆是临时使用的。在新建和改建场馆中有 6 个位于大学校园内，它们是：中国农业大学摔跤比赛馆，北京理工大学排球比赛馆，北京航空航天大学举重比赛馆，北京科技大学柔道和跆拳道比赛馆，北京工业大学羽毛球和艺术体操比赛馆，北京大学乒乓球比赛馆。另外还有 23 个训练场馆坐落在北京高校中。高校比赛场馆约占北京奥运场馆总数的 20%。

奥运场馆建在高校是北京奥运会解决场馆赛后利用问题的重要创新，也是有效配置社会资源的重要体现，将实现奥运与高校的双赢。高校中的奥运场馆扩大了群众特别是高校师生对于奥运的参与度，更有利于大学生感受到身边的奥运，体验到参与的快乐。这些场馆在奥运会过后直接作为学校体育馆使用，成为大学生体育文化活动中心，满足学生在室内上体育课、开展体育活动、进行文艺会演的需求，将使首都数十万大学生直接受益。因此，高校场馆的建设，成为奥运工程建设的一大亮点。

三、开展奥运主题教育活动

北京为举办 2008 年奥运会，提出"绿色奥运、科技奥运、人文奥运"三个理念，其中人文奥运是灵魂和亮点，将人文奥运的理念化为实践，就是要大力开展奥林匹克教育，充分关注人的和谐发展。依据北京市教育工委和北京市教委于 2005 年 12 月发布的《北京市学校奥林匹克教育行动计划》，北京高校组织开展了以"我心中的奥运"为主题的征文、演讲、书法、绘画、摄影以及文艺表演等一系列丰富多彩的活动。

北京大中小学校结合贯彻《公民道德建设实施纲要》、《关于进一步加强和改进大学生思想政治教育的意见》，以举办 2008 年北京奥运会为契机，将奥林匹克精神的传播与大学生思想道德建设和中华民族传统美德教育有机结合起来，通过开展学生喜闻乐见的系列活动，既增强他们对奥林匹克精神的理解，又继承和发扬中华民族的传统美德，提高青少年思想道德建设的实效性。

为认真贯彻落实有关《"文明礼仪伴我行"活动实施方案》，以"情系奥运，文明礼仪伴我行"为主题，以通过礼仪、礼貌、礼节教育培养学生良好的文明礼仪习惯为重点内容，以唱响国歌、遵守规则、志愿服务为突破口，有计划开展了校园礼仪教育、社会礼仪教育、国际礼仪教育。大学生的文明礼仪素养有较大幅度提高。

近年大学生积极参与"迎奥运、讲文明、树新风"活动，从 2008 年 3 月下旬起，教育部思想政治工作司、共青团中央宣传部、中国教育电视台又联合组织开展了全国大学生"迎奥运、讲文明、树新风"礼仪知识电视竞赛。2008 年 5 月 9 日晚，全国大学生"迎奥运、讲文明、树新风"礼仪知识电视竞赛总决赛在北京交通大学举行。此次竞赛期间，全国各地各高校充分抓住这一契机，组织开展了演讲比赛、主题班会、签名、志愿服务等活动，加强和改进了大学生思想政治教育，全面提升了大学生文明素质。

在北京奥林匹克文化节、迎奥运倒计时等活动中，大学生们以多种形式积极参与，展现了他们关注奥运、参与奥运的良好风貌，并为北京成功举办 2008 年奥运会营造了热情友善、文明和谐的良好氛围。

四、推进志愿服务工作

国际奥委会主席罗格说："志愿者是奥林匹克运动的基石，是奥运会真正的形象大使。他们代表着奥林匹克精神。"预计北京奥运会赛会志愿者总需求约 7 万人，残奥会赛会志愿者总需求约 3 万人。合计约 10 万赛会志愿者主要在北京地区招募，以北京高校学生为主要来源。此外，需要城市志愿者约 40 万人，社会志愿者约 100 万人。

奥运会赛会志愿者报名已于 2008 年 3 月 31 日结束，据统计，志愿者申请人数达到 1 125 799 人，其中 908 334 人同时报名做残奥会志愿者，北京地区报名总人数达到 772 000 人。报名人数创历届之最。志愿者申请人以年轻人为主体，受教育程度普遍较高，接近半数的申请人具有志愿服务经历。城市志愿者申请人数也已达到 130 多万，报名工作将于 2008 年 6 月底截止。据目前录取情况看，北京奥运会赛会志愿者已录取北京大学生 5 万余人，占总数的 70% 以上。

报名参加赛会志愿者的大学生普遍参加了北京奥组委及高校组织的各类培训，并参与了各类志愿服务的实践活动，有力提高了大学生的综合素质。如在参与"好运北京"体育赛事服务中，很多志愿者不仅熟悉了场馆知识，还了解了很多传统礼仪方面的文化知识，提升了志愿服务水平；他们参加的社会志愿服务活动，涉及公益机构服务、关爱服务、语言服务、文化教育、助残服务和环境保护等领域，尽可能地满足服务人群日常多方位的需要。他们还组织各种形式的北京奥运宣讲活动。据不完全统计，2007 年北京各高校组建了 1 000 多个"大学生志愿奥运宣讲实践团"，40 余万名志愿者深入工厂、农村、社区等地开展奥运宣讲，倡导健康生活理念，受众达百万人次，得到了社会各界的广泛认可。

目前中国的志愿服务工作还比较落后，与国家对志愿服务的需求还有很大差距。而 2008 年奥运会在中国的举办恰恰可以为中国志愿事业的发展提供一个千载难逢的机会。大学生参与奥运志愿服务，不仅成为北京奥运会赛会志愿者的主要服务群体，成为 2008 年北京奥运会人文北京的形象大使，而且将成为弘扬社会正气，促进社会和谐，推进中国志愿事业发展的重要动力。

五、启动"阳光体育运动"

大学生处在青春发育期，体育运动在他们的生活中占有重要的位置。现代体育运动虽然本身就具有教育功能，但高校在处理德育、智育、体育等的相互关系时，也常出现矛盾和对立，轻视体育的现象不同程度地存在，大学生的体质有部分下降趋势。因此，在大学中大力开展体育运动，促进德育、智育、体育等有机结合，提高学生的全面素质，为建立人力资源强国创造条件，成为高校教育面临的紧迫问题。

2007 年 4 月 23 日中央政治局召开会议，针对青少年体质健康方面存在的问题，就如何进一步加强青少年体育工作，全面贯彻党的教育方针，认真落实"健康第一"的指导思想提出了重要意见。这是我国青少年体育工作中具有里程碑意义的大事。为认真贯彻中央政治局的会议精神，吸引广大青少年学生走向操场、走进大自然、走到阳光下，积极参加体育锻炼，提高健康素质，教育部、体育总局、共青团中央于 2007 年 4 月 29 日在全国范围内启动了"全国亿万青少年学生阳光体育运动"。国务院于 5 月 25 日专门召开了加强青少年体育、增强青少年体质电视电话会议，要求以"达标争优、强健体魄"为目标，用三年时间，使 85% 以上的学校能全面实施国家《学生体质健康标准》，使 85% 以上的学生能做到每天锻炼一小时，掌握至少两项日常锻炼的体育技能，形成良好的体育锻炼习惯。

阳光体育运动全面启动一年来，全国各类学校认真贯彻中央的决策部署，采取一系列措施，迅速掀起了全国亿万学生参加体育运动的热潮，开创了学校体育工作的新局面；许多学校还注重将奥林匹克精神与阳光体育运动结合起来，拉近奥运会与广大学生的距离。通过宣传动员，开展丰富多彩的迎奥运校园健身等活动，组织引导学生将关注奥运的热情转化为参加体育锻炼的具体行动，推动以体育课、课外体育文化、运动竞赛等为主要内容的高校体育文化建设，促进了青少年全面发展。

六、深化教学内容改革

在"素质教育"和"健康第一"的学校教育改革背景下，2002 年 8 月，教育部颁布了新一轮的《全国普通高等学校体育课程教学指导纲要》（以下简称《纲要》），从课程的性质、目标、结构、内容与方法等方面对高校体育课程的各构成要素提出了全新的理念。至今，《纲要》已在全国范围内实施了五年，有关教育主管部门正通过专项评估检验成效。

高校体育教育改革的核心是课程改革。近几年在体育课程教学中，我国高校努力落实北京"人文奥运"的理念，加强了对学生的奥林匹克教育，在技能培养中渗透奥林匹克文化精神，努力促使奥运教育常态化，同时积极开发中华传统体育课程资源，把武术、太极拳、跳绳、踢毽子等纳入体育课程，使他们在努力接受奥林匹克文化的同时，继续发扬中华传统体育文化。

近年大学在实施素质教育过程中，努力把体育作为重要突破口，深化课程改革，优化课程设置，进一步加强学校德育工作，切实提高师生思想道德水平和健康素质。高校还充分利用《北京奥运会大学生读本》，把奥林匹克教育与思想品德课结合起来，围绕大学生社团、社会实践、志愿服务等活动，加强人文素质和形势政策教育，促使奥林匹克知识"进课堂、进教材、进头脑"。同时注意减轻学生过重的课业负担，增加体育活动时间，让广大青少年充分领略体育的魅力。

进入 2008 年，北京高校先后举办了富有特色的大学生奥林匹克教育实践活动近百项，覆盖人群百万人次。在 2008 年北京奥运圣火传递过程中，大学生倾注了很高的爱国激情。在奥运历史上海拔最高的火炬珠穆朗玛峰传递的 31 名队员中，有来自清华大学、中国地质大学（武汉）、中国人民大学、中国农业大学和南京理工大学的 9 名大学生入选；在登顶珠穆朗玛峰的 19 名火炬接力队员中，有 3 名是在校的"80 后"大学生，他们见证了奥运历史上的空前壮举。这都是近年来开展的大学生登山活动打下的坚实基础。随着北京奥运会的临近，北京高校校园内的奥运气息愈发浓厚，大学生正以青春的朝气和良好的形象，主动参与和服务北京奥运。

奥林匹克运动的突出特点是体育运动与文化和教育相结合。北京奥运与大学教育的紧密结合，形成了具有北京特色的奥林匹克教育模式和文化遗产。

决战之年培养北京奥运会文明观众的策略*

李树旺**

奥运会赛场是体现主办国公民文明素养的一个窗口，也是衡量奥运会成功与否的关键。目前，当此北京奥运会筹备工作的决战之期，为了营造文明赛场，展示民族文化特色，进而增强中国参与国际竞争的"软实力"，我们在培养文明观众方面还应该做些什么呢？

一、决战之年，培养核心观众是关键

近年来，北京市政府和北京奥组委高度重视"文明观赛"问题，社会也动员各种资源营造了浓厚的文明观赛的社会氛围，使市民的赛场礼仪常识以及文明观赛意识有了明显的提升。但是，国外的成功经验表明，仅仅依靠社会教育还远远不够，决战之年的观众培养工作应更加具体和有针对性，工作重心应从原来的"面"聚焦到"点"，使培训工作"软着陆"。具体而言，就是北京应该打造一支有中国特色的、有文化底蕴的、有专业素养的、有文明意识的、有潜在社会辐射功能的观众队伍——核心观众。

二、核心观众对于构建文明赛场的价值

奥运会核心观众是指内在地将文明观赏体育比赛的知识和技能优化整合后，在观赏奥运会比赛过程中，能够显示强大的凝聚力、吸引力和影响力的观众群体。无论赛场内外，这支队伍是亮点，是模范，是稳定赛场秩序的核心，是"人文奥运"理念的具体阐释，是北京面向世界的一张"名片"。

在国外，组织和培养核心观众是体育赛事筹备的重要战略部署。在国际赛场，2002年足球世界杯期间由韩国组织的"红魔拉拉队"是核心观众的代表，这支拉拉队以其排山倒海的气势、疯狂热烈的助威声风靡全球，但是，真正感动世界的是他们身后洁净的看台、井然的秩序、看台与赛场热烈而良好的互动，是将欢乐、秩序与清洁有机统一所体现的国民素质。"红魔拉拉队"的爱国热情和积极参与在

---

* 本文为北京哲学社会科学"十一五"规划重点课题"中国体育观众研究"阶段成果。
** 李树旺：中国人民大学人文奥运研究中心副主任，副教授。

韩国社会引起共鸣，据研究，拉拉队的行动打破了韩国社会历来就存在着的地缘和学缘思想的局限，也在一定程度上克服了阶层间的隔阂，这对于韩国社会的影响是巨大的。时任韩国总统的金大中曾言："红魔其实成了一种文化现象，不仅仅代表韩国足球，也代表韩国的民族精神。通过世界杯，它为韩国的社会进步和民族团结作出了重大贡献。"

对北京奥运会而言，核心观众对实践"人文奥运"、构建文明赛场将发挥不可替代的作用。

其一，核心观众是展示中华民族"和谐、包容、热情、好客"的人文精神的载体。在北京的奥运赛场，核心观众将既为中国队呐喊，也为对手鼓掌；既对获得奖牌的选手祝贺，也对其他选手的辛苦付出表示尊重；既能点燃热门项目的激情，也能让一些非大众性或没有中国队参加的比赛不致冷场；在升国旗时，他们既能表现强烈的民族自豪感和自信心，也能在奏别国国歌时表示应有的尊重与礼仪。核心观众显示出北京对世界、对奥林匹克的真诚与接纳。

其二，核心观众是赛场竞争力的源泉。近年来，日、韩经常以人数寥寥的"集团作战"击败我们众多的"散兵游勇"式的观众，究其根源，在于我国观众的群体凝聚力较差，难以以统一的声势与比赛形成互动。因此，北京的核心观众将扮演组织化的"拳头观众"的角色。

其三，核心观众是赛场内的典范。核心观众的文明行为有助于抵消"京骂"、"乱丢垃圾"、"不合乎礼仪"等观赛行为对其他观众的不良影响，特别是当赛场内出现暴力事件或突发事件时，核心观众的典范会成为其他观众言行的判断标准，进而形成一种强大的社会控制力量，协助维护赛场内的安全。

其四，核心观众必将成为赛场内的亮点。以传统文化包装的核心观众将更能体现北京的城市文化和城市特色，提升北京的国际形象。

可见，核心观众将成为奥运会留给北京和中国的一份遗产，在后奥运时代，核心观众所表现出来的团结、竞争、友善、包容、志愿等精神特质将由赛场迁移至社会生活的方方面面，影响着公民的社会心理状态，进而为建设和谐社会打下基础。由是观之，打造优秀的赛场核心观众应该成为北京奥运战略的重要组成部分。

三、培养北京奥运会核心观众的策略

核心观众的培养不是一种"有了问题才做"的"救火式"培训，而是一项系统工程。

首先，应确立培训目标。培养核心观众的直接目的是将核心观众嵌入"警察—保安员—志愿者—观众自身"相结合的综合性、多层次的赛场管理体系，使其成为奥运会赛场管理的一个元素。除此之外，还应确立其社会的、文化的等后北京奥运会时代的延伸目标。

其次，成立专门的培养机构。目前，市政府和奥组委都设有负责观众培训的组织机构，但缺乏统一协调，因此，建议成立专门的培训核心观众的管理机构，以协调政府与奥组委之间的具体事务，并负责培训工作的宏观调控，保证培训工作的正确方向。另外，还要落实执行具体培训任务的机构。这个部门既要具备宽广的社会覆盖面，让多数市民认同，也要具备顺畅的上通下达的组织体系，以使培训工作深入到社会各个层面。同时，建议成立专门的研究机构，对培训工作进行前瞻性和追踪性的研究，并着手研究核心观众对北京社会生活的影响以及对建设和谐社会的作用。

再次，确定核心观众的对象群体。中国人民大学人文奥运研究中心的研究表明，北京奥运会赛场的核心观众应该由职工观众、学生观众、专业型观众、"亲友团"观众、"旅游＋观赛"观众五个群体组成，其中，职工和学生将是主体。就北京体育观众的现状而言，2007年7月由北京市总工会组织成立的"职工拉拉队"在"好运北京"系列体育赛事中的表现可以称作一个亮点：工会系统内部的多层级组织体系保证了培训和管理工作的顺畅；另外，富有民族特色的文化包装，生动具体的培训内容，健全的奖惩、升降级制度等等，塑造了职工拉拉队的整体形象，可以作为培训学生拉拉队、专业型拉拉队的借鉴。

最后，提供日常培训及赛时管理的保障。核心观众是我国体育观众整体形象的集中展示，因此，建议将职工拉拉队、学生拉拉队、专业型拉拉队等观众群体以职工拉拉队为龙头，统筹到核心观众的整体框架内运作，以保障拉拉队的整体性。另外，北京市政府应在票务方面与奥组委协调，预留一定数额的集中而又经济的门票，以保障观众在赛时进行集体行动，最大限度发挥核心观众的"拳头"效应。

参考文献

[1] 金元浦．大学奥林匹克文化教程．北京：高等教育出版社，2006

[2] 赵长杰．奥林匹克进展．北京：北京体育大学出版社，2004

[3] 翟越．奥运项目规则和礼仪．北京：北京出版社，2006

[4] 高谊，董英双．奥林匹克万事通．北京：北京体育大学出版社，2001

[5] 邵纪淼等．体育美学．桂林：广西师范大学出版社，2000

[6] 胡连元．美学概论．北京：高等教育出版社，1988

从奥运精神论完美与和谐
——极致完美与天地人和谐

梁燕城[*]

一、极致完美（arete）的桂冠

根据希罗多德（Herodotus）记载，波斯打算征伐希腊时，大将军迪冠尼斯（Tigranes）听闻希腊奥运会胜利者的奖品不是金钱，只不过是橄榄树枝造的桂冠，十分惊讶，对说客孟多里奴斯（Mardonius）说："天啊，孟多里奴斯，你游说我们攻打什么人，他们不是为了金钱，却为光荣与成就而战。"

这是波斯人首次听闻奥运会之名，也是希腊以外的世界，开始知道奥运的存在，不只是一场运动竞技，还是一种精神，一种追求光荣与成就的理想。

这桂冠的光荣与成就，是在群体竞技中的个人出色表现。其重要性是因为奥运会被地理与历史学家斯特拉波（Strabo）称为"世界最伟大的运动会"，希腊人散居各地，都回来参与运动，罗马时期，则是帝国内各地的人都可来参加，是古代世界的国际性大事。

在奥林匹克会场的一个制高点，有一巨大的天帝宙斯（Zeus）像，被称为古代七大奇迹之一，用黄金与象牙建成，坐在宝座上，手执雷电杖。此像由雕刻大师菲狄亚斯（Pheidias）所造，高42英尺，为全会场的注目点。而奥运会场就是祭祀最高天帝的殿堂，要用100只公牛去祭宙斯。

故奥运会在古代也被视为一神圣的祭礼，各地的人带来其对天地神圣价值的献祭，运动员则祈祷求有最佳表现。故此斯特拉波在其名著《地理学》中，称之为"世界最伟大的运动会"，而其桂冠"被视为神圣的奖品"。

桂冠之神圣意义，不单在某运动员在国际竞技中的突出个人表现，更重要的是其达致希腊人的所谓"极致完美"（arete）的理想。希腊人的极致完美，是指人在其限制和命运中，可以达致的最佳理想状态。运动只是其中一种，另外也包括演说、修辞及理性思维等。

柏拉图（Plato）指出，宇宙中所见的一切事物，其普遍性根于形而上的完美

* 梁燕城：华裔加拿大人，美国夏威夷大学中国哲学博士，著名哲学家、作家、政论家及传道人。曾任香港浸会大学宗哲系主任，目前任加拿大文化更新研究中心院长，《文化中国》学术季刊总编辑。

理型世界，这理型世界是真善美的本体，是纯理性的、抽象的、完美纯净的。而经验界所见的，不外如黑洞之中，见洞壁上因火光投影的事物影子，是真相世界的投影。

经验所见的是不完美世界，但人却有理性灵魂，去思考和默想最高的理型世界。柏拉图在《斐多篇》(Phaedo) 中认为"灵魂相似于神圣，是不朽、理智、统一、不变的。身体恰恰相反，相似于人类，是朽坏、多元、非理智、可分离及变化的"。灵魂分享神圣世界的真善美性。

人心就如两飞马拉的车，一马高贵而向上，追求神圣，另一马无知而向下，追求地上世界的事情。心灵处于神圣与世俗之间，形成内在的挣扎。也正因这挣扎，人的有限性就显明，故此人类面临的挑战就是如何在这有限的人身上，达致这有限中的最佳状态，这称为极致完美。

二、具体完美状态

柏拉图哲学认为人的灵魂可知完美，但人的内心又陷于有限之无知当中，圣哲或可用理性与默想去上达于完美，但对普通群众来说，就只能以有限的肉体来达致完美，那就是体育竞赛。

希腊文化认为在具体呈现世界中，灵魂在肉身中可以达到极致完美，就是从操练身体的坚强意志开始。身体虽然在幻变与朽坏之中，但仍可因着灵魂的控制，而得时间中某一刻的极致完美，此即在竞技中表现。

奥运会的理想精神，就是在现世身体中追求极致完美，这也是神圣与世俗交界而形成的一个"具体完美状态"(concrete perfect state) 或可称为"具体的极致完美"(concrete arete)，是理型与物质世界结合而产生的最高可能价值。

为了这极致完美，不同运动员要用其灵魂的力量，以意志、以纪律来锻炼自己的身体，使身体有最完美表现，以实现"具体完美状态"的最高理想，使有限的身体能达极限的可能最高极致的完美。

希腊演说家伊斯金尼斯 (Aeschines) 在其著名的反泰锡封 (Ctesiphon) 及反德摩斯梯尼 (Demosthenes) 的激辩中说："公民们……由于奖是那么少……由于竞赛和光荣，及胜利带来的不朽名誉，人们都甘愿以身体冒险，付极高代价去依从严厉的纪律，奋斗至最后极限。"这段话正好说明奥运选手的自律和奋斗精神，这精神就是追求极致完美。

除了运动员全力向完美状态奋进外，整个政治、社会和文化，亦一致付出代价配合这方向，而形成一种国际合作的结果。

其主要表现，就在奥运会期间的停战 (ekecheiria) 协议。在奥运会场有一铜板刻字，说明在停战期间，一切战争要停止，军队不得进入伯罗奔尼撒半岛 (the Peloponnese) 西北角的中立地带依里斯 (Elis)，因该处是祭祀天帝宙斯的神圣之地。同时，一切法律诉讼及死刑均须停止，违者遭重罚。

历史学家修昔底德（Thucydides）曾记载，在希腊的伯罗奔尼撒大战期间，雷色代蒙恩人（Lacedaemonians）曾在停战期进攻依里斯的城堡里披林（Lepreum）而被禁参与奥运，后被罚赔偿 2 000 迈纳（mina），这一价钱可以请 20 万奴工工作，或买 20 万头羊，可见是一笔巨款。

西西里的狄奥多罗斯（Diodorus Siculus）提过亚历山大大帝在奥运会宣布非谋杀罪的被放逐者可得赦回乡，而马其顿一万老战士得退役，且代他们还所有债务。

这一切政治、社会和文化活动，都来自对奥运精神的重视，就是为了人可以达致"具体完美状态"。各国各政府及群众，都要付出代价去配合；这代价就是和平与和谐，和平、和谐成为具体完美的条件。

三、从个人尊荣到整体的和平

为何奥运期间要停战呢？奥林匹克运动会的精神，表面看是个人争胜而达极致完美，并由此得到尊荣。如"争胜"一词的希腊文指进取，自我肯定。这原是纯个人的尊荣。如荷马史诗《伊利亚特》中帮特洛伊城的利奇亚（Lycia）英雄沙比顿（Sarpedon）在出战前对他的朋友格洛高斯（Glaukos）说："格洛高斯，为何我和你在他人面前得尊荣，得到傲人的地方，优选的肉食及满满的美酒，在利奇亚所有人视我们如不朽者……因此我们的责任是要站在利奇亚人的最前线，站稳位置，承担战斗冲刺任务，故此穿武装的利奇亚人会如此描述我们说：确然，这是利奇亚的贵裔，不可忽视的人物。"

这是希腊人的战斗精神，是为了个人尊荣、物质报酬，及他人的歌颂赞美。此为早期希腊人的争胜境界。

但奥运会更深的意义，是在其神圣及和平价值。底比斯（Theban）的诗人品达（Pindar）说："宙斯赐予得胜拳手尊荣，给予他尊敬和酬谢……因他行正直之路，又憎恶暴力，他学习所教导的圆满承继其先祖的智能。"

人的成就，不单在争取得胜利，且因他正直，反暴力，有智慧，由此而得天帝宙斯赐其尊荣，而入神圣的领域。奥运的精神，就是和平与正直，这是神圣的价值，超乎物质价值和报酬。

古典希腊教授联会的权威学者团曾指出，"希腊的文化价值，那些代代相传的行为准则，一般在群体运动中彰显"。原来奥运不单寻求个人尊荣，更寻求整体团队的得胜。

团队精神建立了朋友关系，必须全体合作无间，才能胜过对手。合作必须放弃私人喜好和恩怨，为了整体利益而奋战，个人为此可以作出牺牲，而成就共同的胜利。

朋友关系必须合作，须队员间和谐共进，不得突出个人英雄性，不得妒忌他人的成功，却须重视团队整体成为英雄。此中建立了牺牲的精神，真正的英雄必须牺牲个人的自我英雄表现。这使奥运精神转向整体达到极致完美，个人的极致完美是为了整体的极致完美。

雅典长老阿奇鲍亚迪斯（Alkibiades）说："当一个人不单为自己得益，且以自己付出使全城得益，不能视之为无用蠢人。"这为了整体利益的奋斗，最先是为了一个城，到亚历山大征服大半个世界之后，就是为了整个希腊，甚至为了全人类。全人类的友谊与和平，就成为奥运的精神。因此，奥运期间必须停战，追求人类全体停止争斗，达致全体的和平和谐。这就将尊荣的价值转向了全人类。

四、奥运的人文公众空间

奥运的体育竞技还有一精神，就是建立了一个公众空间（public sphere），使文化与思想可以交流。原来在希腊文化中，体育本身是一种教育制度，所有青年人都要受运动教育，不是为了竞赛，而是日常的体质训练。故此到处都有体育场所和学校，而人在此可以交流信息和学问。法国学者库雷（Corinne Coulet）指出："体校在城邦内的作用逐渐地甚至超过了综合性大学的作用，而成为主要的会议地点之一，成为向所有大众开放的一个文化中心。"

体育学校或运动场不但成为文化中心，且成为哲学家对话和教学的学园。柏拉图在其对话录《查米德斯篇》（Charmides）中讲，一开始时苏格拉底（Socrates）从战场波蒂迪亚（Potidaea）回雅典："我走进泰里雅斯运动场，在巴斯尔神庙对面，那里有很多人，大部分我都认识。"那些人包围苏格拉底，询问战争情况，跟着苏格拉底就在这个运动场上展开哲学对话，可见运动场是一个人文活动的公众空间。原来苏格拉底也在体育学校授课，如在《尼西斯篇》（Lysis）他遇到友人希波沙勒斯（Hippothales），说正有诡辩家米哥斯（Miccus）在体育学校授课，欢迎苏格拉底进去讲学，可见希腊的运动场所，也是教学与哲学讨论的公众空间。不少思想家和文化人，如柏拉图、亚里士多德（Aristotle）、狄奥根尼（Diogenes）等，均在体育学校建立其学园（Academia）。

体育学校与运动，成为人文对话与教学的空间，是人将观点的对抗化为和平对话的开始，成为西方文化和平论辩精神的发源地，是民主自由的泉源。在古希腊人文公众空间的最大场所，就是奥运会。奥运作为人文公众空间，其精神就是不同的邦国、不同的团队、不同的人物，在这空间中各自争取极致完美，各自表现和表达，其规则是和平，其精神理想是和谐共进，各尽其才，各达超卓与完美之境。

人文奥运的精神，就是不同者并存而又和谐。

五、奥运与天地人感通和谐

奥运期间各国停战，宣布解除放逐令，及建立公众空间等，均表达了奥运的精神，就是"和谐"。多伦多奥运会提出了"奥运精神"（Olympic Spirit）的理念，核心是友谊与和平，此外也加上荣誉、光荣及公平竞赛。友谊与和平是表面的人际和国际关系，我们探讨更深的哲学内容，当是和谐，即多元并存而能彼此接纳，互相欣赏。由于今届奥运在北京举行，是中国与希腊两大古文明的会面，我们可由中国哲学提出对人文奥运精神的响应，就是天地人的和谐。

"天、地、人"在中国易学中，称为三才或三极，是宇宙人生的一个框架。易学有"太极"观念，为宇宙生化的"一体性本体根源"，并由一生多，而成多元世界。此中的一体，不是超绝性的独一真理，却是一体多元，在一体中衍生多元，在多元中统合为一体。若只有一体就会形成独尊，若只有多元就形成相对主义及多元间的冲突。一体多元并存，超越了独尊与相对形成多元和谐，由于多元皆源于一体，有共通基础，因而和谐并存就成为可能。

天、地、人三范畴并列，是多元性的基本结构，展示为"他者共在"的世界。天、地、人三极互为"他者"（others），是多元并存，但又互为相关，形成"关系"的理念。

《周易》有"感通"的概念，所谓"寂然不动，感而遂通天下之故"，多元事物在关系中能有感应，因感应而有"通"，即万物之间是相关感应，而彼此可因相关而得到"通"。在人来说，"通"是指沟通，也可以是心灵的互相贯通，感通是感应于他人的感受，或他物的生命形态，进而有一同情的了解，从而对人有沟通，对他物有了解。从宇宙万物说，《周易》展示的是一个一切存在彼此相关、相牵连的网络世界。每一事物均可在关系中触动其他事物，在互动中而彼此感应。在此意义下说事物之间没有障碍，称之为"通"，一切均相关而和谐，而成一体中多元之他者得和谐的状况。

用天、地、人中多元他者相关和谐的框架看奥运，则奥运是一多国合作的国际活动。多国互为他者，但却和谐相处。而各运动员间，也是他者共在世界。各他者在竞技中相关，其比赛不是冲突形态，却是以比赛为本，不在输赢，这是所谓奥运的体育精神。这一切都是多元共在而又相关和谐的精神。

天、地、人三极和谐的框架，作为奥运精神，用在奥运上，在"人"的范畴，那就是每位参赛者追求极致完美的表现，达致身体与灵魂结合，而成为"具体完美状态"的极限实现。

在"地"的范畴，奥运竞技是在大地上举行，以地为其托体，各方在地上比赛。奥运场地虽是有限的地域，但参与的人却来自地球不同地方，是大地全体的一个全球国际活动。

在"天"的范畴，则希腊奥运本身原是一宗教祭祀的活动，希腊人在运动中向最高天帝致意，向最高神灵祈祷，故是与宇宙最高真理相感通的活动。运动举行之时令为夏季，亦是万物生长、草木茂盛的季节，是上天创造力最旺盛之时。

因此是与时令配合的人间大活动，人的创造力与天之创造力同时发展，可称之为参赞天地之化育的行动。

奥运会中各人争取达致极致完美，为人追求实现完美。在柏拉图哲学，只有宇宙的本体是完美。在中国哲学，人内心的美善，是天命之性，也是宇宙本体在人的彰显。中国儒家锻炼人性，通过六艺，所谓礼、乐、射、御、书、数，其中的射和御是中国的运动，用之以使人端正其心，合乎人性善的要求，使行为合乎礼。故中国和希腊一样，以运动为彰显宇宙完美体的锻炼，故这是人与天的和谐。

古中国哲学以宇宙为生生不息的本体，称为天、道、太极、太一或皇天上帝。一切多元的万物，由之而创生，其所有不同，均源于一，故一切是同体相关的，这是和谐的哲学基础。这一体的真理，化而为三个基本范畴，就是天、地、人，是建立他者共在世界的框架，也是创生多元化的开始。由于天、地、人三者皆源于一，故此天、地、人是一体中的多元，是彼此和谐的，这是中国文化的和谐观。在 2008 年北京奥运期间，我们谨以这古中国哲学精神为 21 世纪人文奥运的新理论根据。

六、圆满境界的实现者：李岱尔

在奥运历史上确有一位人物，是寻求天地人圆满境界的人物，那是 1924 年奥运 400 米赛跑金牌得主李岱尔（Eric Liddell）。他以 47.6 秒破世界纪录，成为英国人心目中的英雄。但一年后，他却放弃所有的掌声与荣誉，选择到中国去服务，最后牺牲在日本的集中营。

李岱尔得到金牌后，名成利就。当他在爱丁堡大学毕业那年，同学们将他抬起来，到圣杰尔斯大教堂讲话，他引宾州大学门上一句话："不论结局是一败涂地，或是光荣胜利，一个人若尽力而为，那就是他的荣耀了。"对他来说，生命的价值，不在乎成败，却在乎其是否以诚意去争取完美的实现。他赛跑，不重视掌声与金牌，却在乎实现完美的人性潜能。他又说："体育是全人教育的一部分，人是身、心、灵三部分组成的……我们了解不只该为自己的头脑储存知识，也该为应当奋斗的人生培养强健身体，更要记得我们也是有灵性的人。"

李岱尔的父亲李德修（James D. Liddell）在 1898 年来中国服务，先在蒙古工作，后来到天津。1902 年李岱尔在中国出生，之后他的父亲又到山东的一个贫困农村萧张县服务，李岱尔就在这穷乡中过儿时的生活，一家经历了清末的时代忧患，使他对中国留下了深厚的感情，因为他本就是中国籍的外国人。

1907 年他被送回英国苏格兰读书，长大后获得奥运金牌，但他没有忘记中国的需要，立志一生像父亲一样，服务中国人。1925 年，他放弃先进国的幸福生活，万里迢迢到中国服务，他觉得爱中国是上帝交托他的使命。他起程时，当地报纸写下一段祝福：

他为中国的另一场赛跑，现已开始，

心意坚定，笔直前冲，如跑奥运，

结果如何，此刻不能轻易得知，

我们判定他会跑完，因速度属于他。

李岱尔在天津教英语，1933 年父亲在中国农村病逝，其兄长李劳伯（Robert Victor Liddell）在父亲所在的萧张县开了一家医院，1937 年日军进侵华北，李岱尔入村帮助哥哥的医院，抢救战争伤员。其中一次年初一，见庙门口有一伤者，原来已躺了五天，无人救援，他即施以援手，救回其命。他就是如此与中国人共度最艰苦的抗日年代。

1941 年日本发动太平洋战争，李岱尔被抓入集中营。他在营中以爱心和幽默帮助俘虏，教他们有喜乐和盼望。1945 年 2 月，李岱尔病死在集中营，临终那天仍去探望其他病人，完结了他美丽的一生。

他常写给中国人的字是："笑口常开"。他的一生，表现了人的大圆满，灵性和身体均完美，且留下喜乐和爱心在中国近代苦难的历史中。在中国举行奥运这极大成就的日子，让我们向这深爱中国的金牌得主致敬。

借机奥运实现中国跨文化传播沟通能力的升级

沈望舒 *

温家宝总理将"多难兴邦"这一富于哲理的成语书写于汶川灾区学校的黑板上，深刻显现了中华民族的文化见识、文化自信、文化自觉；"磨难"陪伴成长、"危机"随行事业早已成为社会常态，即便中国人想圆"百年奥运梦想"的过程，也难以置身事外。

2008 年 2 月 12 日，8 位诺贝尔奖获得者和一些外国知名政治家、运动员、演员的联名信，120 位美国国会议员的公开信，好莱坞导演斯皮尔伯格辞去北京奥运会开闭幕式艺术顾问的声明……随之西方媒体铺天盖地，在两个多月中运用其手中的世界话语权，借助所谓苏丹"达尔富尔人权"、"西藏独立"等问题非难北京奥运会。"借奥运压中国"的风潮是无知、偏见、恐惧的产物，是世界旧秩序的既得利益者"妖魔化"中国形象的长期战略组成部分，是某些势力图谋用不友好环境阻滞中国发展的有计划行为。它们竟使距开办日咫尺之遥的北京奥运会直面氛围与情感危机。

"藏独"等敌对力量的寻衅发难不可避免，国民热情服务世界的努力遭受侮辱而深感委屈与激愤可以理解，但从内源上理性思考自身的缺陷更有价值——在全球化加速的时代、传播力决定影响力的今天，为何各国公众难以获得客观的中国当代文明和真实状况的完整信息，世界舆论界轻易地延续着被西方媒体遮蔽的局面？"风潮"触及跨文化传播沟通效果的"软肋"，暴露出已跻身世界政治大国、经济大国之列的中国在文化软实力方面的"短板"。

一、文化博弈——跻身国际主流进程中的成长烦恼

世界 300 多年的近现代史，呈现一种经济强劲发展国家和地区的文化交替代表当时国际主流文化的规律：法国大革命生成的强势国家，使法语在欧洲成为上流社会语言，欧洲各国宫廷以实施巴黎宫廷礼仪为雅。工业革命与随后的全球扩张，大不列颠联合王国在拥有最多殖民地的同时，雪白衬衫、漆黑燕尾服、耀眼乐器

* 沈望舒：北京市社会科学院首都文化发展研究中心副主任，北京师范大学北京文化发展研究院文化产业研究所副所长，中国人民大学人文奥运研究中心研究员。

和餐具等代表的英国"绅士文化"风靡各大洲。两次世界大战中的渔翁得利、未间断的工业发展，终于帮助美利坚从欧洲"宗主国"文化阴影中出头；20 世纪 50 年代后半期起，好莱坞、麦当劳、美国之音……开始以世界时尚、人类文化面目传播。80 年代新经济大国的地位，令日本的料理、汽车、流行音乐、动漫游戏挺进欧美，兴奋的日本人在 90 年代喊出自己已经是"世界上文化新超级大国"的宣言……在上述规律演绎中，始终存在原有主流文化与企图跻身主流的新兴文化势力的博弈，前者对后者的排斥诋毁直到后者具有显著的强势时方能停止，从而进入一个相互承认、平等相待的新平衡时代。

如今轮到中国了。改革开放使经济连续 30 年高速增长，中国成为全球最大经济体之一，跃居世界贸易大国的前列；而且由世界各种机制的外围边缘，变为世界体系之中的大国，开始对国际社会作出巨大贡献：世界银行统计数据显示，2003—2005 年，中国经济增长对世界 GDP 增长的贡献率达 13.8%，仅次于美国，世界排名第二。众多国家对于"中国制造"的依赖性，中国增长对世界经济发展的重要性，各色人等关于中国为"成功国家"的公认性，一方面让西方发达社会产生既爱又怕的复杂心态，一方面自然而然促使中国进入政治、经济的影响和制衡中心。

同时中国文化出现世界文化发展趋向。品种丰富的、占全球生产量和贸易量很大比重的中国产品涌入世界各地，让世界与中国交往的需求空前强烈：学习汉语的外国人总量节节攀升，有超过 4 000 万人之说；2004 年底才出现的首家普及中国文化的海外机构——孔子学院，2007 年底实现在近 60 个国家开办 200 家的目标，大大超过其师德国歌德学院数十年百余家的成就；目前仅北京，每年就有 40 余万件、200 吨左右的汉语教材通过邮政系统寄往世界各地。中国文化年（月、周、日）已成各国首都城市此起彼伏的靓丽风景，中华文化正以强劲之风吹拂不久前还对其一无所知的土地。这对抱有"冷战"情结、恪守"价值观"思维、怀念优越感的一些西方精英，无异于洪水猛兽。因为不愿也很难通过改变自己来适应发生变化的世界，所以他们寄希望于引导、诱使、强迫新兴市场经济国家出现改变，来适应他们眷恋的历史。加上复兴的中国尚无像其目前政治经济规模的文化软实力、影响力，加上高速前行的中国携带着太多的不完美与明显的缺点，遭受发达者的责难更是在劫难逃。

不过，从少有关注到举世瞩目，实力变迁改变影响力水平后导致被群起而攻之，证明中国正在回归历史上曾经辉煌一千七百年的国家地位，正在赶上世界发展进步的队列，享受后来居上者不可避免要遭受的歧视目光、不公平待遇。

被迫参加和平形式下的文化博弈，是迈进当今国际主流文化门槛的代价，是使别人认知、认同、认购自己文化价值的洗礼。就像以往中国被指干涉他国内政为不人道，如今又被指不干涉他国内政为不人道，同属于成长烦恼中的花絮，既不会影响北京奥运会的成功，更不会挡住中华文化、东方文化最终成为与西方文化平等相待的世界主流文化一部分的进程。

二、文化赤字——阻挡世界拥抱中国的沟通障碍

社会经济总体实力的大幅提升，政治上使中国的国际地位处在 1840 年鸦片战争爆发后的最高阶段，包括国际威望、国际影响力、区域问题解决能力等等，派驻联合国维和部队人数也在五个常任理事国中最多。经济影响力更无须赘述。然而中国主观上努力、客观上已经作出的巨大贡献，并未收获相对应的赞许；重要的西方人群，天天享用着中国人提供的"价廉物美"，却日日谩骂着中国事务；那种中国俗语"端起碗吃肉，放下筷骂娘"的咄咄怪事不断在涉华媒体行为中重复，时时还高潮迭起。

除中国存在不完善因素，现有世界秩序主导者和价值标准主持者西方大国们的不情愿、不放心等因素，中国文化软实力不到位，也是不容忽视的重要因素。

数十年来一心一意发展经济的努力，奠定了民族复兴大业的基础，但也暴露出文化国际战略滞后在文化传播力、影响力、沟通效果方面的软肋。这一薄弱环节助长了西方媒体竭力屏蔽行为的功能，客观上妨碍各国民众形成对中国的完整认知与理解认同，并且导致尚未在国际社会中全面树立起美好的中华民族文化形象的局面。

1. 检索媒体报道可体会中国文化传播上的严重"赤字"

与国内民众及时广泛了解西方文化一举一动、不少中国公民谈起某些领域中发达国家事务如数家珍相比，虽然其他国家中关注中国者日多，但因主要接触片面、负面报道，各国民众基本上未能真正了解中国——潜意识里认为中国人"骑马上街"、"长辫子裹脚"、仍处落后的帝王时代等，绝非个别现象。

在属于拉丁美洲经济强国的墨西哥，人们在玩笑中将完全不了解的东西说成是"中国的事情"。非洲虽然是中国参与投资建设最早、持续时间最长、规模最大的地区，民众对中国友好有着广泛的历史基础，但是仍然缺乏对中国完整的认识，对中国文化误解误读处颇多。北欧经历了 20 年前媒体不谈中国，10 年前每周谈及中国一次，如今每日必谈中国的变化；但因北欧各国与中国在人口规模、发展速度、城乡差别、空气质量、商品价格等有两种世界般差别，以"BBC"为代表的长期负面宣传造成它们对中国的严重无法理解和担忧，包括他们认为的"经典规律"为何在中国全面失灵的疑惑。

美国民众既有不关心国际事务的传统，又受本国冷战式主流媒体长期影响，存在对中国负面印象占上风的典型人群。20 多年盖洛普关于国家欣赏度的跟踪调查显示，除特殊岁月，对中国持正面态度的美国人，基本在 40% 徘徊，持负面态度者长期居高，平均在 50% 上下。有专家分析美国民众在意的是自己的家庭生活

和工作事业，对他国没有兴趣也不了解，因此表达的对中国的认识只代表表层的模棱两可，为习惯和情感左右，不是持之有据的深层理解。如果能有触动他们情感的生动印象，就能清晰化起来。但这方面中国文化传播缺陷现实而严重。

2. 会聚往来数据会深感国内文化贸易上的"赤字"

以往笔者对文化外贸课题的研究表明：1978—1990 年，中国共出版翻译作品2.85 万种；剔除重译和多版本译著的品种，中国版本图书馆资料室统计的 1995—2003 年的翻译类新书高达 9.44 万种；在中国翻译竟成了拥有近百万从业者，2007年产值约 300 亿元的产业。北京地区始终为引进图书之首，2003 年北京地区引进图书就占全国当年引进图书的 2/3，有 9 000 种，最多的一家出版社引进了 996种，比上海市几十家出版社引进的 833 种还要多。而中国出版物出口品种少、规模低，长时间在世界出版物年贸易总量的 4‰ 以下。

2003 年中国书刊报、音像制品、电子出版物等总计进口 16 880.91 万美元，出口 2 469.34 万美元，两者比约为 6.84∶1；版权贸易方面，20 世纪 90 年代上半期，我国的引进与输出比约为 4∶1，1996 年之后版权引进以年均 57% 的速度增长，输出则迟缓增长，到 2002 年引进与输出比约为 10∶1，到 2003 年上升为 10.3∶1。

文化服务贸易的逆差同样巨大。支撑中国电影院票房的进口大片，占网上游戏产品 80% 的进口游戏品种，以大卫·科波菲尔魔术在北京 8 场 5 000 万元票房、百老汇音乐剧《狮子王》在上海百余场 7 000 万元票房为代表的潮水般外国演艺、体育、会展项目，以环球嘉年华为代表的动辄上亿元收入的主题公园项目，都表明中国对外文化贸易的引进呈全方位、大纵深、规模化的特点。

反映各国各民族文化的来华会展演出，不仅数量远远大于中国机构在外国同级场所开展的文化经济活动数量，而且相似级别文化机构在引进和输出待遇上也是几倍到几十倍的逆差。2005 年以来我国文化在电影、音乐、现代绘画、网络软件、艺术表演等领域生机勃勃，但是在国际交往中赤字高悬的基本结构未变，尤其在世界文化交流总量和文化贸易总量中尚属可忽略的小数、与世界受众的需求相距很远的基本态势未变。

美国影星莎朗·斯通日前对中国受灾的无礼言论引发群情激愤，也被国内外舆论称为"白痴"、无知的典型。她的可怜与悲剧，同样证明了文化赤字是怎样构建隔膜的。

一对荷兰夫妇在中国旅游三周后回国，于 2007 年 10 月 29 日致信中国驻荷兰大使，述其在游览中国七地所见是"多么令人难忘和震惊"，"我们惊叹于贵国的开放"，称之前"所期待和想象的中国，是一个老式的国家：百无聊赖的人民，穿着旧式的服装"，"然而，我们亲历的却是一个先进的国家：热情友好的人民，时尚的穿着，现代化的机场，发达的城市"，表示"我们愿意支持你们继续努力将中国的另一面展现给荷兰的媒体和荷兰人民，并希望从而对中国形成一致和客观的看法"。文化沟通如何弥合情感，由此可见一斑。

三、文化适应——提升文化传播影响力的必然阶段

中国的改革开放，从某种角度可以看做学习先进、改变自己，以适应客观规律和国际社会的一个过程。不是世界不可以适应中国，应该承认世界也在努力接受和适应高速变化的中国。但是面对文化赤字的后发劣势，世界旧有文化强势代表者们尽其所能排斥、阻击心目中"异类"的形势，当自身尚无与他们相提并论的软实力却又想影响存在固有文化偏好的目标受众群时，了解他们、适应他们、克服自身观念和策略上的缺陷便是最佳选择。

以西方当代文化市场领头羊美国为例，有专家将中国文化对其传播分成三个重点受众市场，认为若想树立良好的中国国家文化形象，需了解这三个群体的偏好并有成功作为，并从不同形态的传媒渠道发力。

（1）"精英阶层"。他们是社会意见领袖中的智囊团体和倡导群体，冷战历史亲历者或受其影响者，是传统主流媒体的操控者和享用者；其中相当部分，由于历史因素而在中国话题上充当着有意无意阻击中国融入世界的结构性力量。

（2）普通民众。生活使他们一般并不关注国际事务，影响他们的主要是地方媒体和喜闻乐见的流行文化；而负面舆论、现实忧虑、没有可替代权威信息窗口的环境，让他们对中国的态度摇摆不定；中国对他们而言是陌生而无吸引力的地方。他们愿意接受贴近自己生活经验、简洁、视觉化的中国故事，只可惜太少。

（3）青年一代。冷战思维是上几代人的历史记忆，一些"老人"们的惯性；构建客观良好的中国形象，主要应以"新生代"为重点来设计内容和传播方式。美国新生代指 1979—1995 年出生的"Y一代"，其成长过程没有太多的冷战体验和记忆，不受上一代政治和意识形态的束缚，有种种迹象表明他们对中国、对多元世界文化的兴趣日涨。他们基本不读平面媒体，很少关注美国三大电视网的传统新闻节目。

Y一代是精通新新媒体、擅长网络生活的一族。于是社会交往网站与网民自制内容网站是他们的最爱，前者构成互联网上超过网络检索的最大流量，后者如YouTube 的视频短片常常创造百万计的点击率。Y一代喜欢的"传统传媒"，是"脱口秀"及"虚拟新闻节目"；有线电视喜剧频道《每日秀》和《科尔伯特报道》收视率不断攀升与美国报纸发行量逐年萎缩，Y一代的信息来源偏好是重要原因。

对三大文化国际战略目标受众群体进行简析，可反思中国往日海外文化传播行为的欠缺。

（1）少有尊重受众、了解和细分受众需求的认真安排。套路文化产品，尽管形式日臻奢华，耗费日趋巨大，但传播效果、社会观感却可存疑。

（2）官方或官方色彩为主体的文化交流，易遭价值观迥异的歧视。在认为民

间、产业的表现才更为真实的媒体和社会中，会本能地对此产生逆反心理，致使美好的愿望、美好的事物，被贴上"文化输出"等标签，负面评论让一些活动事倍功半。

（3）缺乏有实力的中国文化供应商、集成商、服务商，屡现没有情感故事和不会讲"故事"的遗憾，导致足以代表和解读中国文化的产品与服务、足以让海外受众知道和得到优秀中国文化的有效路径长期缺位，任由负面信息保持着对国际范围的遮蔽功能。常见人抱怨国际社会未正确对待中国文化，却少有人检讨为帮助国际社会正确了解中国、使中国有尊严地融入当今世界作出了几多成功努力。

（4）科技和时尚含量不足，针对性与艺术化方略欠缺。在传播已是世界级科学、传播力代表着影响力的当代，与时俱进、与受众同行者存，反之者亡。若领域性缺失，如不能实施精彩的互联网战略，对 Y 一代的贴近与影响几乎无从谈起；若技术性不足，如不能配以双语和多语，不能采用视觉化手段，或不能如中国驻荷兰大使回复那对夫妇时所言"用西方人易懂的形式介绍中国"，于是组织再多的活动也难以扭转局面。

国际社会中成功的文化传播行动，首先都对目标市场有着深入真实的把握，然后从适应消费对象口味入手，赢得欢心与忠诚后，再行引导、培育、改造消费者价值取向的发展，一步步地摄取自己预想的社会、文化、经济效益。

四、文化亮点——改善跨文化传播沟通效果的支撑要素

美国艾默里大学政治心理学家德鲁·卫斯滕有一关于影响美国政治生活因素的著名判断："情感市场"所起的作用，比"意见市场"重要得多。

国家文化形象实质上来自受众文化情感的获取量。真实、诚挚、感人的内容与及时、视觉化、富于感染力的形式发挥着决定性作用；被广泛认同、引发共鸣的显示人类美德的文化亮点，成为跨越时空、跨越文化的传播效果基石。传播学通过信源（信息来源）和信宿（信息归宿）有机关系的研究，阐释传播对社会情感市场与政界意见市场的影响，传播力、传播过程、传播质量对社会文化观感和印象的影响。传播行为是彰显美好、展示亮点，还是增添疑虑、凸显问题，日益与一国在国际受众心目中的文化形象紧密关联。应该说，在跨文化传播中已有大量中国文化亮点出现，它们正在为中国融入世界、世界接纳中国的实践，带来诸多有益的启示。

当西方"借奥运压中国"风潮正盛时，全球华人强烈"发声"：街头护卫奥运火炬的浩大团队，不良传媒机构前静默示威的精英群体，互联网上各种语言文字和图像资料组成的披露真相、抨击谎言的舆论海洋……一定程度上冲破了西方媒体遮蔽视听的封锁，从前所未有的广度、深度层面传播了中国文化。其间我国驻英大使傅莹女士在英国《星期日电讯报》的文章，留法学生李洹先生在巴黎集会

上的演讲，堪称跨文化沟通努力的亮点。

　　4月6日，在北京奥运火炬伦敦传递活动中，英国媒体"一边倒"地将情感给予充当捣乱角色的"藏独"群体。一周之后，傅莹大使用英文撰写的《如果西方能够倾听中国》的文章发表，在英国引发热议。BBC新闻网、《独立报》、《卫报》等对此的报道开始让反思抬头，《每日电讯报》网站在此文后的留言，数日便超过百条。有希望英政府不要受媒体报道干扰的呼吁，有曾经七次造访中国的英国老人对英国媒体羞辱中国行为的道歉，有在四川生活过两年的英国读者对西方媒体不谈藏区经济发展的批评，有英国商人关于"英国也要举办奥运会，若同样事情发生在伦敦身上，英国人会怎么想"的质疑。傅女士之文告诉人们当地媒体基本不报道、却为自己亲眼所见的情景："数万伦敦人顶风冒雪前来欢迎火炬，有挥手致意的老人，有在风雪中表演节目的演员们"。文章没有一句激烈言辞，而且采用西方熟悉的事例讲述形式、英国人习惯的"拉家常"场景进行个性化铺陈，从自己与女儿"网聊"切入："我女儿也是西方文化的爱好者，在我们周末长时间的网上交谈中，她至少问了几十个'为什么'。我深深地感受到她的困惑。很多对西方持有浪漫看法的年轻人，对西方媒体妖魔化中国的企图十分失望，而妖魔化往往会引发相应的反作用。"文中陈述平实有力："西藏有宗教活动场所1 780余处，比英格兰地区每3 125人一座教堂的比例还要高。""那里可能存在着宗教与政治混杂的复杂问题，但是人们都吃得饱，穿得暖，住得好。"任何文化背景的人一听即懂，易接受，不排斥；娓娓道来、柔声细语中透出"坚定"。文章结尾更有着大国之民的胸怀气度："世界曾等待中国融入世界，今天中国也有耐心等待世界认识中国。"

　　4月19日，旅法华侨华人和中国留学生在巴黎举行"支持北京奥运，反对媒体不公"的万人集会。法国里尔第二大学高等商学院26岁硕士生李洹的20分钟演讲，在现场引起轰动——"让中国留学生和华人为之欢呼，让法国人听得震惊和入神"，随即一段5分钟的现场视频在网上广为流传。一些法国人因李洹演讲而与中国留学生们共呼"支持奥运，支持中国"，会后纷纷争相与其合影留念。有评论说他是用"中国人良好形象、自信和大度赢得了法国公众的支持"；是用"地道的法语，富有哲理和逻辑思辨的行文，播音员般圆润、激昂、优美的嗓音，流畅而又连珠炮般的语速"，表达"对中国、对法国、对法国人民，以及对中法友谊的关注"。矛头对准"一些不负责任的媒体和职业煽动家"，喊出的口号是："中国万岁、法国万岁、中法友谊万岁，沟通万岁、理解万岁、奥运万岁"，最后是真诚的邀请："来中国吧！来看看一个真实、完整的中国，一个很多西方媒体不会展现给你们的中国。"演讲友好而富有激情，理性地表达愤怒、释放情感，自信、包容、大度地应对偏见与挑衅，让法国人了解中华文化是十分善意的文化，中国的发展不会对任何人构成威胁。于是在实现尊严时赢得了法国人的理解与赞同，并有

"30%左右"的法国媒体对当日活动作了客观报道。

用跨文化各方都能"懂得的语言"、可以接受的方式讲述富于感召力的情感故事，是文化亮点的特征，也是国际传播中重塑国家完整文化形象所需的艺术化境界。

有人说"汶川大地震的信息传播将载入中国新闻史册"，其实它又何尝不是将在世界新闻史册上占有一席之地的传播经典——对于一次巨大的人类灾难，世界首次长时间、大面积以中国传媒为主体"信源"，头10天里便有"113个国家和地区的298家电视机构使用CCTV的直播信号"，全面见识中国百姓、军队、政府的人性光辉，深度感受中国政治、经济、社会、文化的状况。于是"中国原来是这样的！"成为西方著名媒体的标题，于是过去常被丑化的普通民众、战士、志愿者成为西方媒体人眼中的中国"英雄"，于是一直被视作威胁的解放军因惊天地、泣鬼神的奋斗画面成为仁义之师，饱受片面介绍待遇的中国政府也因"迅速救灾令人钦佩"、"快速反应、措施有力、组织高效"获得赞许，更有用那不勒斯"垃圾危机"与之相比的意大利媒体和用新奥尔良卡特里娜飓风后救灾状况相比的美国媒体，以涉及国家体制、机制层面的客观言论反映中国的进步。

"多难"是振兴民族、国家、事业、产业的成长阶梯，积极、真实、得体、较高艺术水准地传播行为，会产生展示亮点、彰显美好的国际文化效果，这不仅可以削弱那种用片面化、碎片式有害奥论亵渎中国文化的势力，而且足以启动让各国媒体与民众以平常心多角度了解中国文化的历程。虽然干扰北京奥运的"杂音"在震情稍缓后再起，但是灾难激发的中国跨文化传播的无数亮点和显著进步，已经产生了初步效果——世界有更多的"感官"在聆听中国。

五、文化产业——利用奥运契机重塑中国形象的行为主体

德国美茵茨大学教授、著名奥运经济学者霍格尔·普雷斯2008年初对巴西媒体说：举办一届奥运会所留下的最大遗产"不是那些比赛场馆，而是国家形象的提升"。

历史表明，奥运会是全球瞩目的报道焦点，2000年悉尼奥运会创下世界总人口的62%、可收看电视人口的95%以上接触奥运会电视节目的传播纪录。2004年雅典奥运会期间，超过2亿的美国民众至少看过一场相关电视转播。美国电视网（NBC）领衔主演的奥运会电视转播，历来是美国国内最受欢迎的体育节目之一；NBC转播，除赛事直接报道外，插播大量以运动员为视点的个性化花絮；其收视群体覆盖美国社会所有阶层。它在2008年夏季关于北京奥运赛事的报道将为美国民众打开一扇空前的中国视窗；杰出中国运动员的经历和生活环境，都会作为电视报道的内容，展现出美国人从未见过的中国故事，从而形成使民众交流情感，在潜移默化中消解隔膜、产生客观的中国文化形象的机遇。

国家形象战略的主体之一是文化创意产业，是代表民族文化精华的社会民间文化产品、文化服务、文化活动、文化企业等微观主体的联合体。媒体作为有枢纽桥梁功能的重要分支，在整体产业提供的资源和支撑条件下运行。文化创意产业，同样也是在一定的政治历史时代背景下，依赖国家经济力和科技力的帮助，才能担负起国家形象战略的主体塑造者重任。

临战奥运之年，"非难中国"风波提前打响的是北京奥运会国家文化形象战役，文化创意产业要从民族大义与自身发展的双重紧迫性出发，积极、用心、成功地调整、完善自身能力，为借机已付出巨大成本的奥运之船、圆中国文化走向世界之梦，成就一番事业。

1. 联手政府、专家，以澳大利亚实施国家形象推广战略为鉴

由相关机构组织协调、统筹资源，由专家群体设计行动亮点，招标文化企业"情感艺术化"实施，从而让中国文化出现符合国际传播品质的方向、格调、风采、水准，为引领产业发展跨文化的集体行动指路。来自法、意、英、伊朗和中国香港的五位国际名导演推出各自拍摄的五分钟北京城市宣传短片，是此类行动的良好示范；五个不同视角涉及五方面情感经历，表现令他们惊讶的中国孩子、运动、美食、生活、风情。实际上，世界期盼宏观把握与微观解读两方向具有"世界语"功能的中国文化载体，来满足多层次了解这一东方大国的好奇心。

2. 结交同行朋友，拓展主流合作

选择具有自然、简洁、真诚表述风范，享有职业美誉度与感召力的人士和机构为合作伙伴，在国际主流媒体中扮演对中国话题快速反应、客观报道的角色；他们能根据所在国受众的价值取向和审美习惯讲述中国故事，针对精英层传播公正真实的中国信息，逐步在西方主流媒体中产生中国文化的供应商与服务商代表。

3. 民间遴选、专业集聚、社会吸纳，梳理构建"中华文化视点"数据库，使鲜活生动的国民生活实体场景和记录这些情感场景的虚拟声像成为国际传播中的雄厚内容资源

例如，将现分两批公布的中国非物质文化遗产、传承代表者具象化，将北京市 100 个艺术家庭、11 条酒吧街、7 039 处文化遗存、社区出色的兴趣团队、数十个门类的收藏家、传统戏剧曲艺迷们的相聚，包括街舞轮滑的青少年户外活动秀、极富人文情怀的松堂临终关怀医院和孤残儿童福利院、展示中国禁毒社会预防文化底蕴的北京禁毒教育基地等收入其中。只要真实、简洁、完整，无须创作编排；若能优选、优育、规范万余处，便足以体现中华文化善良、勤劳、美好的亮点。既能迎合国际媒体和非政府组织的行为偏好：那种喜爱民间表现、草根身份，偏重弱势群体、缺陷领域，谋求以小见大、深掘明理，信奉亲身亲历、情感互动的观念习惯，又能以数据库为文化资本，近为实体引来媒体采访、游客体验、学者

研修，远用虚拟资料支持跨文化传播，用其中国文化集成商的枢纽功能帮助供应商、服务商成长。

4. 研究目标文化市场好恶，讲求产品服务改造包装，注重文化科技含量，着力要素环节扎实工作

可选择中国文化资源集成供应的角色。如清华大学中国学术期刊杂志社和清华同方知网技术有限公司开发的《中国学术期刊网络出版总库》，投入运营不久服务对象就达 7 600 万人次，被国内 1.7 万多个机构、海外 30 多个国家和地区的 510 余家用户使用，销售收入 1.4 亿元，实现 0.26 亿元的利润，成为利用高新科技形式向全球提供中国文化服务的成功案例。

可选择依目标市场文化消费偏好对现有"文化经济提供物"改造包装的角色。如撰写双语或多语的精彩内容介绍，赋予时尚、流行、科技的表现形式，配以主流媒体、主流营销渠道的推荐行为等等。利用中国民乐资源、采取偶像派载体在海外风靡一时的"女子十二乐坊"，能收获十亿计人民币的文化经济收益，完全是对现存文化资源改造包装艺术运作的胜利。

可选择中介桥梁和生产性服务业的角色。文化创意产业多为中小企业的性质，要求建立彼此间优势互补、互为上下游的依存关系；要求得到社会相关产业的倾心援手——美国百老汇音乐剧在剧目 85% 死亡率状况下生生不息，成为该国文化产业的品牌领域之一，成熟市场经济体制下的相关产业支撑条件是突出要素。中国文化国际战略亟待金融、科技、商业的支持，呼唤投融资服务、先进材料工艺服务、营销宣传渠道网络服务。

5. 官企民携手、大中小并举，在奥运筹办最后阶段为彰显中华文化多元美好，留下使文化创意产业"后奥运"国际发展的珍贵遗产

近年来中国文化"走出去"战略成就辉煌，在民间与产业表现上还比较薄弱，一定程度上迟滞了中国融入世界的速度，影响了树立良好的国家形象的效果。因此在北京奥运之年的重大机遇和挑战面前，有必要打出有中国气派、中国风格的文化"组合拳"。期盼政府、产业、国民紧急行动起来，依托多元统一的民族文化资源，做好跨文化传播沟通能力的升级工作，共同实现通过奥运会确立与普及中华民族优秀国际文化形象的目标。

参考文献

[1] 中国出版年鉴（2001—2005 各卷）. 北京：中国出版年鉴社

[2] 中国文化文物统计年鉴（2003—2007 各卷）. 北京：北京图书馆出版社

[3] 北京文化产业研究. 北京：北京出版社，1999

[4] 北京文化产业研究（二编）. 北京：北京出版社，2003

[5] 北京文化发展报告（2004）. 北京：中国文联出版社，2004

[6] 北京文化发展报告（2005）. 北京：同心出版社，2006

[7] 北京文化发展报告（2006）. 北京：文化艺术出版社，2007

[8] 北京文化发展报告（2007）. 北京：社会科学文献出版社，2008

[9] 张晓明等主编. 2006 年中国文化产业发展报告. 北京：社会科学文献出版社，2006

[10] 环球时报，2007－01－17，2007－06－05，2007－10－09，2008－02－18

[11] 北京青年报，2007－11－29，2008－02－24，2008－06－04

[12] 经济参考报，2008－02－22

[13] 北京日报，2008－02－24

[14] 人民日报，2008－05－14

[15] 竞报，2008－04－23

[16] 参考消息，2008－04－24，2008－06－05

奥林匹克宗旨与儒学治世理想

郑小九[*]

孔子和顾拜旦都是社会改良主义者，在社会的混乱与事业的艰辛中，以强烈的入世精神，积极地对社会进行批判和改造。孔子的社会理想是恢复西周的礼乐制度，在不同的社会等级之间建立一种相对的和谐秩序。奥林匹克运动则以奥运会的举办为切入点，在全世界开展奥林匹克文化和理想教育，期待建立一个和平的、更美好的世界。

一、改良社会的使命

孔子和顾拜旦都具有入世精神，积极寻求对现实世界的改造。孔子的入世精神一方面表现为从政为官，"学而优则仕"，直接承担知识分子改良社会的使命；另一方面是从教为师，发展教育，传播学问，传承与弘扬道义，这是间接的入世。顾拜旦以及整个奥林匹克运动所体现出的入世精神，主要是奥林匹克运动倡导的参与精神，通过参与体育竞技、文化活动、交流活动、志愿活动等，弘扬奥林匹克理想，改善人类的身心状况，为建设一个和平美好的世界作出贡献。

1. "学以致用"

作为对现实社会极为关注的思想家，孔子对当时礼坏乐崩的社会现实感到痛心疾首，他胸怀救世使命，根据自己的社会理想，对社会进行批判和改良。即使在连连碰壁的境遇中，他没有畏惧和逃避，而是痴心不改，愈挫弥坚，"不坠青云之志"，甚至"知其不可而为之"[①]。

孔子主张"学以致用"，《论语》开篇就讲："学而时习之，不亦说乎？"[②] 即学习了知识就要不断地实习、实践这些知识，这是很值得高兴的事情。子夏说："学而优则仕"[③]，知识分子改造社会、实现理想的直接途径是做官从政。子曰："诵

---

* 郑小九：中国人民大学人文奥运研究中心研究员。
① 《论语·宪问》。
② 《论语·学而》。
③ 《论语·子张》。

《诗》三百，授之以政，不达；使于四方，不能专对；虽多，亦奚以为?"① 即一个人熟读《诗经》，却搞不了政治，在外交事务中不能很好应对，读得再多也是没有什么用处的。

春秋末期，礼坏乐崩，天下无道，许多高士怀才不遇，在痛苦中逃避现世，寻求身心得以栖息的"乐土"。《论语》记载，子曰："贤者辟世，其次辟地，其次辟色，其次辟言。"子曰："作者七人矣。"② 即有道德的人避开社会，其次是避开原来的地方，再次是避开别人不好的脸色，还有就是避开不好的言语，这样做的已经有七个人了。孔子认为，人是不应该逃避自己的社会责任的，正因为天下无道，所以才有改造现实的必要。孔子关心社会、热心政治，"夫子至于是邦也，必闻其政"③。他非常愿意能够找一个地方去实施自己的理想。《论语》记载，子贡曰："有美玉于斯，韫椟而藏诸? 求善贾而沽诸?"子曰："沽之哉，沽之哉! 我待贾者也。"④ 意思是说，就如美玉不能总被藏在柜子里，而是要找个识货的买主去卖掉；君子不能隐姓埋名，而要到社会现实中去干一番事业。

孔子强烈的入世精神奠定了儒家知识分子经世致用的根基，他们厚德载物，自强不息，努力实现对社会的改良，希望最终能够"为万世开太平"，诚如《礼记·大学》中说："物格而后知至，知至而后意诚，意诚而后心正，心正而后身修，身修而后家齐，家齐而后国治，国治而后天下平。"

2. "参与比取胜更重要"

入世精神表现在奥林匹克运动中，就是重在参与的精神。奥林匹克运动倡导重在参与的精神，这里的参与，基本意义是对于体育活动的参与，还包括文化活动、交流活动、志愿活动等多种形式的参与，在参与之中促进整个社会的进步。

1908 年 7 月 24 日，在英国政府举行的宴会上，顾拜旦说："上星期天，在圣保罗组织的运动员颁奖仪式上，宾夕法尼亚主教用中肯的语言提醒大家注意：'对奥林匹克运动会来说，参与比取胜更重要。'"⑤ 他指出："生活中最重要的事情不是凯旋，而是奋斗，其精髓不是为了获胜而是使人类变得更勇敢、更健壮、更谨慎和更落落大方。"⑥ 也就是说，结果固然重要，冠军的桂冠固然诱人，奥运健儿胸前的奖牌固然耀眼，但是，奖牌并不是体育运动价值的全部，夺取桂冠的过程相比来说更有价值——运动员的身体得以锻炼，意志得到磨砺，品德得到培育，

---

① 《论语·子路》。
② 《论语·宪问》。
③ 《论语·学而》。
④ 《论语·子罕》。
⑤ [法] 皮埃尔·德·顾拜旦：《奥林匹克理想——顾拜旦文选》，24 页，北京，奥林匹克出版社，1993。
⑥ [法] 皮埃尔·德·顾拜旦：《奥林匹克理想——顾拜旦文选》，24 页，北京，奥林匹克出版社，1993。

心灵得到净化，广大观众也从竞技比赛中欣赏到了运动员矫健的身姿和激烈精彩的角逐场面，获得了美的感受。

顾拜旦希望这种参与精神能够扩展到每个领域，以形成一种清澈的、健康的哲学基础。在奥林匹克运动的发展过程中，人们对奥林匹克运动中文化活动、交流活动、志愿活动的积极参与，也体现了奥林匹克运动倡导的参与精神。拿志愿活动来说，志愿者在奥林匹克运动中扮演着越来越重要的角色，志愿者本着对他人的关爱，对建设一个更加和谐、更加美好的世界的向往，投身于奥林匹克志愿行动之中，以自己一点一滴、平平凡凡的努力，在把世界变成美好的人间。

二、理想社会的图景

孔子心目中的理想社会是以西周社会为模本，向往建立一个不同社会等级之间严格分明、和谐有序、和平安宁的社会。奥林匹克运动的理想则基于人道主义原则，以相互理解、友谊、团结、公平对待的奥林匹克精神来激励人们，为建立一个和平而更美好的世界作出贡献。

1. 孔子的社会理想

孔子追求的理想社会就是不同等级之间和谐相处的状态，一方面是"君君，臣臣，父父，子子"的严格的等级秩序，另一方面是"老者安之，少者怀之，朋友信之"，"均无贫，和无寡，安无倾"的温情关爱。

孔子推崇西周的礼乐制度，在他看来西周的典章制度是那么的丰富和完美。他说："周监于二代，郁郁乎文哉！吾从周。"[①] 孔子希望自己所处的社会也能够像西周那样，实现等级之间和谐有序的理想社会。齐景公问政于孔子，孔子回答说："君君，臣臣，父父，子子。"[②] 孔子是有感于当时社会出现的越来越多的"君不君"、"臣不臣"、"父不父"、"子不子"的僭越行为，期望做君主的要像个君主的样子，做臣子的要像个臣子的样子，做父亲的要像个父亲的样子，做儿子的要像个儿子的样子。

在孔子看来，在维护等级的严格性的前提下，等级之间的关系不是冰冷的、严酷的，而是充满温情，这样的话，整个社会也才能够达到和谐。《论语》记载，定公问："君使臣，臣事君，如之何？"孔子对曰："君使臣以礼，臣事君以忠。"[③] 孔子主张君子要通过"修己以敬"，进而达到"修己以安人"，最终期望"修己以安百姓"[④]。

---

① 《论语·八佾》。
② 《论语·颜渊》。
③ 《论语·八佾》。
④ 《论语·宪问》。

关于刑罚与社会和谐的关系，孔子说："听讼，吾犹人也，必也使无讼乎！"①这就是说，孔子处理社会中的诉讼纠纷，追求的是人们之间的纠纷越来越少，那样的话，就表明社会更加安定和谐。"善人为邦百年，亦可以胜残去杀矣。诚哉是言也！"②孔子在此主张"善人为邦"，以德治国，坚持下去就可以消除暴行，也就用不着动用死刑了。

孔子在与几位弟子各言其志的对话中，非常清楚地道出了自己的社会理想。《论语·公冶长》记载，颜渊、季路侍，子曰："盍各言尔志？"子路曰："愿车马、衣轻裘，与朋友共。敝之而无憾。"颜渊曰："愿无伐善，无施劳。"子路曰："愿闻子之志。"子曰："老者安之，朋友信之，少者怀之。"

这样的社会，用《论语·子路》中孔子回答叶公的话说，就是"近者说，远者来"的社会，"近者说"，即这是一个其乐融融的和谐社会，民众的幸福指数很高；"远者来"，即国家的吸引力很强，距离和谐世界也为期不远。

孔子对于理想社会的构想中，和平的地位是非常突出的。应当明白的是，孔子在战争和军事的问题上，坚持的是务实的态度。孔子注重备战，他说："善人教民七年，亦可以即戎矣。"③"以不教民战，是谓弃之。"④ 即国家必须对民众进行军事训练，以应对战争的需要。

《论语·颜渊》记载，子贡问政，子曰："足食。足兵。民信之矣。"子贡曰："必不得已而去，于斯三者何先？"曰："去兵。"子贡曰："必不得已而去，于斯二者何先？"曰："去食。自古皆有死，民无信不立。"

孔子主张"去兵"，追求天下太平，但并非迂腐的和平主义者，他深刻地认识到，在残酷的现实战争环境中，国家为了保卫自身的安全，为了求得和平，必须拥有足够的军事力量，不能像老子所主张的那样，"有什伯之器而不用"⑤，"虽有舟舆，无所乘之；虽有甲兵，无所陈之"⑥。孔子在此回答的"去兵"是有前提的，即承认"足兵"对于一个国家有重要意义，充足的粮食、强壮的兵马、民众的诚信，这三者对于一个国家来说都是很重要的；在这个前提下，如果一定要在这三者中舍弃一个的话，孔子说首先"去兵"。实际上，"去兵"也是不可能的，而"足兵"又不是为了穷兵黩武。从孔子"足兵"与"去兵"的复杂心态中，可以看出他对和平所寄托的深切的希望。

《论语·季氏》中记载着孔子对于冉有、子路的批评，希望这两个弟子能够制止季氏将要对颛臾的军事进攻，并谈了他对于理想社会的构想，即"丘也闻有国

---

① 《论语·颜渊》。
② 《论语·子路》。
③ 《论语·子路》。
④ 《论语·子路》。
⑤ 《老子》第八十章。
⑥ 《老子》第八十章。

有家者，不患寡而患不均，不患贫而患不安。盖均无贫，和无寡，安无倾。夫如是，故远人不服，则修文德以来之。既来之，则安之"。他强调的是财产上的平均、关系上的和谐、秩序上的安定，武力的征伐应让位于文德的修养。

2. 奥林匹克运动的和平理想

现代奥林匹克运动继承了古代奥运会"和平休战"的传统。《奥林匹克宪章》指出："奥林匹克运动的宗旨是，通过开展没有任何形式的歧视并按照奥林匹克精神——以互相理解、友谊、团结和公平对待精神的体育活动来教育青年，从而为建立一个和平而更美好的世界作出贡献。"①

顾拜旦创立现代奥运的动机之一就是将全世界的青年人召唤到运动场上竞争，而不是到战场上拼杀；是为了培养"彬彬有礼的公平对待的精神，以避免大国沙文主义的展示"②。他希望奥林匹克运动能成为一种维护世界和平的力量。他于1892年11月25日在法国体育运动协会联合会第5次年会上希望体育运动对和平作出更大的贡献，他说："让我们输送赛艇手、赛跑运动员和击剑的运动员；这是未来的自由贸易，而且某一天当它被引进古老欧洲的城墙内的时候，和平的事业将会获得新的强大的支柱。"③ 在1894年"国际体育教育代表大会"，即首届奥林匹克代表大会上，顾拜旦对即将兴起的现代奥林匹克运动的和平意义寄以很高的希望，他说："在适应现代生活需要的条件下的奥林匹克运动会将使世界各国代表每4年一次相聚一起，而且可以认为，他们和平的、勇武的竞赛将会构成最好的国际主义。"④ 1894年11月16日，在雅典帕纳萨斯俱乐部的演说中，顾拜旦指出："这种相聚将逐步克服人们对关系到他们所有人的事务的无知，一种煽动仇恨、积累误解和对抗，沿着野蛮小径走向残酷冲突的无知。"⑤

第一届奥运会成功举办后，顾拜旦就坚定地认为奥林匹克不是一次性的国家节日，而是持续性的国际活动，他不止一次地表达出一个宏大的奥林匹克之梦："只有到消除了种族隔离偏见的时候，我们才会有和平。在实现这一目标的方式中，有什么能比定期将不同国家的青年人召集在一起，进行友善的肌肉力量与敏捷性测验更合适呢？"⑥ 他说："让全世界人民相互热爱的想法是天真幼稚的，但是让人民相互尊重却并非乌托邦的幻想，为了相互尊重，人民首先需要相互了解。"⑦ 他将人类和平的希望寄托于体育，认为可以通过开展体育比赛而造就好的个人，

① 国际奥林匹克委员会：《奥林匹克宪章》，9页，北京，奥林匹克出版社，2001。

② F. M. Messerli, "Impressions and What We Learned From Them," *Bulletin du CIO*, *36*, 15 November 1952, p. 15.

③ ［法］皮埃尔·德·顾拜旦：《奥林匹克理想——顾拜旦文选》，1页，北京，奥林匹克出版社，1993。

④ 同上书，3页。

⑤ 同上书，12页。

⑥ Theodore Knight, *The Olympic Games*, Lucent Books, Inc., 1991, p. 37.

⑦ 转引自韩志芳：《点燃圣火——现代奥运之父顾拜旦》，112页，成都，四川文艺出版社，2002。

好的个人才能构成一个好的世界，好的世界才不会有战争。

顾拜旦在《体育颂》中深情地赞美道："啊，体育，你就是和平！你在各民族间建立愉快的联系。你在有节制、有组织、有技艺的体力的较量中产生，使全世界的青年学会相互尊重和学习，使不同民族特质成为高尚、和平竞赛的动力。"① 1894 年 11 月 16 日在帕纳萨斯俱乐部的演说中赞美道："这是一项从人类内心处涌出的对和平和兄弟之情的巨大需要所产生的活动。和平已经成为一种宗教信仰，它的圣坛由数目不断增多的忠实信徒在维护。"② 顾拜旦的《体育颂》以法国人名"霍罗德"和德国人名"艾歇巴赫"为笔名发表，这里蕴涵了深远的寓意，他想以此告诉人们，既然法国和德国这两个积怨很深的国家也能团结在奥运五环旗下，那么，全世界各个国家和民族的人就没有理由不和睦相处，所有的人都应携起手来，为建立和平美好的世界而努力。

现代奥林匹克运动创立之后，国际奥委会继承了古代奥运会的"神圣休战"精神，希望以奥运会这一和平与友谊的聚会来制止战争的爆发。1896 年 4 月 6 日，雅典奥运会开幕式上，依照古代奥运会的仪式点燃了奥林匹克圣火，演奏了奥林匹克会歌《萨马拉斯颂歌》，并放飞了象征和平与纯洁的白鸽；雅典奥运会会徽的中心图案是手执橄榄花冠的雅典女神；运动员得到的奖品中有生长于奥林匹亚神圣区域的橄榄枝，等等，从而确立了现代奥运和平主义的不朽基调。

1992 年 7 月 21 日，国际奥委会在巴塞罗那召开第 99 次全会，决定以古希腊为榜样，向国际社会呼吁在奥运会期间实行"奥林匹克休战"。各奥运项目的国际单项体育联合会、184 个国家和地区奥委会支持并参与了此项活动。1993 年，国际奥委会向联合国提交了"奥林匹克休战议案"。在当时的联合国秘书长加利的支持下，1993 年 10 月 25 日，出席联合国第 48 次大会的 121 个国家一致通过了该项提案，要求联合国各成员国在每届奥运会闭幕前后各一周期间，根据协议要求遵守"奥林匹克休战"，并确定将国际奥委会成立 100 周年的 1994 年作为"体育与奥林匹克理想年"。1994 年第 17 届冬季奥运会开幕前夕，国际奥委会一再呼吁波黑内战各方放下武器，实行"神圣休战"。1995 年联合国 50 周年决议指出："通过体育与奥林匹克理想，为建设一个和平的更加美好的世界作贡献"。1999 年联合国通过名为《通过体育运动和奥林匹克精神建设一个更加美好的和平世界》的奥林匹克休战提案。国际奥委会前任主席萨马兰奇很欣慰地回忆说："在我任期的 21 年里，我一直以体育运动造福于全人类这一理想为己任。正如外交上提倡的：致力于建设一个更加美好的世界。"③

① 转引自谢亚龙主编：《奥林匹克研究》，62 页，北京，北京体育大学出版社，1994。
② ［法］皮埃尔·德·顾拜旦：《奥林匹克理想——顾拜旦文选》，11～12 页，北京，奥林匹克出版社，1993。
③ ［西］胡安·安东尼奥·萨马兰奇：《奥林匹克回忆》，40 页，北京，世界知识出版社，2003。

孔子儒学的和平主张不仅是中国文化的宝贵财富，也是世界文化的重要资源，奥林匹克运动可以从中汲取丰富的精神营养。《尚书·尧典》在赞颂古代君王的德行时说："克明俊德，以亲九族。九族既睦，平章百姓，百姓昭明。协和万邦"。这就是说，圣王要通过道德教化以实现"协和万邦"、"治国平天下"的社会理想。儒家追求协和万邦、天下大同的理想境界，体现出中国文化宽广博大的包容性。国家与国家、民族与民族、文化与文化、人与人之间应该相互尊重，相互学习，互通有无，共同发展，这样才会最终建立一个和谐世界。西方至今仍然受冷战思维的影响，美国学者萨缪尔·亨廷顿提出的"文明冲突论"明确提出以美国、西欧为代表的基督教文明将处于与伊斯兰文明、儒家文明的冲突对抗之中。一个国家如果总是靠打击威胁自己的假想的敌人来维持自己的霸主地位，那么，它的霸主地位不可能是长久的。北京奥运会的举办有助于实现中国文化的和平精神与奥林匹克运动的和平理想的结合，赋予奥林匹克运动更新的和平精神与更大的和平力量，有助于奥林匹克运动和平目标的实现。

三、理想秩序的维系

建立和维护必要的规则、制度，是改良社会、使和谐的社会秩序得以维系的保证。孔子认为，良好社会秩序的维系，主要依靠的不是政令和刑罚，而是道德和礼制。奥林匹克运动注重从规则、礼仪入手，希望人们对于赛场竞争规则的尊重和基于相互尊重的礼仪能够推广到整个社会、整个世界中去，以此促进一个美好世界的建立。

1. "道之以德，齐之以礼"

在孔子看来，提升人的道德、引导人们遵守礼仪，这是改良社会的根本。子曰："道之以政，齐之以刑，民免而无耻；道之以德，齐之以礼，有耻且格。"[1] 这就是说，一个国家如果以政令来管理，以刑罚来规范秩序，民众就会只想着如何免于受到刑罚，内心并没有耻辱感；如果以道德来引导，以礼制来规范社会，民众就有了羞耻感，就会认同和归依。

理想的社会秩序的获得离不开道德，离不开作为"仁之根本"的"孝弟"。有子曰："其为人也孝弟，而好犯上者，鲜矣；不好犯上，而好作乱者，未之有也。君子务本，本立而道生。孝弟也者，其为仁之本与！"[2] 道德的遵守离不开为政者的引导和垂范，子曰："为政以德，譬如北辰，居其所而众星共之。"[3] 即孔子要求为官者必须"为政以德"，这样才能得到百姓的拥护。

但是，具有崇高的道德品质，依据道德准则做事，这并不是一件容易的事情，

---

① 《论语·为政》。
② 《论语·学而》。
③ 《论语·为政》。

孔子感慨"知德者鲜矣"①，他说："吾未见好德如好色者也。"② 孔子感慨这个世道真是不行了，能够像"好色"那样"好德"的人，他还没有看到。当然，改造人是很困难的，道德的提升也是很困难的，绝非一朝一夕就可以奏效。他说："如有王者，必世而后仁。"③ 意思是说，如果有圣王兴起，也一定要30年后才能使人都有仁心。

在孔子看来，德行优先于知识，做一个有道德的人比做一个有知识的人更为重要、更为根本。孔子说："弟子入则孝，出则弟，谨而信，泛爱众，而亲仁。行有余力，则以学文。"④ 子夏这样说："贤贤易色，事父母能竭其力，事君能致其身，与朋友交言而有信。虽曰未学，吾必谓之学矣。"⑤

道德的提升要体现在对于礼制的遵守上。孔子提出"道之以德，齐之以礼"这一主张的背景，是当时社会现实中出现的天下无道、礼坏乐崩的局面。仪封人感慨道："天下之无道也久矣，天将以夫子为木铎。"⑥ 孔子说："天下有道，则礼乐征伐自天子出；天下无道，则礼乐征伐自诸侯出。自诸侯出，盖十世希不失矣；自大夫出，五世希不失矣；陪臣执国命，三世希不失矣。天下有道，则政不在大夫。天下有道，则庶人不议。"⑦ 孔子所说的"天下有道"指的是尧、舜、禹、汤和西周的时代，"礼乐征伐自天子出"；自齐桓公称霸之后，周天子就失去了发号施令的权威，由此江河日下，"礼乐征伐自诸侯出"，"自大夫出"，甚至"陪臣执国命"。

对于违背礼制的行为，孔子觉得难以容忍，并提出尖锐的批评。孔子这样评论季氏："八佾舞于庭，是可忍也，孰不可忍也？"⑧ 当时舞蹈奏乐，八个人为一行，即为一佾；八佾即为八行，只有天子才配享用。季氏在自家的庭院上演天子享用的舞蹈仪式，孔子便抨击说"是可忍也，孰不可忍也"。《论语》记载，当时控制鲁国的三大家族为孟孙氏、季孙氏、叔孙氏，他们在祭祀礼仪结束时，用《雍》来歌唱，而《雍》是天子祭祀时所唱的曲子。子曰："'相维辟公，天子穆穆'，奚取于三家之堂？"⑨ 即这样的曲子怎么能够出现在三大家族的庙堂上呢？

正因为此，孔子特别强调对于礼制得遵守。他说："能以礼让为国乎？何有？不能以礼让为国，如礼何？"⑩ 如果能用礼制和谦让来治理国家，就不会出什么问

239

① 《论语·卫灵公》。
② 《论语·子罕》。
③ 《论语·子路》。
④ 《论语·学而》。
⑤ 《论语·学而》。
⑥ 《论语·八佾》。
⑦ 《论语·季氏》。
⑧ 《论语·八佾》。
⑨ 《论语·八佾》。
⑩ 《论语·里仁》。

题，否则的话，要那礼制干什么呢？《论语》记载，颜渊问仁，孔子回答说："克己复礼为仁。一日克己复礼，天下归仁焉。为仁由己，而由人乎哉？"[①] 颜渊问具体如何体现"克己复礼"，孔子说："非礼勿视，非礼勿听，非礼勿言，非礼勿动。"[②]《论语》记载，子贡欲去告朔之饩羊。子曰："赐也，尔爱其羊，我爱其礼。"[③] 即子贡想免掉每月初一祭祀时要宰杀的羊，孔子说："你爱惜那只羊，我爱惜那礼。"

在孔子看来，礼仪不是单纯的形式、装饰、文饰，其本身具有一定的神圣意义，不是可有可无的。他说："恭而无礼则劳，慎而无礼则葸，勇而无礼则乱，直而无礼则绞。"[④] 意思是说，恭敬而不懂礼会疲劳，谨慎而不懂礼会懦弱，勇敢而不懂礼会动乱，直率而不懂礼会伤人。正因为此，有子曰："礼之用，和为贵。先王之道斯为美，小大由之。有所不行，知和而和，不以礼节之，亦不可行也。"[⑤]

2. 奥运会的规则与礼仪秩序

奥林匹克运动希望自身的努力能够为建立一个和平美好的世界作出贡献，它对于秩序的诉求不仅体现在奥运会赛场的竞技规则和相关礼仪，还体现在对理想世界秩序的期待和实践。

奥运会的举办秩序主要是由奥运会比赛的竞技规则、奥运礼仪以及《奥林匹克宪章》的其他相关规定来维系的。"奥林匹克运动会"一词在英文中是"the Olympic Games"，"Games"一词最基本的意思是"游戏"，这就是说，竞技运动是"游戏"的一种类型，奥运会属于竞技运动，可以说，奥运会就是一个全世界的运动员每四年玩一次的"游戏"。游戏的属性之一就是规则性，荷兰的豪依金格被誉为"游戏论之父"，他认为一旦规则被破坏，游戏世界也就土崩瓦解了。

奥运会比赛的规则性很强，奥运会每个项目的规则是由各个国际单项体育联合会按照奥林匹克精神来制定和实施的。根据《奥林匹克宪章》的规定，国际单项体育联合会的权利和责任之一，是"制定本运动大项、分项和小项的技术规则，其中包括（但不限于）成绩标准，器材、设备、设施的技术规则，技术动作、套路或比赛的规则，技术犯规而取消资格的规则以及裁判和计时规则"[⑥]。乒乓球被誉为中国的"国球"，乒乓球运动的基本规则为众人所熟悉，如：每场比赛采取七局四胜制；在一局比赛中，先得 11 分的一方为胜方，10 平后先多得 2 分的一方为胜方；发球员必须用手把球几乎垂直地向上抛起，不得使球旋转，并使球在离开不执拍手的手掌之后上升不少于 16 厘米；不得对球进行连击；双打时运动员击球

---

① 《论语·颜渊》。
② 《论语·颜渊》。
③ 《论语·八佾》。
④ 《论语·泰伯》。
⑤ 《论语·学而》。
⑥ 国际奥林匹克委员会：《奥林匹克宪章》，80 页，北京，奥林匹克出版社，2001。

次序不得发生错误，等等。

"不以规矩，不成方圆"，规则是必须被遵守的，如果违反规则，必须受到惩罚。在足球比赛中，如果球员严重违反规则，裁判员要对其出示黄牌或者红牌。出示黄牌的情况是：球员在比赛中违反体育道德，用语言和行为表示不满；连续犯规，故意延误比赛，擅自进出场地等。出示红牌的情况是：恶意的犯规或暴力行为，故意手球，辱骂他人，或者在同一场比赛中同一个人得到两张黄牌。

礼仪是维系奥运会秩序的必要手段。奥运会上还有一些重要的场合，如火炬的点燃与传递仪式、开幕式、闭幕式、授奖仪式等。奥运会比赛的观众也要遵守基本的观赛礼仪以及自己所观看的比赛所要求的特殊礼仪。从奥运会的比赛规则，到奥运会相关的礼仪，再到对于歧视行为、战争行为的抵制，可以这样说，奥林匹克运动的秩序诉求完全没有局限在体育竞技的范围内，而是超越赛场的，涉及整个世界的秩序。

The Olympic Volunteer and Olympic Education: Suggestions for Administrators of the Beijing Olympic Games

George Karlis *

Abstract

The Beijing Olympic Games will be the largest mega-sport event in modern Olympic history. The challenge posed for administrators of the Beijing Olympic Committee will be to be well prepared for all areas of service provision including volunteer services. As Olympic Games have increased in size, the reliance of volunteer for service provision has also increased. The most recent Summer Olympic Games utilized 65,000 volunteers. The Beijing Olympic Games will likely depend on 75,000 volunteers, the greatest number of volunteers ever used in any of the previous Olympic Games. To ascertain that the services provided by volunteers are sufficient, volunteers should possess a knowledge base of Olympic education. Administrators of the Beijing Olympics will have to incorporate certain administrative practices in their recruitment and training of volunteers to make sure that volunteers have a knowledge base of Olympic education. The purpose of this paper is to describe how Olympic education may be of use to the Olympic Games volunteer and be of relevance to enhancing the quality of service provided by volunteers. The objective of this paper is to present suggestions for administrators of the Beijing Olympic Games as to how Olympic education can be implemented in the recruiting and training process used to prepare volunteers for the provision of services at the upcoming games. To fulfill the objective of this paper, the main body is divided into three parts: (1) volunteerism at the Olympic Games, (2) Olympic education and Olympic volunteerism, and (3) suggestion for administrators of the Beijing Olympic Games. The paper concludes with the following five suggestions for administrators of the Beijing Olympic Games: (1) offer Olympic education courses outside of the

* Associate Professor Department of Human Kinetics Faculty of Health Sciences University of Ottawa, Ontario, Canada.

regular training sessions provided to volunteers, (2) offer/expand Olympic education sessions integrated into the regular volunteer training sessions. (3) encourage volunteers to self-educate themselves on Olympism and the Olympic Movement, (4) publish a bi-weekly newsletter for volunteers focusing on Olympism and the Olympic Movement, and (5) make a "basic knowledge of the ideals of the Olympic Games" a prerequisite for applying for volunteer positions.

In 2008 Beijing will be hosting what is projected to be the largest of all Olympic Games to date. Thousands of visitors, including athletes, officials, media personnel, spectators, and volunteers will gather in this large city to participate in the XXIX Olympiad. For the past seven years the Beijing Olympic committee, the City of Beijing and representatives and organizations from the public, private and voluntary sectors of China have been working hard to prepare for the games and to ascertain that the implementation of the games will be a success.

Since de Coubertin founded the modern day Olympics in 1896, and since the formation of the International Olympic Committee (IOC) in 1894, administrators working on behalf of the IOC have strived to make the Olympic Games and the Olympic movement a global success. Not only have the games grown in size and structure since 1896, the reliance of the provision of service from volunteers since 1980 has also increased.

This high reliance on volunteers has increased the demand for quality training of volunteers. The question that needs to be asked is how well qualified are volunteers in making the Olympic Games a success? To enhance the probability of providing a competent volunteer service, Olympic Games volunteers go through a training process, yet how much, if any of this process is devoted to Olympic education? Without doubt, Olympic Games volunteers would be better qualified to provide a service of the Olympic Games if their comprehension level of the Olympic Games, the ideals of the Olympic Games, and the philosophy of the Olympic Games is at a high level.

The purpose of this paper is to describe how Olympic education may be of use to the Olympic Games volunteer and be of relevance to enhancing the quality of service provided by volunteers. The objective of this paper is to present suggestions for administrators of the Beijing Olympic Games as to how Olympic education can be implemented in the training process used to prepare volunteers for the provision of services at the upcoming games. To fulfill the objective of this paper, the main body is divided into three parts: (1) volunteerism at the Olympic Games, (2) Olympic education and Olympic volunteerism, and (3) suggestion for administrators of the Beijing Olympic Games.

Volunteerism at the Olympic Games

The Olympic volunteer was first officially defined as "a person who makes an individual, altruistic commitment to collaborate, to the best of his/her abilities in the organization of the Olympic Games, carrying out the tasks assigned to him/her without receiving payment or rewards of any other nature" (Memoria Oficial de los Juegos Olimpicos de Barcelona, 1992: 381). The ideology of Olympic volunteers is still quite new (Moreno, 1999). The Lake Placid Games of 1980 are credited as being the first to kick-start the volunteer movement of the Olympic Games. The trend that commenced at Lake Placid has continued to date as the reliance on volunteers for the implementation of the services of the events has continued to grow. The most recent summer games held in Athens in 2004 utilized 65,000 volunteers whereas the most recent winter games in Torino depended on the help of 20,000 volunteers (see Table 1).

Table 1   The Number of Volunteers at the Summer and Winter Olympic Games

Summer Games		Winter Games	
Los Angeles 1984	28 742	Lake Placid 1980	6 703
Seoul 1988	27 221	Sarajevo 1984	10 450
Barcelona 1992	34 528	Calgary 1988	9 498
Atlanta 1996	60 422	Albertville 1992	not available
Sydney 2000	47 000	Lillehammer 1994	9 054
Athens 2004	65 000	Nagano 1998	32 579
		Salt Lake City 2002	19 000
		Torino 2006	20 000

The most recent summer games held in Athens in 2004 witnessed the greatest interest in volunteerism and actual use of volunteers than any of the previous Olympic Games. Roughly 160,000 volunteer application forms were received for the Athens Olympic Games as compared to 76,000 for the Sydney Olympic Games and 78,000 for the Atlanta Olympic Games. Most of the applicants were residents of Greece (65%) or Greeks residing in other countries (9.5%) while 25.5% of applicants were from residents of 188 other countries (Karkatsoulis, Michalopoulos and Moustakatou, 2005).

The 2008 Beijing Olympic Games will mark the 28th year since the implementation of the volunteer movement of the Olympic Games. The Olympic Games (both summer and winter) of the past 26 years have relied on similar principles and practices for the recruiting, training and implementation of volunteer services. Volunteers tend to be recruited from within the host city and host nation (Karlis, 2006). This of course makes practical sense from the perspective that volunteers take time of work, are unpaid, and cover their own expenses throughout the volunteer experience (Karlis, 2004, 2003). Since host cities and nations depend in large part on volunteers from within their respective society, recruitment efforts have also been aided by the government of host nations. This is most evident in the case of the Sydney 2000 Olympics in which the recruitment of volunteers from Australia was assisted by Claus 93 of the Public Sector Management (General) Regulation of 1996 allowing employees a maximum of five days work leave for volunteer work at the Olympic Games (Premiers Department-New South Wales, 1998).

As is the case with recruitment, the training of Olympic volunteers is undertaken through the auspices of the National Olympic Committee of the host nation. The training practices of volunteers that have traditional been employed by the National Olympic Committees tend to consist of three general categories: (1) orientation training, (2) venue training, and (3) task specific training. The orientation training sessions focus on getting volunteers accustomed to the assignment at hand. The emphasis of the orientation training session is on learning about the Olympic spirit, acquiring knowledge of the host Olympic city, picking-up skills of customer service, introducing codes of conduct and a depiction of the job description of the volunteer.

Venue training focuses on passing on information of the infrastructure, location, and space of the Games facilities, services, and buildings. The objective of venue training expands beyond getting to know the sites to comprehending the role of each venue. The objective of venue training also incorporates an explanation of the policies and procedures for the services of health, safety, well-being, and emergency.

Task specific training entails the passing on of knowledge paramount to accomplishing a specific work task. Task specific training is case specific depending on the type of assignment. Those who work as ushers at specific venues, for example, are provided with a detailed overview of their specific job description in relation to others that are working in a similar capacity. Whereas, those who work as National Olympic Committee Assistants of Chef du Missions of participating countries partake in detailed task specific training sessions that include everything from cultural education to task assignments.

In the case of the most recent summer games, the organizing committee of Athens 2004 incorporated the example of previous Olympic Games for putting together a volunteer policy. Specifically, the Athens organizing committee incorporated the following approach for the recruitment and management of volunteers: " (1) the selection of volunteers based on merit, (2) a personal interview followed by training, (3) the people and their diversity were valued, (4) working in partnerships was promoted, and (5) open and communicative methods were used. " (Karkatsoulis, Michalopoulos and Moustakatou, 2005: 587)

Olympic Education and Olympic Volunteerism

When de Coubertin initiated the establishment of the International Olympic Committee in 1894, his intent was to extend beyond the implementation of the games to the promotion of sport through education, and, the promotion of education through sport. In fact, de Coubertin's main objective of the Olympic Games was educational as the Olympic Games "were to be seen as an advertisement of sport to youth, and the athletes participating in the Olympic Games seen as role models for a younger generation" (Girginov and Parry, 2005: 216).

Today the education mission of the Olympic Movement focuses on disseminating knowledge pertaining to the Olympic Games, and, in particularly, promoting the spirit of sport and athleticism to the younger generation. Specifically, there are four main objectives of the education mission of the Olympic Movement: " (1) to foster interest in the Olympic Games and in the aims and ideals of the Olympic Movement, with particular reference to young people; (2) to provide the study and application of the education and social principles of the Olympic Movement; (3) to contribute to the diffusion of Olympism in the teaching programmes of physical education and sport in schools and universities; and, (4) to help create institutions which devote themselves to Olympic education (such as the International Olympic Academy in Ancient Olympia and National Olympic Academies). " (Girginov and Parry, 2005: 222)

A big part of the mandate of the education mission of the Olympic Movement is carried out by the International Olympic Academy (IOA) located in Ancient Olympia, Greece. According to Filaretos (1987), the intent of the International Olympic Academy focuses on the study of the educational ideals of the Olympic Games. That is, the International Olympic Academy acts as a meeting place for the exchange, dissemination, and application of knowledge pertaining to the Olympic Games. Specifically, the functions of the International Olympic Academy include: (1) a yearly international post-graduate seminar, (2) a yearly International Olympic Academy International Session, (3) educational session for sport groups or associations (i. e., sport media, sport officials) that focus on the Olympics, and (4) hospitality for educational study-focused groups from universities, colleges, and other institutes of higher learning (Girginov and Parry, 2005).

In addition to the International Olympic Academy, the National Olympic Committees also have a mandate for Olympic education. Although each National Olympic Committee differs, the International Olympic Committee has taken action to ascertain that each National Olympic Committee moves toward the promotion and implementation of Olympic education. In its Olympic Charter (2003: 44), the International Olympic Committee states that: "NOC's (National Olympic Committees) have a mission to develop and protect the Olympic Movement… and otherwise contribute, among other things, to the diffusion of Olympism in the teaching programmes of physical education and sport in schools and university establishments… [to] see to the creation of institutions which devote themselves to Olympic education."

As stated in the Olympic Charter, the primary emphasis of the National Olympic Committees has been on spreading Olympic education through the school systems. Focus has been placed primarily on integrating Olympic education into curricula, particularly physical education programs, or other related teaching programs in order to promote the ideal, values and philosophies of Olympism and sport (Siedentop, 1994). As a result, those who volunteer at the Olympic Games need to have been apart of these aforementioned programs or at the very least, have self-educated themselves on Olympism, in order to possess a body of knowledge of the Olympic movement. Although no known research has been conducted on the comprehension level of Olympism of past Olympic Games volunteers, it is most likely that most Olympic volunteers of the past did not have any formal education on Olympism.

In 1999, at the International Symposium on Volunteers, Global Society and the Olympic Movement held jointly by the International Olympic Committee and the Olympic Studies Centre of the Autonomous University of Barcelona, the issue of Olympic education for Olympic volunteers was addressed. Specifically, it was proposed at this symposium that Olympic leaders take the lead in establishing Olympic education programs for volunteers. It was also proposed that "the phenomenon of volunteer service be clearly integrated into Olympic education programmes as an example of the commitment of the Olympic Movement to the values of solidarity, peace, equality, and participation that are characteristic of the volunteer movement in general" (IOC: Documents and Museums Collection, 2000: 3).

Suggestions for Administrators of the Beijing Olympics

From the aforementioned it may be assumed that the level of Olympic education possessed by Olympic volunteers, in general, may not be as high as it should be. Should a volunteer, just like a paid employee, not have a good general knowledge of the culture and history of the organization that she/he is a part of? Volunteers would thus benefit not only themselves, but also those they serve, if they indeed possess a sufficient knowledge of Olympism. To ascertain that volunteers possess this knowledge of Olympism, the following suggestions have been established for administrators of the Beijing Olympic Games.

Suggestion 1: Offer Olympic education courses outside of the regular training sessions provided to volunteers.

To make certain that Olympic volunteers comprehend the history, nature and focus of the Olympic Games, administrators of the Beijing Olympics would be wise to offer mandatory courses outside of the regular training sessions provided to volunteers on: (1) the history of the ancient Olympic Games, (2) the history of the modern Olympic Games, (3) the activities and events of the Olympic Games, (4) the nature of Olympism, and (5) the philosophy behind the Olympic Games. These courses should each provide a minimum of ten hours of class time and should be completed by the prospective volunteer prior to commencing the volunteer training session.

Suggestion 2: Offer/expand Olympic education sessions integrated into the regular volunteer training sessions.

Typically, some, if not all of the training sessions provided to Olympic volunteers include a brief introduction of the Olympic Games. This however is not enough to expand the knowledge base of volunteers. As a start, all training sessions for all volunteer positions should include a general course on Olympic education. This general course should provide an overview of the Olympic Movement from start to finish. Administrators of the Beijing Olympic Games should consider commencing all volunteer training sessions with a general course on Olympic education. This will ensure that all volunteers will possess, at minimal, a basic knowledge of the Olympic Games and its ideals.

Suggestion 3: Encourage volunteers to self-educate themselves on Olympism and the Olympic Movement.

As soon as an applicant is made an offer of volunteer employment in the Beijing Olympic Games, she/he should be encouraged to learn about Olympism and the

Olympic Movement. The "letter of offer" sent to volunteers should emphasize the importance of proper Olympic education to assure success in the volunteer experience while also pinpoint avenues to help one become "self-educated" on the Olympics. A list of suggested readings and pertinent web sites should be attached to this "letter of offer" to open the door for the prospective volunteer to become self-educated on Olympism and the Olympic Movement.

Suggestion 4: Publish a bi-weekly newsletter for volunteers focusing on Olympism and the Olympic Movement.

This bi-weekly newsletter should be targeted directly to volunteers and should have as its mission the dissemination of a broad array of knowledge on all aspects (from planning to administration) of the Olympic Games. The intent of this bi-weekly newsletter should be to keep volunteers regularly informed of the preparations leading up to the Beijing Olympic Games including an overview as to how these Olympic Games will accomplish the ideals of Olympism. This initial newsletter should be mailed, or e-mailed to volunteers with the "letter of offer". This will make certain that the process of Olympic education commences as soon as possible.

Suggestion 5: Make a "basic knowledge of the ideals of the Olympic Games" a prerequisite for applying for volunteer positions.

The list of prerequisites required for volunteer positions should include a basic knowledge of the ideals of the Olympic Games so that volunteers, at the very least, recognize that this is an important requirement for successfully accepting this responsibility. Administrators of the Beijing Olympic Games would benefit from asking a series of questions on the volunteer application form to evaluate the comprehension level of the Olympic Games of applicants. By asking these questions, not only will administrators depict which applicants have a basic knowledge of the Olympic ideals, prospective applicants will also be encouraged to learn more about the Olympic ideals through self-generated research prior to completing the volunteer application form.

Conclusions

At the International Symposium on Volunteers, Global Society and the Olympic Movement held in 1999 it was concluded that: "The contribution of volunteers does not therefore stop at the provision of services and the performance of tasks; it extends to the creation of cultural and social conditions that are essential today for the celebration of the Games." (IOC: Documents and Museums Collection, 2000: 1) This statement justifies the need for Olympic Games volunteers to possess an adequate level of Olympic education. By implementing the aforementioned suggestions, the knowledge level of Olympic ideals of volunteers will be enhanced thus aiding in the role volunteers will play in the creation of the cultural and social conditions essential for the success of the Beijing Games.

The suggestions made in this paper for administrators of the Beijing Olympic Games may be used as a guide by the National Olympic Committee for educating volunteers on Olympism and the Olympic Movement. After all, volunteers are "front-line" employees of the games. Initial contact of spectators of the games and visitors to Beijing will more than likely take place with volunteers. If volunteers are well prepared and knowledged on the ideals of the Olympics, they will be in a better position to not only serve but also provide a quality service thus enhancing the spectator and visitor experience of the Beijing Olympics.

On June 6, 2005, the Beijing 2008 Olympic Volunteer Program commenced with Ad de Raad (the United Nations Volunteers Executive Coordinator) indicating that the Beijing Olympic Games will have a unique opportunity to strengthen global awareness for volunteerism (World Volunteer Web, July 2005). The job performed by Beijing Olympic Games volunteers will have an impact on not only customer service at the Games, but also the perception that global society has on volunteerism in general. The implementation of an Olympic education approach by administrators of the Beijing Olympic Games will thus be paramount for the successfully training and recruiting of this unique, important group of volunteers.

References

[1] International Olympic Committee, *The Olympic Charter*. Lausanne, 2003

[2] Filaretos, N. , The International Olympic Academy. Proceedings of the 27th Session of the Olympic Academy, pp. 27-31, 1987

[3] Girginov, V. and Parry, J. , *The Olympic Games Explained: A Student Guide to the Evolution of the Modern Olympic Games*. London: Routledge, 2005

[4] International Olympic Committee (Documents in the Museum Collection), Conclusion and Recommendations: International Symposium on Volunteers, Global Society and the Olympic Movement. Autonomous University of Barcelona, Spain, November 1999

[5] Karlis, G. , Assessing the Needs of "Sport Volunteer Tourists" at the Olympic Games: Implications for Administrators of Mega Sport Events. Keynote Address: The 14th European Association for Sport Management Congress, Nicosia, Cyprus, September 9, 2006

[6] Karlis, G. , *Leisure and Recreation in Canadian Society*. Toronto: Thompson Educational Publishers, 2004

［7］Karlis, G., "Volunteerism and Multiculturalism: A Linkage for Future Olympics," *The Sport Journal*, 2003, 6 (3): 1-16

［8］Karkatsoulis, P., Michalopoulos, N., and Moustakatou, N., "The National Identity as a Motivational Factor for Better Performance in the Public Sector: The Case of the Volunteers of the Athens 2004 Olympic Games," *International Journal of Productivity and Performance Management*, 2005, 54 (7): 579-594

［9］Memoria Oficial de los Juegos Olimpicos de Barcelona. Barcelona, 1992

［10］Moreno, A. B., "The Evolution of Volunteers at the Olympic Games," Paper presented at the Olympic Movement Conference, Lausanne, November 24-26, 1999

［11］Role of the New South Wales Public Sector in the 2000 Olympic and Paralympic Games Volunteer Program: Policy and Guidelines. New South Wales: Premiers Department, October 13, 1998

［12］Siedentop, D. (ed.), *Sport Education: Quality Physical Education through Positive Sport Experiences*. Leeds, UK: Human Kinetics Publishers, 1994

［13］Games to Strengthen Global Recognition of Volunteerism: UNV Head, World Volunteer Web, July 2005

251

第五章　2008 奥运国际论坛

The "Beijing Model" of Olympic Education: East Asian Features, a Model for Developing Nations

Susan Brownell *

This presentation explores from an international perspective the role of Beijing's Olympic education in the history of Olympic education as a whole, its distinctive characteristics and its potential legacy to the Olympic Movement. The presentation discusses three characteristics of Beijing's Olympic education: its culture and organization reflect distinctive characteristics of Eastern culture and society; its basic knowledge content suits the needs of a developing country, and its material content suits the needs of a developing nation.

Introduction

There are three main themes for the Olympic Games: the High-tech Olympics, the Green Olympics, and the Renwen Olympics. Renwen is difficult to translate. Blending people and culture, it is formed of the characters for ren, "human", and wen, "literature, culture". Normally it is the translation for the academic "humanities", and thus it is sometimes translated as the "humanistic Olympics". Actually, it has two facets, one of which might be translated as the "people's" Olympics, and the other as the "humanistic" Olympics. The "people's" Olympics means that the Games will provide an opportunity to train Chinese people for a globalizing world. The "humanistic" Olympics means it will promote a blending of Chinese and Western culture, enriching both Chinese and global culture.

Confucian tradition holds a strong faith in education as a means for creating a harmonious society. One of the main ways in which the "people's" Olympics will be realized is through "Olympic Education" on a scale never seen before. There are academic and professional conferences, textbooks and courses for schools and

---

* Member of the International Olympic Committee's Selection Committee, Fulbright Senior Researcher, Associate Professor and Chair, Department of Anthropology, University of Missouri-St. Louis: Susan Brownell.

universities, educational television and radio shows, magazine and newspaper essays, internet training, and more.

The Influence of the East Asian Educational Tradition on Olympic Education

I remember that after the 1988 Seoul Olympics, the Olympic scholar John MacAloon observed that the financial investment and the scale of the academic activities associated with the Olympic Games seemed to exceed that of any previous Olympic Games. Although no one has yet done careful research on the topic, his preliminary conclusion was that the large amount of attention paid to the academic world might be the result of a characteristic of East Asian culture. Generally speaking, an enduring tradition in East Asian has been the recognition that education is an important means of perfecting human nature, and education has occupied a high social status. By contrast, there are conflicting attitudes toward education in Western culture, where there is a clear division between the political and academic worlds, and it is comparatively rare that university professors collaborate with governments, and the influence of university professors on politics is comparatively slim. At the same time, the academic world is rather distant from popular culture, so professors also have little influence in that realm. In sum, the social status of the academic world is lower than that of the elite political and cultural worlds. Of course, this phenomenon varies between Western countries: it is rather strong in the U. S. , but in France high-level professors occupy a higher social status, and Germany stands between the two.

Furthermore, the Western academic and sports worlds often are in conflict. The academic world, especially top professors, frequently do not acknowledge the value of physical education and sport, while physical educators feel that what is taught by other educators is too abstract and of little practical use. Of course, this conflict is also sometimes expressed in East Asian and other cultural regions, but because of the different histories of physical education, the social status of sport in the West is comparatively higher, and the power and authority of the elite levels of the sports world are comparatively greater. It is precisely for this reason that professors often have conflicts with powerful sports figures, such as athletic directors or football coaches.

In the U. S. , the conflict between elite professors and coaches is even more apparent because high-level competitive sport is based in the universities. Scholars and coaches compete for resources and sometimes power. One result is that the

U. S. Olympic Committee has historically had poor relationships with American university professors, and some of them have even declared after trying to work with the U. S. O. C. that they will never do it again. The U. S. does not have a National Olympic Academy, and the U. S. O. C. does not have an organ for overseeing education. At the Atlanta and Salt Lake City Olympic Games, the collaboration between professors and the organizing committees relied on personal relationships and was not systematic.

Because of this history and cultural background, Western scholars, especially American scholars, found the close collaboration between top professors, the organizing committee, and the government to be something new.

1964 Tokyo and 1972 Sapporo Olympic Games

Although this awaits further research, it may be that formal education initiatives related to the Olympic Games were organized outside of the organizing committee for the first time in the context of the 1964 Tokyo Summer Olympic Games and 1972 Sapporo Winter Olympic Games. Before this time, the Olympic Youth Camp constituted the only major educational activity. According to Masumoto (2007), educational initiatives for the Tokyo Olympic Games were promoted at a national level by the Ministry of Education in collaboration with the National Olympic Committee and private organizations. As a result, three handbooks dealing with Olympic-related issues were distributed nationwide from 1961 to 1964 to primary and secondary schools and colleges, and a fourth guidebook for school and college students. They were produced by the Ministry of Education, the National Olympic Committee, and private organizations and topics included: Olympic understanding; international mutual understanding; encouraging public morality; encouraging morality of the business world; improving environmental aesthetics; and promoting health. Two books were produced by the organizing committee for distribution to schoolteachers from 1960 – 1961, and 1,000 copies each of *The Glorious Tokyo Olympics* (130 pages) were distributed in Kanto area schools and of *Olympic Facts & Figures* for teachers' use (36 pages) were distributed to schoolteachers.

As described by Masumoto (2007), for the 1972 Sapporo Winter Olympic Games, the initiatives were largely local. The Sapporo city council published a book entitled *Guide to Understanding the Olympics* that was distributed among all schools in Sapporo. The objective was to explain the meaning of the Olympic Games, promote awareness amongst citizens, and the necessary culture and attitudes for international cooperation. Contents related to social studies, physical education, English, ethics, special activities and school events. The manual was distributed together with posters, guides, slides on the Olympic facilities and an Olympic glossary. The City Education Council also published a guide for implementing Olympic education in primary schools and for the first years' students in secondary schools, which was oriented toward giving students "international experience" and to helping them understand the concepts of peace and joy for humanity, as well as introducing them to winter sports. In addition, the Ministry of Education published a teachers' guide entitled *Snow and Ice Sports*. Other activities promoted the participation of students in the Olympics events such as the torch relay, the leaving ceremony of the torch (playing music) and in the choral orchestra of the Olympic Ceremony.

In fact the initiatives for Tokyo and Sapporo share similarities with those in Beijing 2008, though there does not appear to be any direct connection between them.

Eurocentrism and the Absence of Japan in Histories of Olympic Education

However, probably due to the problems of Eurocentrism, the extensive effort in Japan has not been acknowledged in the works by two of the major writers about Olympic education, Norbert Müller of Germany and Deanna Binder of Canada. Since the larger program was not led by the organizing committee, it is not reported in the official Olympic report. Müller's (2004) summary emphasizes the founding of the International Olympic Academy in 1961, which was a joint German-Greek effort, followed by the establishment in 1966 of the German Kuratorium Olympische Akademie. Binder's work likewise ignores Japan's efforts and asserts that the 1976 Montreal Olympics were the watershed in the development of Olympic education programs outside of the organizing committees. She also claims that while there was no effort to build on the Montreal programs, that finally the 1988 Calgary Olympics became a program that others built upon. If her assertions about the importance of the Canadian efforts are accurate, then it may be that these efforts were built upon because the materials were available in English. Still, Binder's accounts of the history of Olympic education efforts overlook the substantial German and Japanese efforts (see Binder 1992, 2002, 2005).

Actually, Germany might have provided a major impetus to the Tokyo Olympic education program. Germany had not only had a fascination with the ancient Greek Olympic Games, including the first systematic excavation of ancient Olympia that started in 1875 and continues to today, but also it had had a close relationship with

Japan since the 1830s and provided many of the models and scientific expertise for Japan's modernization. The famous Olympic scholar Carl Diem visited Japan and China in 1929, and from 1959 - 1961 he was an advisor to the Japanese Olympic Committee for the Tokyo and Sapporo Olympic Games (Kluge 2002: 1-2). Diem was one of the major scholars to promote the concept of Olympic education, and was the person who originally proposed establishing the International Olympic Academy in Greece in 1938. The first session of the Academy was held in 1961, and so the foundations for Olympic education were just starting to be well-established before the Tokyo Olympic Games. It is possible that his ideas about Olympic education actually found fertile ground in Japan before they did in Germany. Why this is so will be discussed further below. Germany did not institute its first nationwide Olympic education program in the schools until the first Machs mit! Participation in program was initiated by the German Olympic Committee in 1988. The first German-language textbook for secondary schools, *Olympisches Lesebuch* (*Olympic Reader*), was not published until 1971 under the sponsorship of the Germany Olympic Committee in preparation for the 1972 Munich Olympic Games. The timeline makes it possible that this German effort built upon the Japanese experience and not the other way around.

The International Conference on "Olympics and Cultural Exchange" at the 1988 Seoul Olympics

Before the Seoul Olympics a large international conference was held on the theme "The Olympics and Cultural Exchange". The initiator of the event was the famous cultural anthropologist Kang Shin-pyo. It was interesting that he initiated this event, since his specialty was cultural anthropology, and his Ph. D. dissertation had been on "East Asian Culture and Its Transformation in the West". Before this he had not researched sports. However, he recognized that the Seoul Olympic Games would be a site for the large-scale interaction of Eastern and Western culture, and from this perspective it had a close connection with his specialty. Because of his high status in the Korean academic world, and because of the financial support of the Korean government, he was able to invite 37 internationally-renowned scholars to the conference. They were not just sport scholars; in fact, a few of them had never researched sports, but they were world-renowned in their disciplines. They included the French sociologist and anthropologist Pierre Bourdieu and the American anthropologist Marshall Sahlins. This conference gave Olympic studies a big push forward because it created a global network. It also was the first time that scholars' attention turned to the issue of multiculturalism in the Olympic Movement. The conference proceedings were later turned into a book that is one of the foundational sources in Olympic studies.

Although this conference only involved university professors, its contribution to Olympic education lay in that it consolidated the basic thought of Olympic studies, promoted Olympic studies in the universities, and encouraged networking between scholars. Even to this day some of the scholars who got to know each other at the conference continue to collaborate, and some have even passed on these relationships to the next generation of their students.

Olympic Education at the 1998 Nagano Olympic Games

After the Seoul Olympic Games, the next East Asian Olympics were the 1998 Nagano Winter Olympic Games. Perhaps because of the language difference, the Olympic education program at Nagano has not received a lot of attention from scholars. However, it was Nagano that developed the "one school, one country" sister school program, which has been carried out at every subsequent Winter and Summer Games (excepting the 2004 Athens Olympic Games, which carried out its own unique programs). The organizer of Nagano's Olympic education program also visited Beijing twice to pass on his experiences. Beijing has since far surpassed what Nagano did. It's version of the "one school, one country" program is called the "Heart-to-Heart" program.

Beijing's Olympic Education Programs

Two of the people who have had a big influence on Olympic Education in China are Ren Hai of the Beijing Sport University and Donnie Pei (Pei Dongguang) of the Capital Institute of Physical Education. These two academics both received a Western graduate education in Canada. Dr. Ren received a Ph. D. in history from the University of Alberta. Donnie Pei received a Master's Degree from the International Olympic Studies Centre at the University of Western Ontario, Canada, attended the 2001 Postgraduate Session of the International Olympic Academy, and was the first Mainland Chinese to be invited back as a coordinator. Both of them wrote theses on Olympic history. However it is worth noting that although they received a Western education, the Olympic education that they initiated in China was not completely Westernized, but in fact was a "combination of East and West". In 1993 during Beijing's first bid for the Olympic Games, Dr. Ren edited the first college-level textbook for Olympic education, *The Olympic Movement*. Actually at that time no such basic overview of the Olympic Movement existed in English. The first textbook meant to be utilized as an introductory college textbook was not published until 2005; it was Vassil Girginov's and Jim Parry's *The Olympic Games Explained*: *a Student Guide to the Evolution of the Modern Olympic Games*. Because of the authors, Dr. Parry, had already taken part in the activities of the International Olympic Academy for more than ten years, and had even in 1997 taken part in the session for "Educators and Higher-Level Sport Institutes" together with Dr. Ren, it is more likely that he had been influenced by the IOA and perhaps by Dr. Ren himself, rather than the other way around. This is to say, English textbooks did not lead the way in the development of Olympic education, but rather the first Chinese textbook was published 12 years before the first English textbook.

In fact, Dr. Ren and Pei specialized in Olympic history, not Olympic pedagogy. The basic concepts of today's Olympic education are not completely Western concepts. They have already been influenced by East Asian culture.

After the success of the bid in 2001, Yangfangdian Primary School initiated the first Olympic education activities in China under the guidance of Donnie Pei. Working together with a p. e. teacher at the school, Zhou Chenguang, he organized a series of activities beginning with a mini-Olympic Games in 2002. The students marched into the stadium representing different countries, wearing their traditional dress, speaking their language, and performing their traditional dances. An Olympic angel holding an Olympic torch lit the Olympic flame to the accompaniment of the Olympic anthem.

In 2005, Yangfangdian was designated the "Pioneer Olympic Education Model School". Building on the model started at Yangfangdian, the Beijing City Education Commission, working together with BOCOG, formed the Olympic Education Standing Office. It expanded Olympic education programs to 200 primary and secondary schools in Beijing City and another 356 schools nationwide, which were designated as "Olympic Education Model Schools".

The "model school" system is an example of a common practice in China of designating special experimental areas (such as Shenzhen Special Economic Zone), people (such as model laborers), or work units (such as model schools) in order to promulgate new policies. If successful, these models then have the duty to expand the programs beyond their original spheres in what is called the "radiation effect". By the end of 2007 another 395 primary and middle schools had engaged in "hand-in-hand sharing" with the Olympic Education Model Schools. One hundred and four schools from 22 provinces, municipalities and autonomous regions including the frontier provinces of Tibet, Qinghai, Yunnan, Ningxia, and Inner Mongolia, as well as Hong Kong and Taiwan took part in hand-in-hand sharing activities, taking the total number of schools involved to 1,100.

The Heart-to-Heart Partnership program was organized among 210 schools in Beijing. Each school established a sister school relationship with one of the 205 countries and territories currently represented in the International Olympic Committee, and five additional schools formed Paralympic partnerships.

Why did Olympic Education Develop First in East Asia?

The needs of the developed Western and the developing Eastern nations with respect to Olympic education were different because of the difference in the foundation of Olympic knowledge. The developed nations have already had over one hundred years of history with the Olympic Games. The U. S. , for example, has held more Olympic Games than any other nation: the 1904, 1932, 1984, and 1996 Summer Olympic Games, and the 1932, 1960, 1980, and 2002 Winter Olympic Games—altogether eight Olympic Games, with the first one taking place 104 years ago. For this reason the Olympics have already become a party of the national history of the U. S. , and American children hear Olympic stories from their parents. Because children naturally absorb Olympic knowledge from their environment, they have formed a rather deep foundation of Olympic knowledge without receiving specialized education. Olympic education is a part of American popular culture. In this situation, right up until today, American educators have not felt that creating a basic Olympic knowledge textbook was necessary. This includes the U. S. O. C. , which has edited some teaching materials that tend to focus on more narrow goals, such as cultivating the self-esteem and independence of children, or opposing racial prejudices.

Therefore, the Tokyo and Beijing models of Olympic education are suited to the conditions of developing countries. Because they have not held Olympic Games, and lack the one-hundred-year history of hosting Olympic Games, the developing countries need to first establish a foundation of basic knowledge about the Olympic Games. This also provides a good opportunity to educators, because in the West, before one can use the Olympic Games to promote values and ethics, one must first handle the negative associations of the Olympic Games with commercialism, doping, politicization, and other problems. China now has a good opportunity to start with a "blank slate", and to promote a positive perception of the Olympic Games. This in turn will put some idealism back into the Olympic Movement.

Finally, there are many traditional Chinese games, such as rolling the iron hoop, contests with spinning tops, kite-flying, and diabolo, which use inexpensive equipment and can be played in small spaces. This makes them suitable for developing nations. They are also a lot of fun, and for that reason should be promoted in the developed nations, too. Currently programs to help develop children's play and sports in developing nations tend to assume a one-way model of dissemination in which the children are taught Western-style activities, which is essentially a form of Western cultural imperialism. Two examples are the NGO Right to Play and the IAAF's youth events. Both of these have been the impetus in China for re-working programs to suit Chinese culture and needs. One example is the "soft implements" developed by the p. e. teacher Zhou Chenguang at Yangfangdian Primary school after attending an IAAF training event. These are athletics implements such as discus or javelin which are made out of Styrofoam and plastic tape. His "conservation ball" is made out of waste paper and tape. Based on feedback from teachers and children, Right to Play is now modifying its programs.

The greatest potential developing grounds for the Olympic Movement are no longer in the West. The Beijing Model of Olympic Education should be promoted in Asia, Africa, and the Middle East because in general it meets their needs better than the existing Western models.

References

〔1〕Binder, Deanna, "Challenges and Models for Successful Olympic Education Initiatives at the Grassroots Level," Olympic Perspectives, Third International Symposium for Olympic Research, International Centre for Olympic Studies, University of Western Ontario, Canada, 1996, pp. 245-252. http：//www. la84foundation. org/SportsLibrary/ISOR/ISOR1996za. pdf

〔2〕"The Legacy of the Olympic Games for Education," in Moragas, M. , Kennett, C. , and Puig, N. , *The Legacy of the Olympic Games 1984 - 2000*：*International Symposium*, 14th, 15th and 16th November 2002. Lausanne：IOC, pp. 375-384

〔3〕"Teaching Olympism in Schools：Olympic Education as a Focus on Values Education：University Lectures on the Olympics," Barcelona：Centre d'Estudis Olímpics (UAB). International Chair in Olympism (IOC-UAB), 2005. http：//olympicstudies. uab. es/lectures/web/pdf/binder. pdf

〔4〕"Carl Diem：1882 - 1962：Lebensdatum und Tätigkeiten," *Kurier*：*Informationen der Deutschen Sporthochschule Köln*, April 2002, pp. 1-4

[5] Masumoto, Nafaumi, "Creating Identity-Olympic Education in Japan," in Andreas Niehaus and Max Seinsch, eds., *Olympic Japan*: *Ideals and Realities of (Inter) Nationalism*. Würzburg, Germany: Ergon Verlag, 2007, pp. 33-46

[6] Müller, Norbert, "Olympic Education: University Lecture on the Olympics," Barcelona: Centre d'Estudis Olímpics (UAB). International Chair in Olympism (IOC-UAB), 2004. http://olympicstudies. uab. es/lectures/web/pdf/muller. pdf

附： 2008—2009 年中国人民大学
人文奥运研究中心大事记

◆ 2008 年 1 月 21 日，在北京奥运会开幕倒计时 200 天之际，人文奥运进海淀社区活动启动仪式在中关村街道社区服务中心举行，冯惠玲副校长应邀作了题为"北京奥运理念与文化传播"的专题讲座。

◆ 2008 年 3 月 29 日，在"人文奥运美国行"活动开展期间，中心执行主任金元浦教授在第 11 届哈佛中国评论年会的运动分会场上作了题为"北京奥运会的社会和文化影响及后奥运影响"的主题演讲。

◆ 2008 年 4 月 15 日上午，芬兰赫尔辛基大学 Marita Siika 教授和 Kirsi Korpela 教授来访，中心主任助理曾繁文在中心会议室接待了她们。

◆ 2008 年 5 月 12 日下午，北京奥运会与国家形象战略研讨会在中国人民大学逸夫会堂举行。会议由中国人民大学副校长、人文奥运研究中心主任冯惠玲教授主持。

◆ 2008 年 5 月 13 日，中心执行主任金元浦教授应邀参加北京市"2008"环境建设指挥部办公室的研讨会。会上，各位与会人员就如何解决北京城市环境建设问题来更好地迎接奥运主题交流了各自的见解。

◆ 2008 年 5 月 19 日，中心执行主任金元浦教授应"奥林匹克宣言与和谐世界高端论坛"组委会的邀请前往中苑宾馆参加了《奥林匹克宣言》国际论坛。

◆ 2008 年 5 月 29 日上午，以"期待·共享"为主题的 2008 年北京残奥会国际论坛暨 2008 年北京残奥会开幕式倒计时 100 天主题活动在北京昆泰大酒店举行。（北京奥组委执行副主席汤小泉，国际盲体联主席 Michael Barredo，加拿大残奥委会主席 Carla Qualtrough，葡萄牙残奥委会执行主席 Jorge de Carvalho，法国外交家、《奥林匹克宣言》发现人、传播权利人达马侯爵，北京奥组委文化活动部副部长、全国人大新闻局局长阚珂，中国残疾人联合会办公厅主任、残奥办主任刘金峰，北京奥组委文化活动部副部长沙澄深，中国人民大学副校长、人文奥运研究中心主任冯惠玲，北京市残疾人联合会副理事长吕争鸣，中国残疾人运动员金晶女士等应邀出席了论坛。）

◆ 2008 年 6 月 3 日上午，香港《大公报》副总编兼北京办事处主任周贻昶率团到人文奥运研究中心考察。冯惠玲副校长会见了周贻昶副总编一行，双方就人文奥运研究工作进行座谈。

◆ 2008年6月27日上午，中国人民大学副校长、人文奥运研究中心主任冯惠玲教授一行六人赴中宣部，与中宣部副部长、奥运新闻宣传工作协调小组组长李东生等会谈奥运媒体工作。

◆ 2008年7月5日上午，以"伟大的跨越：奥林匹克理论与实践在东方"为主题的北京奥运国际论坛2008大会隆重开幕，该论坛为期三天，是第六届"北京2008"奥林匹克文化节的系列活动之一。"北京2008奥运国际论坛"从2003年第一届"北京2008"奥林匹克文化节开始已经成功举办了五届，得到了国际奥委会、北京奥组委、北京市领导的关心和支持，成为奥林匹克文化节期间具有很高学术含量和实际意义的主题活动。

◆ 2008年7月5日上午，"文明观赛"行动口号征集活动在北京奥运国际论坛2008大会上正式启动。北京奥组委执行副主席蒋效愚、中国人民大学校长纪宝成共同为该活动揭幕。

◆ 2008年7月29日，中国人民大学人文奥运研究中心向社会发布了"人文奥运、中国风度——北京奥运观赛行动倡议"。

◆ 在2008年9月29日隆重举行的北京奥运会、残奥会总结表彰大会上，中国人民大学人文奥运研究中心作为唯一的高校研究机构荣获中共中央、国务院授予的"北京奥运会、残奥会先进集体"称号。中国人民大学副校长、人文奥运研究中心主任冯惠玲作为代表参加大会。

◆ 2008年10月15日，北京市邓小平理论和"三个代表"重要思想研究中心、中国人民大学、北京市社会科学界联合会共同在中国人民大学逸夫会议中心举行"北京创举：奥林匹克的精神财富"论坛，认真研究和总结北京奥运会的成功经验和精神财富。

◆ 2008年10月24日晚，以"我们与奥运一起走过"为主题的人文奥运研究中心八周年纪念大会在中国人民大学逸夫会议中心举行。

◆ 2009年4月，中心组团赴洛桑访问。

◆ 2009年8月6日和2010年2月26日，冯惠玲教授两次参加北京奥运城市发展促进会会议。

◆ 2009年8月8日，冯惠玲教授参加北京奥运会一周年论坛。

◆ 魏娜教授主持北京志愿者协会委托的"北京奥运会志愿者工作成果转化研究"。2009年12月4日，冯惠玲教授参加"北京奥运会志愿者工作成果转化研究"在鸟巢的成果发布会。

◆ 中心承担国家社科基金重大项目"北京奥运会成功举办的重大意义和基本经验研究"。奥运研究报告获北京市一等奖。

图书在版编目（CIP）数据

人文之光：人文奥运理念的深入诠释与伟大实践/冯惠玲，魏娜主编. —北京：中国人民大学出版社，2010

（人文奥运研究报告 2008）

ISBN 978-7-300-13145-0

Ⅰ.①人… Ⅱ.①冯…②魏… Ⅲ.①奥运会-文化-研究-北京市 Ⅳ.①G811.21

中国版本图书馆 CIP 数据核字（2010）第 243527 号

人文奥运研究报告 2008

人文之光

——人文奥运理念的深入诠释与伟大实践

冯惠玲 魏 娜 主编

Renwen zhi Guang

出版发行	中国人民大学出版社	
社 址	北京中关村大街 31 号	**邮政编码** 100080
电 话	010 - 62511242（总编室）	010 - 62511398（质管部）
	010 - 82501766（邮购部）	010 - 62514148（门市部）
	010 - 62515195（发行公司）	010 - 62515275（盗版举报）
网 址	http://www.crup.com.cn	
	http://www.ttrnet.com（人大教研网）	
经 销	新华书店	
印 刷	涿州市星河印刷有限公司	
规 格	185 mm×260 mm 16 开本	**版 次** 2011 年 12 月第 1 版
印 张	17.25 插页 2	**印 次** 2011 年 12 月第 1 次印刷
字 数	320 000	**定 价** 48.00 元